邢国英◎著

论语的应用性解析

LUNYU DE YINGYONGXING JIEXI

吾日三省吾身：为人谋而不忠乎？与朋友交而不信乎？传不习乎？

名不正则言不顺；言不顺则事不成。

人而无信，不知其可也。

躬自厚而薄责于人，则远怨矣。

岁寒，然后知松柏之后凋也。

知者乐水，仁者乐山。知者动，仁者静。

知者乐，仁者寿。

德不孤，必有邻。

君子食无求饱，居无求安，敏于事而慎于言，就有道而正焉，可谓好学也已。

不患人之不己知，患不知人也。

见贤思齐焉，见不贤而内自省也。

北京交通大学出版社

·北京·

图书在版编目（CIP）数据

论语的应用性解析 / 邢国英著．—北京：北京交通大学出版社，2021.10
ISBN 978-7-5121-4584-9

Ⅰ．①论…　Ⅱ．①邢…　Ⅲ．①《论语》—研究　Ⅳ．①B222.25

中国版本图书馆 CIP 数据核字（2021）第 208344 号

策划编辑：廖志平　　责任编辑：高振宇　　助理编辑：廖志平
出版发行：北京交通大学出版社
电　　话：010－51686414　　http：//www.bjtup.com.cn
地　　址：北京市海淀区高梁桥斜街 44 号　　邮编：100044
印 刷 者：北京虎彩文化传播有限公司
经　　销：全国新华书店
开　　本：140 mm×203 mm　　印张：13　　字数：348 千字
版 印 次：2021 年 10 月第 1 版　　2022 年 1 月第 1 次印刷
定　　价：38.80 元

本书如有质量问题，请向北京交通大学出版社质监组反映。
投诉电话：010－51686043，51686008；E-mail：press@bjtu.edu.cn。

前言

本书最主要的成书目的在于指导中学生真正走进《论语》，感受它的语言，体悟它的含义，因此本书是从基础教育视角出发，鉴于中学生阅读文言文读物的实际情况，重在对《论语》作“应用性解析”，以帮助学生对《论语》做知识性梳理和思想性解读。为了让学生做学习的主人，我特意做了任务性学习设计，以驱动学生体验学习，并借此收集、整理了一些研讨习作，作为本书的重要参考素材。“任务性学习”设计思路如下。

一、学习指导思想：指导阅读，让学生学会深度理解。

阅读整本书，是“新课标”中的“学习任务群”之一，也是语文学习重要的途径之一。但是中学生中有主动读书习惯的人数比例并不大，还需要启动“任务驱动”的方式来激励，课下阅读，课上交，固化学习成果。

二、学习目标：建构语言，梳理《论语》篇章中的语言知识；探究《论语》所蕴含的思想内涵。

三、学习任务：每周固定一节课为阅读《论语》时间。每篇共设10项任务，每个学习小组完成一项，并做具体分工。

四、学习要求：先列出词、句，然后解说其特点，再附上例句印证。

（一）语言知识

1. 梳理通假字、活用词。

2. 梳理多义实词、虚词。

3. 梳理古今异义词、多词一义。

4. 梳理特殊句式（倒装句、状语后置句、省略句等）。

5. 梳理文化常识、提炼相关成语。

（二）文意探究

6. 梳理内容：本学习小组完成该“篇”内容分类。要求概括该篇中重点话题（该篇中占有章句较多的一至二个话题），给该篇拟一个“章回式题目”，写一个说明性“序言”，每组发言人在课上分享。

7. 每“篇”一辩：本组选择该篇中可供思辨的章句，设计一组辩题（含正方、反方观点）。自选另一组作为反方，准备召开“课上微型辩论会”。

8. 孔说面面观：本组选择“篇”中一章，用其中的观点与现实生活不同领域相联系，指出其是否适用的情况，并说明理由。如“巧言令色，鲜矣仁”的观点在交友、应聘、营销、外交等领域是否适用？结合该章句写一则“从业训诫”在课上分享，每人一则，以此体现儒家思想与当代社会现实的比较，激发学生的思辨意识，培养批判思维能力。

9. 合并分析：本组在该篇中找出可以放到一起比较的章句（可以联系以前的篇章），分析这些章句共同体现了孔子怎样的思想。每人分别写一段述评。

10. 雅意今思：本组选择该篇中能体现客观、进步思想的章句，以社会生活事例作为依据，给该“篇”拟写“后记”（每人写一则），为首次阅读者推荐该篇，在课上分享。这一设计，旨在引导学生发现、提炼经典著作中的价值和精髓，培养类比思维能力。

这些设计，一方面是指向古代典籍的阅读方法，对其承载的语言、文学、文化知识做梳理；另一方面是指向文本内容的研读，对其包含的文意、观念、思想进行探究。目的是让古代典籍走近中学生的学习生活，融入现当代社会的现实生活之中，缩小我国古代文化与中学生之间的距离，提高他们对古代文化的理解水平和辨析能力，让优秀的圣贤哲思规范他们的言语和行为，也让其中的消极成分在学生的理性辨别中得到规避。鉴于此，“应用性解析”是本书的重要宗旨，助力学生面对同类典籍时积累一定的阅读经验。

《论语》的译注有多种版本，本书的文字、标点及句意理解参照杨伯峻先生的《论语译注》和徐志刚先生的《论语通译》。

本书体例上呈现方式为：按照《论语》各“篇”的顺序排列内容；每“篇”先重温原文，然后依次为各项任务的整理成果。其中“文意探究”部分的文段，有的是作者所写，有的是在学生习作的基础上做了一些整理及修正，希望给中学生读者带来启发。

书中对《论语》文字、语句的语法梳理，力争遵从规范的语法理论，但难免有疏漏之处，请广大读者指正。

目 录

学而篇第一

一、重温原文

1·1 子曰："学而时习之，不亦说乎？有朋自远方来，不亦乐乎？人不知，而不愠，不亦君子乎？"

1·2 有子曰："其为人也孝弟，而好犯上者，鲜矣；不好犯上，而好作乱者，未之有也。君子务本，本立而道生。孝弟也者，其为仁之本与！"

1·3 子曰："巧言令色，鲜矣仁。"

1·4 曾子曰："吾日三省吾身：为人谋而不忠乎？与朋友交而不信乎？传不习乎？"

1·5 子曰："道千乘之国，敬事而信，节用而爱人，使民以时。"

1·6 子曰："弟子，入则孝，出则弟，谨而信，泛爱众，而亲仁。行有余力，则以学文。"

1·7 子夏曰："贤贤易色；事父母，能竭其力；事君，能致其身；与朋友交，言而有信。虽曰未学，吾必谓之学矣。"

1·8 子曰："君子不重则不威，学则不固。主忠信。无友不如己者。过则无惮改。"

1·9 曾子曰："慎终，追远，民德归厚矣。"

1·10 子禽问于子贡曰："夫子至于是邦也，必闻其政，求之与，抑与之与？"子贡曰："夫子温、良、恭、俭、让以得之。夫子之求之也，其诸异乎人之求之与？"

1·11 子曰："父在，观其志；父没，观其行，三年无改于父之道，可谓孝矣。”

1·12 有子曰：“礼之用，和为贵。先王之道，斯为美。小大由之。有所不行，知和而和，不以礼节之，亦不可行也。”

1·13 有子曰：“信近于义，言可复也。恭近于礼，远耻辱也。因不失其亲，亦可宗也。”

1·14 子曰：“君子食无求饱，居无求安，敏于事而慎于言，就有道而正焉，可谓好学也已。”

1·15 子贡曰：“贫而无谄，富而无骄，何如？”子曰：“可也，未若贫而乐，富而好礼者也。”子贡曰：“《诗》云：‘如切如磋，如琢如磨。’其斯之谓与？”子曰：“赐也，始可与言《诗》已矣，告诸往而知来者。”

1·16 子曰：“不患人之不己知，患不知人也。”

二、基础知识梳理

（一）梳理特殊用字现象

“说”同“悦”，愉快、高兴的意思。例句：学而时习之，不亦说乎？（1·1）

“弟”同“悌”，弟弟对兄长的正确态度。例句：弟子，入则孝，出则弟。（1·6）

“无”通“毋”，不要的意思。例句：无友不如己者。（1·8）

“与”同“欤”，语气词“吧、呢”。例句：孝弟也者，其为仁之本与！（1·2）；必闻其政，求之与，抑与之与？其诸异乎人之求之与？（1·10）

（二）梳理活用词

名词用作副词：

“时”，按时。例句：学而时习之，不亦说乎？（1·1）

“日”，每天。例句：吾日三省吾身。（1·4）

动词用作名词：

“传”，老师传授的学业。例句：传不习乎？（1·4）

形容词用作名词：

“仁”，有仁德的人。例句：泛爱众，而亲仁。（1·6）

“贤”，贤者。例句：贤贤易色。（1·7）

“远”，远祖、祖先。例句：慎终，追远，民德归厚矣。（1·9）

“小大”，小事大事。例句：小大由之。（1·12）

“有道”，志向高尚的人。例句：就有道而正焉。（1·14）

形容词用作动词：

“贤”，亲近。例句：贤贤易色。（1·7）

“正”，匡正。例句：就有道而正焉。（1·14）

名词用作动词：

“友”，和……交友。例句：无友不如己者。（1·8）

形容词使动用法：

“远”，使动，使……远离。例句：恭近于礼，远耻辱也。（1·13）

形容词意动用法：

“主”，意动，以……为主。例句：主忠信。（1·8）

（三）梳理多义实词

“道”

①规律，道理。例句：君子务本，本立而道生。（1·2）

②主张，做法。例句：三年无改于父之道，可谓孝矣。（1·11）

③治理。例句：道千乘之国。（1·5）

④道德。例句：就有道而正焉。（1·14）

"信"

①诚实，守信。例句：与朋友交而不信乎？（1·4）；敬事而信。（1·5）；谨而信。（1·6）；言而有信。（1·7）

②信守的约言。例句：信近于义，言可复也。（1·13）

"如"

①比得上。例句：无友不如己者。（1·8）

②好像。例句：如切如磋，如琢如磨。（1·15）

③固定结构。例句：贫而无谄，富而无骄，何如？（1·15）

（四）梳理多义虚词

"而"

①连词，表顺承。例句：学而时习之。（1·1）；本立而道生。（1·2）；为人谋而不忠乎？与朋友交而不信乎？（1·4）；与朋友交，言而有信。（1·7）；就有道而正焉。（1·14）；告诸往而知来者。（1·15）

②连词，表转折，相当于"却""但是"。例句：人不知，而不愠。（1·1）；其为人也孝弟，而好犯上者，鲜矣；不好犯上，而好作乱者，未之有也。（1·2）；敏于事而慎于言。（1·14）；贫而无谄，富而无骄；未若贫而乐，富而好礼者也。（1·15）

③连词，表并列。例句：敬事而信，节用而爱人。（1·5）；谨而信；而亲仁。（1·6）

④连词，表因果。例句：知和而和。（1·12）

"为"

①介词，替、给。例句：为人谋而不忠乎？（1·4）

②表判断，相当于"是"。例句：和为贵；斯为美。（1·12）

"于"

①介词，介绍对象。例句：子禽问于子贡曰。（1·10）；

三年无改于父之道。（1·11）；敏于事而慎于言。（1·14）

②介词，介绍处所。例句：夫子至于是邦也。（1·10）

③介词，介绍方向。例句：信近于义；恭近于礼。（1·13）

“其”

①代词，相当于“他”。例句：其为人也孝弟。（1·2）

②代词，相当于“他的”。例句：父在，观其志；父没，观其行。（1·11）

③代词，指自己。例句：事父母，能竭其力；事君，能致其身。（1·7）

④副词，表推测或肯定语气。例句：其为仁之本与！（1·2）；其诸异乎人之求之与？（1·10）

“之”

①代词，它，他。例句：学而时习之。（1·1）；夫子之求之也。（1·10）；小大由之；不以礼节之。（1·12）

②助词，的。例句：夫子之求之也。（1·10）；三年无改于父之道。（1·11）；先王之道。（1·12）

③助词，主谓之间，取消句子独立性。例句：不患人之不己知。（1·16）

“乎”

①语气助词。例句：有朋自远方来，不亦乐乎？（1·1）

②介词，介绍对象。例句：其诸异乎人之求之与？（1·10）

“以”

①介词，按照。例句：使民以时。（1·5）

②用。例句：不以礼节之。（1·12）

③连词，来，用来。例句：夫子温、良、恭、俭、让以得之。（1·10）

（五）梳理古今异义词

“不重”：今通常义，重量轻；本文义，不庄重。例句：君

子不重则不威。(1·8)

"至于"：今通常义，另起话题；本文义，到。例句：夫子至于是邦也。(1·10)

（六）梳理多词一义

"乎"和"与"，都有语气助词"呢"的意思。例句：为人谋而不忠乎？(1·4)；必闻其政，求之与。(1·10)

（七）梳理特殊句式

倒装句

宾语前置：

不好犯上，而好作乱者，未之有也（1·2）："未有之"的意思；不患人之不己知（1·16）："不知己"的意思。

状语后置句：

使民以时（1·5）：可以理解为"以时使民"。

（八）梳理文化常识

1. 称谓

子：《论语》中的"子曰"都是指孔子所言。(1·1)

君子：《论语》中的君子有时指有德者，有时指有地位者，这里指有德者。(1·1)

夫子：这是古代的一种敬称，凡是做过大夫的人，都可以取得这一敬称。孔子做过鲁国的司寇，所以他的学生称他为夫子，后来因此沿袭称呼老师。在一定的场合下，也用以特指孔子。(1·10)

弟子：一般有两种意思，一指年龄小的人，二指学生。(1·6)

有子：有若，孔子的弟子，姓有，名若，比孔子小三十三岁。《论语》记载孔子的学生一般称字，独曾参和有若称"子"

（另外，冉有和闵子骞偶一称子，又当别论）。（1·2）

曾子：名参（shēn），字子舆，孔子的弟子，比孔子小四十六岁。（1·4）

子夏：孔子的弟子，姓卜，名商，字子夏，比孔子小四十四岁。春秋末期思想家、教育家，孔门十哲之一。（1·7）

子禽：叫陈亢（kàng），字子禽，是否孔子的弟子还不确定。（1·10）

子贡：姓端木，名赐，字子贡，卫国人，比孔子小三十一岁，是孔子的弟子。其不仅善于雄辩，办事通达，而且善于经商，有“端木遗风”之说，即子贡遗留下来的诚信经商之风。（1·10）

2. 礼俗

习：一般人理解为温习，但在古书之中还有实习、演习的意思，这里取后者，例如习射，习礼乐。（1·1）

孝弟：这里指古时对待父母和兄长应有的态度，这是为了维护当时礼乐制度所定下的规矩。（1·2）

仁：是孔子认为的最高道德的名称。（1·2）

三：这里的“三”指的是多次的意思，同样“九”也可以表达多次的概念。（1·4）

千乘之国：这里的“乘（shèng）”指的是用四匹马拉着的车子，而古代国家打仗用车子，因此用车数来衡量一个国家的实力。千乘之国在孔子时期已经不算是大国。（1·5）

人：古代的“人”有两个意思，一指广泛的民众，二单指士大夫以上阶层的人。这里取后者。（1·5）

（九）提炼相关成语

【学而时习之】学过的内容要时常复习、练习。**（1·1）**：子曰：“学而时习之，不亦说乎？”

【不亦乐乎】不是很高兴的吗？**（1·1）**：子曰：“有朋自远

方来，不亦乐乎？”

【犯上作乱】“犯”，干犯。指人民的反抗、起义。(1·2)：不好犯上，而好作乱者，未之有也。

【巧言令色】“巧言”，花言巧语；“令色”，讨好的表情。形容花言巧语，虚伪讨好。(1·3)：子曰：“巧言令色，鲜矣仁。”

【一日三省】每天多次地自我反省。(1·4)：曾子曰：“吾日三省吾身：为人谋而不忠乎？……”

【三省吾身】“省”，检查、反省；“身”，自身。原指每日从三个方面检查自己，后指多次自觉地检查自己。(1·4)：曾子曰：“吾日三省吾身：为人谋而不忠乎？……”

【入孝出悌】【入孝出弟】指回家要孝顺父母，出外要敬爱兄长。(1·6)：子曰：“弟子，入则孝，出则弟。”汉·桓宽《盐铁论·授时》：教之以德，齐之以礼，则民徙义而从善，莫不入孝出悌，夫何奢侈暴慢之有？

【行有余力】做了事情以后，还有剩余的精力和时间。(1·6)：行有余力，则以学文。

【贤贤易色】多指尊重贤德的人，不看重女色。也指看见贤能的人脸色变得庄重。(1·7)：贤贤易色；事父母，能竭其力；事君，能致其身。

【言而有信】说话靠得住，有信用。(1·7)：与朋友交，言而有信。

【慎终追远】“终”，人死；“远”，指祖先。旧指慎重地办理父母丧事，虔诚地祭祀远代祖先。后也指谨慎从事，追念前贤。(1·9)：曾子曰：“慎终，追远，民德归厚矣。”

【温良恭俭让】原意为温和、善良、恭敬、节俭、忍让这五种美德。这原是儒家提倡待人接物的准则。现也形容态度温和而缺乏斗争性。(1·10)：夫子温、良、恭、俭、让以得之。

【小大由之】指用途可大可小。(1·12)：礼之用，和为贵。先王之道，斯为美。小大由之。

【敏于事慎于言】“敏”，奋勉；“慎”，小心。办事勤勉，说话谨慎。(1·14)：君子食无求饱，居无求安，敏于事而慎于言。

【贫而乐道】家境贫穷，却以获得知识、懂得道理为乐事。(1·15)：子贡曰：“贫而无谄，富而无骄，何如？”子曰：“可也，未若贫而乐，富而好礼者也。”

【精益求精】“精”，完美，好；“益”，更加。好了还求更好。(1·15)：子贡曰“《诗》云：‘如切如磋，如琢如磨。’其斯之谓与？”宋·朱熹注：“言治骨角者，既切之而复磋之；治玉石者，既琢之而复磨之，治之已精，而益求其精也。”

【告往知来】告诉了这一点，就可以知道另一点。比喻能明了事物的因果同异的关系，据此知彼。(1·15)：赐也，始可与言《诗》已矣，告诸往而知来者。

三、文意探究

(一)梳理内容：完成该“篇”内容分类。要求概括该篇中重点话题(该篇中占有章句较多的一至二个话题)，给该篇拟一个“章回式题目”，写一个说明性“序言”。

本篇回目示例：

行孝悌无改父道，主忠信常省其身。

序言示例：

“学而”是《论语》第一篇的篇名。《论语》中各篇一般都是以该篇的前二三个关键字作为该篇的篇名。《学而》一篇包括十六章，内容涉及诸多方面。依内涵及儒家思想归类，其中包括：①关于“学习”：(1·1)；②关于“孝”：(1·2)(1·6)(1·9)(1·11)；③关于“道德修养”：(1·3)(1·4)(1·7)(1·8)(1·10)(1·14)；④关于“国家治理”：

（1·5）；⑤关于“做人与礼”：（1·12）（1·13）（1·15）（1·16）。作为本书的首篇，其中不乏“吾日三省吾身”“节用而爱人，使民以时”“礼之用，和为贵”，以及仁、孝、信等道德范畴的典型章句，为我们初步了解儒家思想奠定了基础。

（二）每“篇”一辩：本项任务为选择该篇中可供思辨的章句，设计一组辩题（含正方、反方观点），并分别撰写辩词。

示例1：

论题一：做人应该先养德，还是先治学？

依据：子曰：“弟子，入则孝，出则弟，谨而信，泛爱众，而亲仁。行有余力，则以学文。”（1·6）

辩题一：做人应该先养德再治学（正方观点）；做人应该先治学再养德（反方观点）

正方观点申述选例：

我方观点是：道德是一个人首先应该具备的行事准则。有了良好的品德，才能做大事，做长久事。周恩来很早就立下了“为中华之崛起而读书”的宏伟抱负，我们党的先辈哪一位不是先有为民族事业奋斗终生的情怀，才去追寻知识奥秘，从而成为一代伟人？钱学森等学成归国，我国的科学大家哪一位不是先把国家建设放在心中，然后才在学业以及事业上成就卓越？相反，马加爵、“泼熊事件”蓄谋者等虽然在接受高等教育，却制造了骇人听闻的大案，根源就在于丢失了“养德”的根基。所以只有修身养德在先，才能把学业做实、做深，从而奉献社会。

反方观点申述选例：

我方观点是：治学是一个人获得知识和本领的途径，有了知识和本领的资本，才能实现奉献社会的理想，这才是最好的“养德”。良好的品德是可以在“治学”过程中得到完善和优化的，每一个科学家都是治学在先，然后才凭借自己的知识学问为祖国建设做出贡献的。相反，一个没有知识的人，即使具有善良的品德，为民族及国家建设所做的贡献也是有限的。因此先“治学”才是首先重要的，“养德”是可以在实践中不断实现的。

示例2：

论题二：真正的“孝”应该如何对待父辈的主张和做法？

依据：子曰：“父在，观其志；父没，观其行，三年无改于父之道，可谓孝矣。”（1·11）

辩题二：真正的“孝”应该一丝不苟地继承父辈的主张和做法（正方观点）；真正的“孝”应该灵活地继承父辈的主张和做法（反方观点）

正方观点申述选例：

我方观点是：真正的“孝”应该一丝不苟地继承父辈的主张和做法。因为“孝”是针对晚辈对长辈而言的，只有完全顺从长辈才算是真正的“孝”，说话反着长辈来，做事逆着长辈来，这怎么能叫“孝”呢？况且，我方认为孔子的“仁”只是一个空泛的概念，若想践行“仁”，则要有一套具体的行事标准，其中“孝悌”便是十分重要的一部分。在“学而篇”孔子界定了几个孝悌的表现，其一，在家尽心服侍父母、尊敬兄长；其二，谨慎对待父母离世，诚恳地追忆祖先；其三，在父母死后，“三年无改于父之道”。这是达到“仁”的具体途径，是形成较高道德境界的基础。尤其是在这个人情渐冷，新闻中出现不赡养老人、兄弟姐妹大打出手的情况越来越多的时候，“孝悌”急需被重视、提倡，人人践行“孝悌”是刻不容缓的，这是营造良好社会风气的重要元素。

反方观点申述选例：

我方观点是：真正的“孝”应该灵活地继承父辈的主张和做法。任何观念和做法都需要与时俱进，适应新的时代要求。因此，孔子提出的“孝悌”行为也不能原封不动照搬过来。子女与父母之间，相互尊敬，在不同时间段理应养育或赡养。但在人生规划及发展与对待长辈的主张和做法上并不一定要产生必然联系。所以我方认为，“三年无改于父之道”不是那么合理。老一辈有老一辈的理想，新生代更应有新生代的信念，不会是一对一的刻板模式，不然社会该靠什么进步。所以孔子在学而篇提到的“孝悌”在某些方面是有必要的，但是随着时代的发展，要审时度势地践行其中所提倡的“孝悌”之举，切勿照猫画虎。

示例 3：

论题三：有德之人应该如何对待说和做？

依据：子曰：“君子食无求饱，居无求安，敏于事而慎于言，就有道而正焉，可谓好学也已。”（1·14）

辩题三：有德之人应该敏事慎言（正方观点）；有德之人应该敢做敢说（反方观点）

正方观点申述选例：

我方观点是：有德之人应该脚踏实地多做事，言论上谨慎表达，简言之，少说多做。因为埋头苦干最能显示一个人勤劳肯干的工作作风和默默奉献、做好本职工作的良好素养，当代大国工匠都是这样的榜样，是他们撑起了祖国建造大业的蓝天。多做，才有说话的资本；多说，容易给人以虚夸、浮躁之感，做不到，就成了空话。

反方观点申述选例：

我方观点是：有德之人应该敢做敢于发表意见，有看法而不表达出来，特别是发现问题却不发表意见，往往会贻误改正的机会，甚至酿成严重后果；如果遇到错误决策还是三缄其口，做了一个“好好先生”，有时还会助长不良风气的形成。另外，有了好的看法或建议却不表达出来，就有作壁上观之嫌，属于缺少责任感的表现。所以，要肯做，还要敢于提出科学、合理的意见，这才是一个敢于担当的人。

（三）孔说面面观：选择“篇”中一章，用其中的观点与现实生活不同领域相联系，指出其是否适用的情况，并说明理由。结合该章句写一则“从业训诫”，体现儒家思想与当代社会现实的融合与碰撞，激发学生的思辨意识，培养批判思维能力。

示例：

“巧言令色，鲜矣仁”（1·3）的观点在儒家思想中体现了“仁”的理念，对宣扬儒家讲求诚实、诚信的做人原则有一定的积极作用，但是在现实社会中还需辩证地看。在交友问题上，选择结交对象时确需秉持这一原则，不能以能说会道和体面的相貌作为标准，而应该看重良好的品德和内在气质。与人交往时，自己也应该把诚实守信的品质和良好的精神风貌呈现给对方，而不是虚夸的言语和造作的外表，否则就会结交不到挚友，或被有德之人鄙弃。历史上琴师俞伯牙和樵夫钟子期成为知音、管仲和鲍叔牙享誉管鲍之交的美名，凭的不是对方的“巧言”和“令色”，而是心灵相通、心心相印，人品是结交的纽带。

然而，这在应聘、营销、外交等领域却不一定适用。在这些领域中，如果一味谨言慎行，不善言辞，就不会被招聘单位、购买方等知晓、了解，你再有超群的才华，你再有骄人的产品，也就失去了竞聘、推销商品的机会。不注重特定场合的装束仪表，就会给人态度不认真、对人不尊重的印象，想要得到一份心仪的工作、挣得一份理想的订单，恐怕会成为泡影。因此，在这些领域，在秉持诚实守信的前提下，适当的主动言说和得体的装饰，有利于展示自己的技能、技术，实现更大的价值。

（四）合并分析：在该篇中找出可以放到一起比较的章句（可以联系以前的篇章），分析这些章句共同体现了孔子怎样的思想，以此写一段述评。

示例：

曾子曰："吾日三省吾身：为人谋而不忠乎？与朋友交而不信乎？传不习乎？"（1·4）

子曰："道千乘之国，敬事而信，节用而爱人，使民以时。"（1·5）

子曰："弟子，入则孝，出则弟，谨而信，泛爱众，而亲仁。行有余力，则以学文。"（1·6）

子夏曰："贤贤易色；事父母，能竭其力；事君，能致其身；与朋友交，言而有信。虽曰未学，吾必谓之学矣。"（1·7）

子曰："君子不重则不威，学则不固。主忠信。无友不如己者。过则无惮改。"（1·8）

有子曰："信近于义，言可复也。恭近于礼，远耻辱也。因不失其亲，亦可宗也。"（1·13）

本篇中以上这些章都讲到"信"，从不同角度诠释了孔子关于诚实守信的做人准则。其中第四章和第七章从结交朋友角度，第五章从治理国家角度，第六章和第八章从个人道德修养角度，第十三章从言与行关系的角度，分别强调了"信"的重要性。孔子把"信"作为做人、做事的首要原则，可见他对"信实"的看重。因为一个人只有讲求"诚信"才会被真正的朋友接纳，才会有较高的道德修养，才会引领一个民族、一个国家崇尚道德，形成良好的社会风尚。相反，没有了"信"，一个人就丢失了做人"底线"，人际关系就疏远了，社会中就会充斥伪善、欺诈，社会风气败坏，更勿论国家的富强。正因为如此，我们国家才大力弘扬道德模范人物的"诚信"精神，营造积极向上的社会氛围，无论是国内的精神文明建设，还是国际援助，都是在世界中打造道德至上的民族品牌。

延伸思考：

第一章、第四章、第六章、第八章、第十四章都谈到了"学"的问题；

第二章、第六章、第九章、第十一章都谈到了“孝”的问题；

第一章和第十六章都谈到了如何对待“人不知”的问题。

（五）雅意今思：选择该篇中能体现客观、进步思想的章句，以社会生活事例作为依据，给该“篇”拟写“后记”，为首次阅读者推荐该篇。这一设计，意在引导学生发现、提炼经典著作中的价值和精髓，培养类比思维能力。

示例：

《论语》这本书以语录体形式成文，文字简洁，初读者可能会遇到一些障碍，但有不少资料可以助读，一旦迈入此书的思想海洋，你一定会沉浸其中，手不释卷。如“学而篇”所涉及的内容就极为丰富，特别是对我们做人、做事启发很大。例如第十四章孔子所言：“君子食无求饱，居无求安，敏于事而慎于言，就有道而正焉，可谓好学也已。”这里深刻地阐释了“好学”的含义：有道德修养的人，饮食不求饱足，居住不要求舒适，对工作勤劳敏捷，说话却小心谨慎，到有道的人那里去匡正自己。如此表述，意在告诫我们，不论是学做人、做事，还是学知识、学技能，都要有一种不讲究物质条件的执着态度，以及少说大话、多参与实践的务实精神，同时还要有一份虚怀若谷的谦逊，不断地发现自己的不足，求教于他人，以提高自己的水平。有了这样的“好学”之心，我们才有可能真正拥有知识和技能，实现自己的最大价值。当代社会的于敏、黄旭华等科技工作者以及其他众多的大国工匠，哪一位不是在艰苦条件下踏踏实实磨炼出来的？他们正是在寂寞的环境中和精细的研究中，创造了国家的科学事业和制造事业，托起了日益强大的祖国。一段简单的文字，含有巨大的精神能量，诠释了和印证着“学”的威力。这样言简义丰的经典章句，你不想一读吗？

四、每篇一练

阅读下面的内容，回答问题。

子夏曰："贤贤易色；事父母，能竭其力；事君，能致其身；与朋友交，言而有信。虽曰未学，吾必谓之学矣。"(《论语·学而》)

上面文字蕴含了许多关于"学"的道理，请分条概括。

为政篇第二

一、重温原文

2·1　子曰："为政以德，譬如北辰，居其所而众星共之。"

2·2　子曰："《诗》三百，一言以蔽之，曰：'思无邪。'"

2·3　子曰："道之以政，齐之以刑，民免而无耻；道之以德，齐之以礼，有耻且格。"

2·4　子曰："吾十有五而志于学，三十而立，四十而不惑，五十而知天命，六十而耳顺，七十而从心所欲，不逾矩。"

2·5　孟懿子问孝。子曰："无违。"樊迟御，子告之曰："孟孙问孝于我，我对曰：'无违。'"樊迟曰："何谓也？"子曰："生，事之以礼；死，葬之以礼，祭之以礼。"

2·6　孟武伯问孝。子曰："父母，唯其疾之忧。"

2·7　子游问孝。子曰："今之孝者，是谓能养。至于犬马，皆能有养。不敬，何以别乎？"

2·8　子夏问孝。子曰："色难。有事，弟子服其劳；有酒食，先生馔，曾是以为孝乎？"

2·9　子曰："吾与回言终日，不违，如愚。退而省其私，亦足以发，回也不愚。"

2·10　子曰："视其所以，观其所由，察其所安。人焉廋哉？人焉廋哉？"

2·11　子曰："温故而知新，可以为师矣。"

2·12　子曰："君子不器。"

2·13　子贡问君子。子曰："先行其言而后从之。"

2·14　子曰："君子周而不比，小人比而不周。"

2·15　子曰："学而不思则罔，思而不学则殆。"

2·16　子曰："攻乎异端，斯害也已。"

2·17　子曰："由，诲女，知之乎？知之为知之，不知为不知，是知也。"

2·18　子张学干禄。子曰："多闻阙疑，慎言其余，则寡尤；多见阙殆，慎行其余，则寡悔。言寡尤，行寡悔，禄在其中矣。"

2·19　哀公问曰："何为则民服？"孔子对曰："举直错诸枉，则民服；举枉错诸直，则民不服。"

2·20　季康子问："使民敬，忠以劝，如之何？"子曰："临之以庄，则敬；孝慈，则忠；举善而教不能，则劝。"

2·21　或谓孔子曰："子奚不为政？"子曰："《书》云：'孝乎惟孝，友于兄弟，施于有政。'是亦为政，奚其为为政？"

2·22　子曰："人而无信，不知其可也。大车无輗，小车无軏，其何以行之哉？"

2·23　子张问："十世可知也？"子曰："殷因于夏礼，所损益，可知也；周因于殷礼，所损益，可知也；其或继周者，虽百世，可知也。"

2·24　子曰："非其鬼而祭之，谄也。见义不为，无勇也。"

二、基础知识梳理

（一）梳理特殊用字现象

"共"同"拱"，环抱、环绕之意。例句：譬如北辰，居其所而众星共之。（2·1）

"有"同"又"，古人在整数和零数之间用"有"字，不用"又"字。例句：吾十有五而志于学。（2·4）

“知”同“智”，聪明，智慧。例句：知之为知之，不知为不知，是知也。（2・17）

“女”同“汝”，第二人称，你。例句：诲女，知之乎？（2・17）

“错”同“措”，放置。例句：举直错诸枉。（2・19）

（二）梳理活用词

形容词用作名词：

“故”，旧的知识；“新”，新的知识、道理。例句：温故而知新。（2・11）

“直”，正直的人；“枉”，邪恶的人。例句：举直错诸枉。（2・19）

“善”，善良的人。例句：举善而教不能。（2・20）

形容词用作动词：

“寡”，减少。例句：则寡尤。则寡悔。（2・18）

名词用作动词：

“友”，友爱。例句：友于兄弟。（2・21）

（三）梳理多义实词

“道”

①引导、诱导。例句：道之以德。（2・3）

②榜样、准则。例句：君子务本，本立而道生。（1・2）

③好的做法。例句：三年无改于父之道。（1・11）

“知”

①知道。例句：诲女，知之乎？知之为知之，不知为不知，是知也。（2・17）；十世可知也？（2・23）

②同“智”，聪明、智慧。例句：知之为知之，不知为不知，是知也。（2・17）

“无”

①没有。例句：子曰：“《诗》三百，一言以蔽之，曰：‘思无邪。’”（2·2）

②不要。例句：孟懿子问孝。子曰：“无违。”（2·5）

（四）梳理多义虚词

“以”

①连词，来。例句：一言以蔽之。（2·2）

②连词，和。例句：使民敬，忠以劝。（2·20）

③介词，用。例句：道之以政，齐之以刑。（2·3）；生，事之以礼；死，葬之以礼，祭之以礼。（2·5）

④介词，相当于“与”，结交。例句：视其所以，观其所由，察其所安。（2·10）

⑤固定搭配“以为”，认为。例句：曾是以为孝乎？（2·8）

⑥固定搭配“何以”，怎么。例句：不敬，何以别乎？（2·7）

“而”

①连词，表顺承，不译或译为“就”。例句：吾十有五而志于学，三十而立，四十而不惑，五十而知天命，六十而耳顺，七十而从心所欲。（2·4）；温故而知新。（2·11）

②连词，表转折。例句：学而不思则罔，思而不学则殆。（2·15）；人而无信，不知其可也。（2·22）；非其鬼而祭之。（2·24）

③连词，表并列。例句：君子周而不比，小人比而不周。（2·14）

“之”

①代词，代事物，可译为“它”。例句：譬如北辰，居其所而众星共之。（2·1）；一言以蔽之。（2·2）；先行其言而后从之。（2·13）；诲女，知之乎？知之为知之，不知为不知，是知也。（2·17）

②代词，代人，可译为“他、他们”。例句：道之以政，齐之以刑；道之以德，齐之以礼。（2·3）；生，事之以礼；死，葬之以礼，祭之以礼。（2·5）

“其”

①代词，他。例句：视其所以，观其所由，察其所安。（2·10）

②代词，他的。例句：父母，唯其疾之忧。（2·6）

③代词，自己的。例句：退而省其私。（2·9）

④语气副词，表疑问语气。例句：大车无輗，小车无軏，其何以行之哉？（2·22）

“乎”

①相当于“于”，在。例句：攻乎异端，斯害也已。（2·16）

②句末语气词。例句：不敬，何以别乎？（2·7）；有酒食，先生馔，曾是以为孝乎？（2·8）；诲女，知之乎？（2·17）

③句中语气词。例句：孝乎惟孝，友于兄弟。（2·21）

“于”

①介词，向。例句：孟孙问孝于我。（2·5）

②介词，到。例句：友于兄弟，施于有政。（2·21）

③介词，对。例句：友于兄弟，施于有政。（2·21）；殷因于夏礼，周因于殷礼。（2·23）

④固定搭配“至于”，谈到。例句：至于犬马，皆能有养。（2·7）

“为”

①动词，治理。例句：为政以德。（2·1）

②动词，做。例句：温故而知新，可以为师矣。（2·11）；何为则民服？（2·19）；子奚不为政？（2·21）；见义不为，无勇也。（2·24）

③动词，是。例句：知之为知之，不知为不知，是知也。（2·17）

（五）梳理古今异义词

“不敬”：今通常义，不尊敬；本文义，严肃、认真。例句：不敬，何以别乎？（2·7）；

“弟子”：今通常义，学生，徒弟；本文义，年轻人。例句：有事，弟子服其劳。（2·8）

“色”：今通常义，颜色；本文义，容色。例句：色难。（2·8）

（六）梳理多词一义

“无”和“不”：都含有“不要”的意思。例句：樊迟御，子告之曰：“孟孙问孝于我，我对曰：‘无违。’”（2·5）；吾与回言终日，不违，如愚。（2·9）

“奚”“焉”和“何”：都是疑问代词，都含有“为什么”“怎么”的意思。例句：子奚不为政？（2·21）；人焉廋哉？（2·10）；其何以行之哉？（2·22）；

“与”和“以”：都含有“和”的意思。例句：吾与回言终日，不违，如愚。（2·9）；使民敬，忠以劝。（2·20）

（七）梳理特殊句式

倒装句

状语后置：

为政以德（2·1）：以德为政的意思；齐之以刑，道之以德，齐之以礼（2·3）：以刑齐之，以德道之，以礼齐之的意思；生，事之以礼；死，葬之以礼，祭之以礼（2·5）：以礼事之，以礼葬之，以礼祭之的意思；孟孙问孝于我（2·5）：于我问孝的意思；临之以庄，则敬（2·20）：以庄临之的意思。

（八）梳理文化常识

1. 天文

北辰：此处不指天球北极，而是指北极星，由于距离地球

太远，约 782 光年，人们不觉得它移动。（2·1）

2. 称谓

孟懿（yì）子：姬姓，鲁国大夫，孟孙氏第九代宗主，本姓仲孙，也称孟孙，名何忌，世称仲孙何忌，谥号“懿”，是孟僖子的儿子，南宫敬叔的哥哥，孟子的六世祖。《左传》昭公七年说，孟僖子将死，遗嘱要他向孔子学礼。（2·5）

樊迟：即樊须，名须，字子迟，孔子的弟子，比孔子小三十六岁。春秋末鲁国人（一说齐国人）。孔子七十二贤弟子中的重要人物，继承孔子兴办私学，在儒家学派广受推崇的各个朝代享有较高礼遇。唐赠“樊伯”，宋封“益都侯”，明称“先贤樊子”。其重农重稼思想在历史上具有进步意义。（2·5）

孟武伯：姓仲孙，名彘（zhì），孟懿子的儿子，谥号“武”，春秋时期鲁国大夫。（2·6）

子游：姓言，名偃，字子游，亦称“言游”或“叔氏”，春秋末吴国人，与子夏、子张齐名，孔子的著名弟子，“孔门十哲”之一，比孔子小四十五岁。（2·7）

回：姓颜，名回，字子渊，又称颜渊。生于公元前 521 年（一说，公元前 511 年），卒于公元前 480 年。鲁国人，居陋巷（今山东省曲阜市旧城内的陋巷街，颜庙所在之地），尊称复圣颜子。春秋末期鲁国思想家，儒客大家，“孔门七十二贤”之首。（2·9）

由：姓仲，名由，字子路。生于公元前 542 年，卒于公元前 480 年，孔子的弟子，长期跟随孔子。“孔门十哲”之一、“二十四孝”之一，“孔门七十二贤”之一，受儒家祭祀。仲由性情刚直，好勇尚武，曾凌暴过孔子，孔子对他启发诱导，设礼以教，后接受孔子的劝导，请为弟子，跟随孔子周游列国，做孔子的侍卫。后做卫国大夫孔悝的蒲邑宰，以政事见称，为人伉直，好勇力，任内开挖沟渠，救穷济贫，政绩突出，辖域大治。（2·17）

子张：即颛（zhuān）孙师，生于公元前503年，卒年不详，字子张，孔门弟子之一。春秋末陈国阳城（今河南登封）人。出身微贱，且犯过罪行，经孔子教育成为“显士”。虽学干禄，未尝从政，以教授终。孔子死后，其受到曾子、颜路的排挤，被迫离开鲁国，独立招收弟子，宣扬儒家学说，是“子张之儒”的创始人。子张之儒列儒家八派之首。比孔子小四十八岁。（2·18）

哀公：姓姬，名蒋，谥号“哀”，鲁国国君，在位二十七年（自公元前494年至公元前466年）。（2·19）

季康子：姓季孙，名肥，谥号“康”，“子”是尊称。鲁哀公时，任正卿（宰相），是当时政治上最有权势的人。（2·20）

3. 书籍

《书》：指《尚书》。（2·21）

4. 工具

“輗”：音ní，古代大车车辕前面横木上的木销子，大车指的是牛车；“軏”：音yuè，古代小车车辕前面横木上的木销子。没有輗和軏，车就不能走。（2·22）

（九）提炼相关成语

【众星拱北】“拱”，环绕，拱卫；“北”，指北极星。天上众星拱卫北辰。旧指有德的国君在位，得到天下臣民的拥戴。**（2·1）**：为致以德，譬如北辰，居其所而众星共之。

【北辰星拱】“北辰”：北极星；“拱”：环绕，拱卫。北极星高悬不动，群星四面环绕。旧时比喻治理国家施行德政，天下便会归附。后也比喻受众人拥戴的人。**（2·1）**：为致以德，譬如北辰，居其所而众星共之。

【一言以蔽之】“蔽”，遮，引申为概括。用一句话来概括。**（2·2）**：《诗》三百，一言以蔽之，曰：“思无邪。”

【三十而立】指人在三十岁前后有所成就。**（2·4）**：吾十有五而志于学，三十而立，四十而不惑。

【而立之年】人到三十岁可以自立的年龄。后为30岁的代称。（2·4）：吾十有五而志于学，三十而立，四十而不惑，五十而知天命，六十而耳顺，七十而从心所欲。

【不惑之年】“不惑”，遇到事情能明辨不疑。以此作为40岁的代称。（2·4）：吾十有五而志于学，三十而立，四十而不惑，五十而知天命，六十而耳顺，七十而从心所欲。

【知命之年】知道自己命运的年龄，指50岁。（2·4）：吾十有五而志于学，三十而立，四十而不惑，五十而知天命，六十而耳顺，七十而从心所欲。

【耳顺之年】六十岁时听别人言语便可判断是非真假。也能听进去任何刺耳的话。60岁的代称。（2·4）：吾十有五而志于学，三十而立，四十而不惑，五十而知天命，六十而耳顺，七十而从心所欲。

【从心所欲】按照自己的意思，想怎样便怎样。（2·4）：吾十有五而志于学，三十而立，四十而不惑，五十而知天命，六十而耳顺，七十而从心所欲。

【犬马之养】供养父母的谦辞。（2·7）：今之孝者，是谓能养。至于犬马，皆能有养。不敬，何以别乎？

【因材施教】“因”，根据；“材”，资质；“施”，施加；“教”，教育。指针对学习的人的志趣、能力等具体情况进行不同的教育。“子游问孝”（2·7）、“子夏问孝”（2·8）。朱熹集注引宋程颐曰：“子游能养而或失于敬，子夏能直义而或少温润之色，各因其材之高下与其所失而告之，故不同也。”

【温故知新】“温”，温习；“故”，旧的。温习旧的知识，得到新的理解和体会。也指回忆过去，能更好地认识现在。（2·11）：温故而知新，可以为师矣。

【君子不器】君子不应该成为像器皿一般只具有单一用途的人。（2·12）：子曰：“君子不器。”

【周而不比】周：同周围的人相处得很好，合群，团结；比：勾结。关系密切，但不勾结。指与众相合，但不做坏事。（2·14）：子曰："君子周而不比。"

【学而不思则罔，思而不学则殆】只学习却不思考，就会迷惑；只思考却不学习，就会缺乏信心。（2·15）：子曰："学而不思则罔，思而不学则殆。"

【异端邪说】指和正统思想不同的有害的学说。（2·16）：攻乎异端，斯害也已。

【知之为知之，不知为不知】懂就是懂，不懂就是不懂。（2·17）：知之为知之，不知为不知，是知也。

【多闻阙疑】"闻"，听；"阙疑"，有疑问的地方要保留。虽然见多识广，有不懂之处，还应存有疑问。指谦虚谨慎的治学态度。（2·18）：多闻阙疑，慎言其余，则寡尤。

【言寡尤，行寡悔】指说话做事很少犯错误。（2·18）：言寡尤，行寡悔，禄在其中矣。

【举直错枉】"举"选拔，任用；"枉"，弯曲，比喻邪恶的人；"错"，废置，罢黜；"直"，笔直，比喻正直的人。选用贤者，罢黜奸邪。（2·19）：举直错诸枉，则民服；举枉错诸直，则民不服。

【人而无信，不知其可】"信"，信用；"其"，那；"可"，可以，行。一个人不讲信用，真不知道怎么能行。指人不讲信用是不行的。（2·22）：人而无信，不知其可也。

【见义勇为】看到正义的事，就勇敢地去做。（2·24）：见义不为，无勇也。

三、文意探究

（一）梳理内容：完成该"篇"内容分类。要求概括该篇中重点话题（该篇中占有章句较多的一至二个话题），给该篇拟一个“章回式题目”，写一个说明性“序言”。

本篇回目示例：

问孝施政皆合礼，温故知新可为师。

序言示例：

为政篇包括二十四章。本篇主要内容涉及孔子“为政以德”的思想、如何谋求官职和从政为官的基本原则、学习与思考的关系、孔子本人学习和修养的过程、温故而知新的学习方法，以及对孝、悌等道德范畴的进一步阐述。依照儒家思想及内涵归类，其中包括：①关于“国家治理”：2·1（谈德）、2·3（谈礼与德）、2·19（谈民服）、2·20（谈敬忠劝）、2·21（谈孝）、2·23（谈礼）；②关于“孝道”：2·5（谈礼）、2·6（谈知晓）、2·7（谈养）、2·8（谈和颜悦色）；③关于“道德修养”：2·4（谈学习与修养）、2·16（谈批判）、2·17（谈知）、2·18（谈多听看）、2·22（谈信）、2·24（谈勇）；④关于“教育”：2·9（谈看待颜回）、2·11（谈温故知新）、2·15（谈学思）；⑤关于“评价人”：2·9（谈观察）；⑥关于“君子”：2·12（谈不器）、2·13（谈言行）、2·14（谈周）；⑦关于“治学”：2·2（解读《诗经》）。本篇中有“温故而知新”“知之为知之，不知为不知，是知也”“学而不思则罔，思而不学则殆”等名句，值得我们永远品味。

（二）每“篇”一辩：本项任务为选择该篇中可供思辨的章句，设计一组辩题（含正方、反方观点），并分别撰写辩词。

示例 1：

论题一：规范百姓行为用道德诱导、礼教整顿有效，还是用政法诱导、刑法整顿有效？

依据：子曰：“道之以政，齐之以刑，民免而无耻；道之以德，齐之以礼，有耻且格。”（2·3）

辩题一：规范百姓的行为用道德来诱导、用礼教来整顿比用政法来诱导、用刑法来整顿更有效（正方观点）；规范百姓

的行为用政法来诱导、用刑法来整顿比用道德来诱导、用礼教来整顿更有效（反方观点）

正方观点申述选例：

我方认为，规范百姓行为，首先应该通过道德诱导、用礼教整顿，因为思想是行为的引领，激发的是人们的内心驱动力，使良好的行为更具有长久性；而用政法诱导、用刑法整顿只是外在强制做法，常言道“治标不治本”，规范了一时，却不能约束一世，因为思想上没有得到真正的净化和优化。正所谓“人之初，性本善”，道德诱导，礼教整顿，会最大限度地调动人的善良本性，从而发扬光大，落实在自己所从事的工作之中。全国道德模范哪一位都不是靠法律法规“管”出来的，而是依靠自己良好家风的影响，以及主动吸收所处环境的优秀道德元素，形成了个人爱家、爱国、爱岗、爱人的崇高品德。

反方观点申述选例：

我方认为，每个人都有惰性和随意性的一面，也不是天生就会守规矩、懂礼貌，而是需要后天不断地受到政法方面的训导，及时地接受法律法规的约束，才能矫正自己的行为，由惰性变为积极、热情，由随意变为正规、得体。这样在不断修正中形成自己向善、向美的独立人格，进而做好本职工作，助力他人，奉献国家。而这些良好品质的养成，光靠道德诱导和礼教整顿是不能奏效的。一些失足青少年和成年犯罪嫌疑人并非没有受到道德方面的诱导和礼教方面的整顿，而是在他们的成长过程中缺失了法律法规的宣教和一定程度的刑法整顿，以致走上犯罪的道路，这样的教训我们永远不能忘记。

示例 2：

论题二：对待老师或长辈是否可以提反对意见？

依据：子曰：“吾与回言终日，不违，如愚。退而省其私，亦足以发，回也不愚。”（2·9）

辩题二：对待老师或长辈应该从不提反对意见（正方观

点）；对待老师或长辈可以提反对意见（反方观点）

正方观点申述选例：

我方认为，老师和长辈经历了很多大事，有丰富的阅历和生活经验，他们思想更成熟，见解更客观，说出的话、做出的决定有一定的权威性；而我们阅历浅，学习经历短暂，生活经验欠缺，想法还比较幼稚，见解自然比较肤浅。基于此，老师和长辈是我们学习、模仿的榜样，而不应该是怀疑、否定的对象，所以我们不该提出反对意见，不然会导致我们心生自负情绪，以致贸然行事，酿成苦果，造成不可挽回的损失；同时还会滋生不敬风气，背负不孝之名，影响和谐环境的形成。

反方观点申述选例：

我方认为，老师和长辈是有丰富的阅历和生活经验的，对事物的认识会比我们更成熟，见解会更深刻，但是仍会有思考不周之处，甚至有时受到某种偏激思想的影响，制约了他们的思维，判断会偏离正确的轨道，我们虽是晚辈，但不能见错不提，任其发展酿成恶果，不可收拾。况且，人的思想不是一成不变的，此一时正确，不意味着永远没错，及时提出正确的建议，会及时止损，这并非不敬，而是最大的“孝”的体现。其实，即使老师或长辈没有不妥之处，我们提出自己不同的看法，还会激活大家的思考，碰撞出思维的火花，产生令人惊奇的效果，很多科技成果的诞生，正是老、中、青不同层次年龄段人共同切磋的结晶。

（三）孔说面面观：选择“篇”中一章，用其中的观点与现实生活不同领域相联系，指出其是否适用的情况，并说明理由。结合该章句写一则“从业训诫”，体现儒家思想与当代社会现实的融合与碰撞，激发学生的思辨意识，培养批判思维能力。

示例：

“君子不器”（2·12）表达了孔子“不要像器皿一样只有一定的用途”的观点。这对一个社会人来讲有一定的现实意义，因为当今社会是一个多元发展的社会，新岗位、新业态层出不穷，要适应这样的社会形势，就要增长自己的多项本领和技能。因此，如果所学知识和技能过于单一，就会增加失业的风险，而如果多拥有一些不同领域的知识和技能，就会为找到合适的工作增加一份保险。于是通识教育有了一个存在的机遇，一人考取多个不同职业资格证的做法也逐渐受到更多年轻人的青睐，不断换岗，寻找适合自己的职业，已经成为一些大学毕业生择业的常态，要想在当今社会立足，就要拥有多张入职不同领域的通行证。况且，很多领域之间有一定的相通性，互相借鉴，不断发展，医学、工业等领域都有这样的先例，所以不能只具备一种技能。

但是只求知识、技能的多样化，而没有一种精通、熟悉的本领，做什么都浅尝辄止，“这山望着那山高”，自己觉得能做很多事，却哪样都做不好，最终还会被社会淘汰。无论是大国工匠，还是尖端科技领域的科学家，每一位都是精研一门学问到深邃，才成就了他们自己的事业，也成就了国家建设的大业。我国的航天科技领域，每一个航天器的研制及发射，都会有若干不同系统的参研参试人员按照本系统的专业要求完成相应任务，来不得半点儿误差。因此，更多领域需要的是专业化队伍，而不是只会“点到为止”的“多面手”，精熟的专业才是硬道理，“跨界”并不适合所有的领域。

（四）合并分析：在该篇中找出可以放到一起比较的章句（可以联系以前的篇章），分析这些章句共同体现了孔子怎样的思想，以此写一段述评。

示例：

孟懿子问孝。子曰：“无违。”樊迟御，子告之曰：“孟孙问孝于我，我对曰：‘无违。’樊迟曰：“何谓也？”子曰：“生，事之以礼；死，葬之以礼，祭之以礼。”（2·5）

孟武伯问孝。子曰：“父母，唯其疾之忧。”（2·6）

子游问孝。子曰："今之孝者，是谓能养。至于犬马，皆能有养。不敬，何以别乎？"（2·7）

子夏问孝。子曰："色难。有事，弟子服其劳；有酒食，先生馔，曾是以为孝乎？"（2·8）

以上各章记录的是不同人物问"孝"，孔子从不同角度回答了"孝"的含义。第五章谈的是不能违背礼节，第六章谈的是不应该让父母担心，第七章谈的是严肃认真地对待父母，第八章谈的是能在父母面前经常有愉悦的容色。这四章从内心到表面多方面揭示了"孝"的丰富内涵，特别突出了"孝"应该是发自肺腑的，不然经常呈现愉悦的容色也是做不到的。

（五）雅意今思：选择该篇中能体现客观、进步思想的章句，以社会生活事例作为依据，给该"篇"拟写"后记"，为首次阅读者推荐该篇。这一设计，意在引导学生发现、提炼经典著作中的价值和精髓，培养类比思维能力。

示例：

本篇中涵盖了孔子的多种思想，而对我们最有现实指导意义的章句是"温故而知新，可以为师矣"和"学而不思则罔，思而不学则殆"两章。他明确地指出了"温故"与"知新"、"学"与"思"两组概念之间的辩证关系，从态度和方法上为我们的治学指明了方向。因为知识与知识之间存在着广泛的联系，学习和掌握任何一种新知识，都是原有知识的延伸和拓展，回顾旧知识，才能更好地理解、掌握新知识。除了这个道理的揭示，此章还教给我们一种思维方法，就是在复习原有知识基础之上，很有可能发现知识之间的空白，从而在自己的不断钻研中获取新的发现，这正是科学新生的基础。完成这一知识更新，也就需要"学"与"思"关系的良好处理，空想而不"学"，自然无所收获；学习而后"思"，往往是重大发明的前奏。这就是本篇教给我们的智慧。

四、每篇一练

阅读下面的内容，回答问题。

子夏问孝。子曰："色难。有事，弟子服其劳；有酒食，先生馔，曾是以为孝乎？"（《论语·为政》）

关于"色难"，大致有两种代表性解释：一是东汉包咸的"色难，谓承顺父母颜色乃为难也"（《论语章句》）；二是东汉郑玄的"和颜悦色，是为难也"（《论语注》）。请翻译短文并简要说明你同意哪一种解释。

八佾篇第三

一、重温原文

3·1　孔子谓季氏，八佾舞于庭，是可忍也，孰不可忍也？

3·2　三家者，以《雍》彻。子曰：“‘相维辟公，天子穆穆’，奚取于三家之堂？”

3·3　子曰：“人而不仁，如礼何？人而不仁，如乐何？”

3·4　林放问礼之本。子曰：“大哉问！礼，与其奢也，宁俭；丧，与其易也，宁戚。”

3·5　子曰：“夷狄之有君，不如诸夏之亡也。”

3·6　季氏旅于泰山。子谓冉有曰：“女弗能救与？”对曰：“不能。”子曰：“呜呼！曾谓泰山不如林放乎？”

3·7　子曰：“君子无所争。必也射乎！揖让而升，下而饮。其争也君子。”

3·8　子夏问曰：“‘巧笑倩兮，美目盼兮，素以为绚兮。’何谓也？”子曰：“绘事后素。”曰：“礼后乎？”子曰：“起予者商也！始可与言《诗》已矣。”

3·9　子曰：“夏礼，吾能言之，杞不足征也；殷礼，吾能言之，宋不足征也。文献不足故也。足，则吾能征之矣。”

3·10　子曰：“禘自既灌而往者，吾不欲观之矣。”

3·11　或问禘之说。子曰：“不知也；知其说者之于天下也，其如示诸斯乎！”指其掌。

3·12　祭如在，祭神如神在。子曰：“吾不与祭，如不祭。”

3·13　王孙贾问曰：“与其媚于奥，宁媚于灶。何谓也？”

子曰：“不然；获罪于天，无所祷也。”

3·14　子曰：“周监于二代，郁郁乎文哉！吾从周。”

3·15　子入太庙，每事问。或曰：“孰谓鄹人之子知礼乎？入太庙，每事问。”子闻之，曰：“是礼也。”

3·16　子曰：“射不主皮，为力不同科，古之道也。”

3·17　子贡欲去告朔之饩羊。子曰：“赐也！尔爱其羊，我爱其礼。”

3·18　子曰：“事君尽礼，人以为谄也。”

3·19　定公问：“君使臣，臣事君，如之何？”孔子对曰：“君使臣以礼，臣事君以忠。”

3·20　子曰：“《关雎》乐而不淫，哀而不伤。”

3·21　哀公问社于宰我。宰我对曰：“夏后氏以松，殷人以柏，周人以栗，曰：使民战栗。”子闻之，曰：“成事不说，遂事不谏，既往不咎。”

3·22　子曰：“管仲之器小哉！”或曰：“管仲俭乎？”曰：“管氏有三归，官事不摄，焉得俭？”“然则管仲知礼乎？”曰：“邦君树塞门，管氏亦树塞门。邦君为两君之好，有反坫，管氏亦有反坫。管氏而知礼，孰不知礼？”

3·23　子语鲁大师乐，曰：“乐其可知也：始作，翕如也；从之，纯如也，皦如也，绎如也，以成。”

3·24　仪封人请见，曰：“君子之至于斯也，吾未尝不得见也。”从者见之。出曰：“二三子何患于丧乎？天下之无道也久矣，天将以夫子为木铎。”

3·25　子谓《韶》：“尽美矣，又尽善也。”谓《武》：“尽美矣，未尽善也。”

3·26　子曰：“居上不宽，为礼不敬，临丧不哀，吾何以观之哉！”

二、基础知识梳理

（一）梳理特殊用字现象

“彻”同“撤”。例句：三家者，以《雍》彻。（3·2）
“亡”同“无”。例句：不如诸夏之亡也。（3·5）
“女”同“汝”。例句：女弗能救与？（3·6）
“与”同“欤”。例句：女弗能救与？（3·6）
“示”同“置”。例句：其如示诸斯乎！（3·11）

（二）梳理活用词

动词用作名词：
“三归”，大量的市租。例句：管氏有三归。（3·22）
形容词用作名词：
“好”，友好的事情。例句：邦君为两君之好。（3·22）
动词的使动用法：
“见”，使……见。例句：从者见之。（3·24）

（三）梳理多义实词

“如”

①固定搭配，“如……何”。例句：如礼何？如乐何？（3·3）

②比得上。例句：不如诸夏之亡也。（3·5）

③词缀，……的样子。例句：从之，纯如也，皦如也。（3·23）

④好像。例句：祭如在，祭神如神在。（3·12）

“知”

①知道。例句：不知也。（3·11）

②懂得。例句：然则管仲知礼乎？（3·22）

（四）梳理多义虚词

“与”

①介词，和、跟。例句：始可与言《诗》已矣。（3·8）

②动词，参与。例句：吾不与祭。（3·12）

③固定搭配，“与……宁”。例句：丧，与其易也，宁戚。（3·4）

“而”

①连词，表转折，却。例句：人而不仁。（3·3）；乐而不淫，哀而不伤。（3·20）

②连词，表修饰，就。例句：揖让而升，下而饮。（3·7）

③连词，表假设，如果。例句：管氏而知礼，孰不知礼？（3·22）

“其”

①代词，这个。例句：知其说者之于天下也。（3·11）

②代词，那。例句：尔爱其羊。（3·17）

“之”

①代词，它。例句：吾不欲观之矣。（3·10）

②助词，的。例句：管仲之器小哉！（3·22）

③助词，取消句子独立性用法。例句：不如诸夏之亡也。（3·5）；天下之无道也久矣。（3·24）

“以”

①介词，依据。例句：君使臣以礼，臣事君以忠。（3·19）

②介词，用。例句：夏后氏以松，殷人以柏，周人以栗。（3·21）

③固定搭配“以……为……”，把……作为……。例句：天将以夫子为木铎。（3·24）

④固定搭配“何以”，怎么。例句：吾何以观之哉！（3·26）

⑤连词，相当于“而”的用法。例句：绎如也，以成。（3·23）

“于”

①介词，在。例句：奚取于三家之堂？（3·2）

②介词，向。例句：与其媚于奥，宁媚于灶。（3·13）；哀公问社于宰我。（3·21）

（五）梳理古今异义词

“皮”：今通常义，物体的表皮；本文义，靶子。例句：射不主皮。（3·16）

“文献”：今通常义，只指历史文件；本文义，历代历史文件和当时的贤者。例句：文献不足故也。（3·9）

（六）梳理多词一义

“奚”和“何”：都含有“什么、怎么、为什么、哪里”的意思。例句：奚取于三家之堂？（3·2）；二三子何患于丧乎？（3·24）

（七）梳理特殊句式

省略句

奚取（之）于三家之堂？（3·2）；绘事后（于）素；礼后（于仁义）乎；始可与（汝）言《诗》已矣（3·8）；不如诸夏之亡（君）也。（3·5）

倒装句

主谓倒装：

子曰：“大哉问！”（3·4）

状语后置：

君使臣以礼，臣事君以忠。（3·19）

宾语前置：

吾何以观之哉！（3·26）

（八）梳理文化常识

1. 礼俗

八佾：佾，音 yì，行列的意思。古时一佾 8 人，八佾就是 64 人，据《周礼》规定，只有周天子才可以使用八佾，诸侯用六佾，卿大夫用四佾，士用二佾。季氏是正卿，只能用四佾。（3·1）

三家：鲁国当政的三家，孟孙氏、叔孙氏、季孙氏。他们都是鲁桓公的后代，又称“三桓”。（3·2）

夷狄：古代中原地区的人对周边地区的贬称，谓之不开化，缺乏教养，不知书达礼。（3·5）

诸夏：古代中原地区华夏族的自称。（3·5）

旅：祭名。祭祀山川为旅。当时，只有天子和诸侯才有祭祀名山大川的资格。季氏只是鲁国的大夫，竟去祭祀泰山，因此孔子认为是“僭礼”。（3·6）

禘（dì）：古代只有天子才可以举行的祭祀祖先的非常隆重的典礼。（3·10）

灌：禘礼中第一次献酒。（3·10）

奥：这里指屋内位居西南角的神。（3·13）

灶：这里指灶旁管烹饪做饭的神。（3·13）

太庙：君主的祖庙。鲁国太庙，即周公旦的庙，供鲁国祭祀周公。（3·15）

鄹（zōu）：春秋时鲁国地名，又写作“陬”，在今山东曲阜附近。“鄹人之子”指孔子。（3·15）

告朔：朔，农历每月初一为朔日。告朔，古代制度，天子每年秋冬之际，把第二年的历书颁发给诸侯，告知每个月的初一日。（3·17）

饩羊：饩，音 xì。饩羊，祭祀用的活羊。（3·17）

社：土地神，祭祀土地神的庙也称社。（3·21）

三归：相传是三处藏钱币的府库。（3·22）

2. 称谓

林放：姓林，名放，字子丘，春秋时期鲁国清河（今属山东）人，为比干二十七世孙，传为孔子弟子中的七十二贤人之一，为孔子的得意门生。（3·4）

冉有：姓冉，名求，字子有，生于公元前522年，孔子的弟子，比孔子小二十九岁。当时是季氏的家臣，所以孔子责备他。（3·6）

王孙贾：卫灵公的大臣，时任大夫。（3·13）

定公：鲁国国君，姓姬，名宋，谥号“定”。在位十五年（公元前509—前495年）。（3·19）

宰我：姓宰，名予，字子我，孔子早年的弟子。（3·21）

3. 音乐

《韶》：相传是古代歌颂虞舜的一种乐舞。（3·25）

《武》：相传是歌颂周武王的一种乐舞。（3·25）

（九）提炼相关成语

【是可忍，孰不可忍】“是”，这个；“孰”，那个。如果这个都可以容忍，还有什么不可容忍的呢？意思是绝不能容忍。**（3·1）**：孔子谓季氏，八佾舞于庭，是可忍也，孰不可忍也？

【杞宋无征】指资料不足，不能证明。**（3·9）**：夏礼，吾能言之，杞不足征也；殷礼，吾能言之，宋不足征也。文献不足故也。

【了如指掌】【了若指掌】“了”，明白；“指掌”，指着手掌。形容对事物了解得非常清楚，像把东西放在手掌里给人家看一样。**（3·11）**：或问禘之说。子曰：“不知也；知其说者之于天下也，其如示诸斯乎！”指其掌。

【告（gù）朔饩羊】原指鲁国自文公起不亲到祖庙告祭，只杀一只羊应付一下。后比喻照例应付，敷衍了事。**（3·17）**：

子贡欲去告朔之饩羊。

【爱礼存羊】由于爱惜古礼，不忍使它废弛，因而保留古礼所需要的祭羊。比喻为维护根本而保留有关仪节。(3·17)：子贡欲去告朔之饩羊。子曰："赐也！尔爱其羊，我爱其礼。"

【乐而不淫】快乐而不过分。指表现的情感有节制。(3·20)：《关雎》乐而不淫，哀而不伤。

【哀而不伤】"哀"，悲哀；"伤"，伤害。忧愁而不悲伤，形容感情有节制；另形容诗歌、音乐优美雅致，感情适度。比喻做事没有过头也无不及。(3·20)：《关雎》乐而不淫，哀而不伤。

【成事不说】"说"，解说。原指事情已成，不要再解说；后指事情已过，不要再解说。(3·21)：成事不说，遂事不谏，既往不咎。

【既往不咎】【不咎既往】"咎"，责怪。原指已经做完或做过的事，就不必再责怪了。现指对以往的过错不再责备。(3·21)：成事不说，遂事不谏，既往不咎。

【尽美尽善】"尽"，极。极其完善，极其美好。形容事物完美无缺。同"尽善尽美"。(3·25)：子谓《韶》："尽美矣，又尽善也。"谓《武》："尽美矣，未尽善也。"

三、文意探究

(一)梳理内容：完成该"篇"内容分类。要求概括该篇中重点话题（该篇中占有章句较多的一至二个话题），给该篇拟一个"章回式题目"，写一个说明性"序言"。

本篇回目示例：

事君尽忠非为谄，使臣合礼才是明。

序言示例：

八佾篇包括二十六章。本篇主要内容涉及"礼"的问题，主张维护礼在制度上、礼节上的种种规定。孔子提出“绘事后素”的命题，表达了他的伦理思想，以及“君使臣以礼，臣事君以忠”的政治道德主张。本篇重点讨论如何维护“礼”的问题。依照孔子思想内涵分类，其中包括：①关于礼：3·1（礼的重要性：是可忍，孰不可忍），3·3（仁与礼、乐的关系：仁是根本），3·4（礼宁俭，丧宁戚），3·8（绘事后素），3·17（孔子爱礼），3·18、3·19（礼与忠），3·22（管仲不知礼），3·26（礼与敬）；②关于天命：3·12、3·13（敬畏鬼神而远之）；3·24（有拯救天下的使命）；③关于称美三代：3·9（谈文献），3·14（谈周礼的丰富）；④关于学习：3·15（学以致其道：入太庙，每事问）。这些内容从多角度诠释了“礼”的丰富含义，为我们理解孔子关于“礼”的思想提供了很好的依据。

（二）每“篇”一辩：本项任务为选择该篇中可供思辨的章句，设计一组辩题（含正方、反方观点），并分别撰写辩词。

示例：

论题：对一个人过去的错误是否可以“既往不咎”？

依据：哀公问社于宰我。宰我对曰：“夏后氏以松，殷人以柏，周人以栗，曰：使民战栗。”子闻之，曰：“成事不说，遂事不谏，既往不咎。”（3·21）

辩题：对一个人过去的错误可以“既往不咎”（正方观点）；对一个人过去的错误不能“既往不咎”（反方观点）

正方观点申述选例：

我方认为，对一个人过去的错误可以“既往不咎”，因为每个人在成长中都难免犯错误，犯了错误及时改正，仍不失为一个好同志，这也是我党及时挽救犯错误同志的一贯原则。新中国成立后，我党对国民党战犯在解放战争中犯下的罪行都不再清算，而是采取了思想改造工作，使他们改过自新，在新中国建设中也尽了一份力。这足以说明“既往不咎”会团结更多可以团结的人，也可以挽救更多在成长道路上走过一段偏路的人。如果一直抓住曾经的错误不放，会挫伤一个人的上进心，甚至可能会毁掉一个对国家建设有用之人。这样的教训不在少数。

反方观点申述选例：

我方认为，对一个人过去的错误应该予以追究。追查过去的错误，是对一个人的成长负责。首先能使当事人更清醒地认识自己，发现自己的问题，从而改正错误，解决问题，重新上路，成为一个全新的自己；其次，还可以警示公众，让人们从中受到教育，吸取教训，引以为戒，避免犯同样的错误，少走一段不该走的弯路；最后，追究过去的错误，还可以追讨可以挽回的物资物品，减少造成的损失。我国对已经离开工作岗位的贪腐人员进行通缉追捕，正是有这样的教育意义。如果放任过去的错误，就会姑息罪人，酿成大祸，毁了自己，贻害国家。

（三）孔说面面观：选择“篇”中一章，用其中的观点与现实生活不同领域相联系，指出其是否适用的情况，并说明理由。结合该章句写一则“从业训诫”，体现儒家思想与当代社会现实的融合与碰撞，激发学生的思辨意识，培养批判思维能力。

示例：

“祭如在，祭神如神在。子曰：‘吾不与祭，如不祭。’”（3·12）表达了孔子对“祭祀”要心诚的观点。生活中要缅怀先人，追怀英烈，就是要在特定的日期（如纪念日、清明节等）通过祭祀的方式怀念亲人，怀念为人民、为共和国奉献出生命的英雄，并且不畏路程之遥，也要到先人的墓地或纪念地去拜谒，以表敬仰之诚心。正是出于满足、支持人们的祭祀需求，倡导人们继承传统文化，国家特意确定了“清明节”为传统节日并放假，让亲临祭祀成为可能。因此，心怀诚意，就要有仪式来体现，由此还可推及到其他事情，必要的仪式必须做到位，才能让自己的内心情感得到释放。如作为一名升旗手，必须严肃、庄重地对待每一次升旗仪式，才能不辜负自己背负的光荣使命，否则，就会有亵渎职责之嫌。

但是，社会在进步，单就祭祀仪式就有了很多类型，网上的“云祭祀”、代人扫墓等新的祭扫形式应运而生。这是因为当代社会节奏太快，人们很难抽身远程奔赴纪念地祭祀，而又想满足心中对先人的缅怀之情，于是就采取了这种简单易做的方式。况且，仪式选择灵活，并不意味着敷衍、应付，关键是情怀在心，仪式只是一种形式而已。因此，一些特定日期也不能脱离岗位的从业人员（如公安、医疗、边防等岗位人员），不必拘泥于传统仪式，选择自己力所能及的方式缅怀先人以及应该纪念的英烈，同样能够表达一片崇敬心意。但需要铭记的是，心中要有“仪式感”，形式可以多样，方式可以不拘，情怀必须有。

（四）合并分析：在该篇中找出可以放到一起比较的章句（可以联系以前的篇章），分析这些章句共同体现了孔子怎样的思想，以此写一段述评。

示例：

孔子谓季氏，八佾舞于庭，是可忍也，孰不可忍也？（3·1）

子曰：“人而不仁，如礼何？人而不仁，如乐何？”（3·3）

林放问礼之本。子曰：“大哉问！礼，与其奢也，宁俭；丧，与其易也，宁戚。”（3·4）

子夏问曰：“‘巧笑倩兮，美目盼兮，素以为绚兮。’何谓也？”子曰：“绘事后素。”曰：“礼后乎？”子曰：“起予者商也！始可与言《诗》已矣。”（3·8）

子贡欲去告朔之饩羊。子曰：“赐也！尔爱其羊，我爱其礼。”（3·17）

子曰：“事君尽礼，人以为谄也。”（3·18）

定公问：“君使臣，臣事君，如之何？”孔子对曰：“君使

臣以礼，臣事君以忠。”（3·19）

子曰：“管仲之器小哉！”或曰：“管仲俭乎？”曰：“管氏有三归，官事不摄，焉得俭？”“然则管仲知礼乎？”曰：“邦君树塞门，管氏亦树塞门。邦君为两君之好，有反坫，管氏亦有反坫。管氏而知礼，孰不知礼？”（3·22）

子曰：“居上不宽，为礼不敬，临丧不哀，吾何以观之哉！”（3·26）

以上各章记录的是孔子对“礼”的不同解释，他针对不同对象、不同情况阐释了“礼”的丰富内涵。第一章和第二十二章评论的是季氏和管氏对“礼”的僭越；第三章和第八章谈的是“仁”是实现“礼”的基础；第四章谈的是“礼”不在于形式，而在于内心的诚意；第十七章谈的是“礼”在先，物在后；第十八章和第十九章区分了“礼”和“忠”。这几章特别突出了“礼”的博大精深，充分表明了“礼”在孔子心目中的重要地位，代表了孔子儒家思想的核心之一，为我们解读儒家学说提供了重要依据。

（五）雅意今思：选择该篇中能体现客观、进步思想的章句，以社会生活事例作为依据，给该“篇”拟写“后记”，为首次阅读者推荐该篇。这一设计，意在引导学生发现、提炼经典著作中的价值和精髓，培养类比思维能力。

示例：

本篇中涵盖了孔子的多种思想，而对我们最有现实指导意义的章句是“尽美矣，又尽善也”一章。这是孔子在本篇中对音乐的评价，而在现实社会中又何尝不是我们做事追求的最高标准。完成任务要具有高超的专业性，同时又具有高度的艺术性，这应该是我们行事的准则。然而在现实中，这两点往往不能两全。要么只重形式美观，却忽视了内容的真实性；要么具有较好的内容，却又缺少了足以悦人的形式。在这方面，大国工匠为我们做出了榜样。他们既具备高超的专业技术，又能把工作做得完美无缺，的确达到了“尽善尽美”，在航天器部件的打磨等国家级高精尖技术方面做出了卓越的贡献。我们不能以任何困难为借口，为自己所从事工作的精准、精确以至完美打折扣，而是要潜心钻研业务，让自己的工作更具专业性；努力学习文化知识，增强自己的艺术修养，为实现“尽善尽美”而不断求索。

四、每篇一练

阅读下面的文字，概括其体现的孔子对于“乐”的认识。

子曰：“人而不仁，如礼何？人而不仁，如乐何？”（《论语·八佾》）

子谓《韶》：“尽美矣，又尽善也。”谓《武》：“尽美矣，未尽善也。”（《论语·八佾》）

里仁篇第四

一、重温原文

4·1　子曰："里仁为美。择不处仁，焉得知？"

4·2　子曰："不仁者不可以久处约，不可以长处乐。仁者安仁，知者利仁。"

4·3　子曰："唯仁者能好人，能恶人。"

4·4　子曰："苟志于仁矣，无恶也。"

4·5　子曰："富与贵，是人之所欲也；不以其道得之，不处也。贫与贱，是人之所恶也；不以其道得之，不去也。君子去仁，恶乎成名？君子无终食之间违仁，造次必于是，颠沛必于是。"

4·6　子曰："我未见好仁者，恶不仁者。好仁者，无以尚之；恶不仁者，其为仁矣，不使不仁者加乎其身。有能一日用其力于仁矣乎？我未见力不足者。盖有之矣，我未之见也。"

4·7　子曰："人之过也，各于其党。观过，斯知仁矣。"

4·8　子曰："朝闻道，夕死可矣。"

4·9　子曰："士志于道，而耻恶衣恶食者，未足与议也。"

4·10　子曰："君子之于天下也，无适也，无莫也，义之与比。"

4·11　子曰："君子怀德，小人怀土；君子怀刑，小人怀惠。"

4·12　子曰："放于利而行，多怨。"

4·13　子曰："能以礼让为国乎，何有？不能以礼让为国，如礼何？"

4·14　子曰："不患无位，患所以立。不患莫己知，求为可知也。"

4·15　子曰："参乎！吾道一以贯之。"曾子曰："唯。"子出，门人问曰："何谓也？"曾子曰："夫子之道，忠恕而已矣。"

4·16　子曰："君子喻于义，小人喻于利。"

4·17　子曰："见贤思齐焉，见不贤而内自省也。"

4·18　子曰："事父母几谏，见志不从，又敬不违，劳而不怨。"

4·19　子曰："父母在，不远游，游必有方。"

4·20　子曰："三年无改于父之道，可谓孝矣。"

4·21　子曰："父母之年，不可不知也。一则以喜，一则以惧。"

4·22　子曰："古者言之不出，耻躬之不逮也。"

4·23　子曰："以约失之者鲜矣。"

4·24　子曰："君子欲讷于言，而敏于行。"

4·25　子曰："德不孤，必有邻。"

4·26　子游曰："事君数，斯辱矣；朋友数，斯疏矣。"

二、基础知识梳理

（一）梳理特殊用字现象

"知"同"智"，聪明之意。例句：择不处仁，焉得知？（4·1）；仁者安仁，知者利仁。（4·2）

"放"同"仿"，仿效，依据。例句：放于利而行，多怨。（4·12）

（二）梳理活用词

名词用作动词：

“里”，居住。例句：里仁为美。（4·1）

形容词用作名词，意动用法：

“耻”，以……为耻。例句：士志于道，而耻恶衣恶食者，未足与议也。（4·9）；古者言之不出，耻躬之不逮也。（4·22）

形容词用作名词：

“贤”，贤人。例句：见贤思齐焉，见不贤而自省也。（4·17）

（三）梳理多义实词

“约”

①穷困。例句：不仁者不可以久处约。（4·2）

②约束。例句：以约失之者鲜矣。（4·23）

“恶”

①憎恶，讨厌。例句：唯仁者能好人，能恶人。（4·3）；贫与贱，是人之所恶也。（4·5）

②坏处。例句：苟志于仁矣，无恶也。（4·4）

③疑问代词，怎么，哪里。例句：君子去仁，恶乎成名？（4·5）

④破旧，粗陋，不好。例句：士志于道，而耻恶衣恶食者。（4·9）

“知”

①聪明，智慧。例句：择不处仁，焉得知？（4·1）；仁者安仁，知者利仁。（4·2）

②知道。例句：观过，斯知仁矣。（4·7）

“道”

①正当的方法。例句：不以其道得之，不处也。（4·5）

②真理。例句：朝闻道，夕死可矣。（4·8）；子曰：“士

志于道……”（4·9）

“无”

①没有。例句：苟志于仁矣，无恶也。（4·4）；君子无终食之间违仁。（4·5）；君子之于天下也，无适也，无莫也。（4·10）；不患无位，患所以立。（4·14）

②不要。例句：孟懿子问孝。子曰：“无违。”（2·5）

“比”

①挨着，靠拢，为邻。例句：无适也，无莫也，义之与比。（4·10）

②以暂时的共同利害互相勾结。例句：君子周而不比，小人比而不周。（2·14）

（四）梳理多义虚词

“以”

①连词，来。例句：吾道一以贯之。（4·15）

②连词，因为。例句：一则以喜，一则以惧。（4·21）；以约失之者鲜矣。（4·23）

③介词，用。例句：不以其道得之，不处也。（4·5）；能以礼让为国乎。（4·13）

④固定搭配“可以”，与今义相似。例句：不仁者不可以久处约。（4·2）

⑤固定搭配“所以”，表凭借。例句：不患无位，患所以立。（4·14）

“而”

①连词，表顺承或修饰。例句：放于利而行，多怨。（4·12）；见不贤而内自省也。（4·17）

②连词，表转折。例句：士志于道，而耻恶衣恶食者，未足与议也。（4·9）；又敬不违，劳而不怨。（4·18）

③连词，表并列。例句：君子欲讷于言，而敏于行。（4·24）

④固定搭配“而已”，罢了。例句：夫子之道，忠恕而已矣。（4·15）

“之”

①代词，代事物，可译为“它”。例句：不以其道得之，不处也。（4·5）

②代词，代人，可译为“他们”。例句：盖有之矣，我未之见也。（4·6）

③助词，不译。例句：富与贵，是人之所欲也。（4·5）；君子之于天下也，无适也。（4·10）

④助词，的。例句：人之过也，各于其党。（4·7）

⑤助词，取消句子独立性。例句：古者言之不出，耻躬之不逮也。（4·22）

“于”

①介词，在。例句：苟志于仁矣，无恶也。（4·4）；有能一日用其力于仁矣乎？（4·6）；士志于道。（4·9）；君子欲讷于言，而敏于行。（4·24）

②介词，对，对于。例句：君子之于天下也，无适也。（4·10）；君子喻于义，小人喻于利。（4·16）；三年无改于父之道，可谓孝矣。（4·20）

③固定搭配“于是”，在这方面。例句：造次必于是，颠沛必于是。（4·5）

“乎”

①相当于“于”，在。例句：不使不仁者加乎其身。（4·6）

②句末语气词。例句：能以礼让为国乎，何有？（4·13）；参乎！吾道一以贯之。（4·15）

③句中语气词。例句：君子去仁，恶乎成名？（4·5）

“为”

①动词，治理。例句：能以礼让为国乎，何有？（4·13）

②动词，表判断。例句：里仁为美。（4·1）；求为可知

也。(4·14)

“焉”

①疑问代词，怎么。例句：择不处仁，焉得知？(4·1)

②语气助词。例句：见贤思齐焉。(4·17)

“斯”

①代词，这里。例句：其如示诸斯乎！(3·11)

②副词，就。例句：观过，斯知仁矣。(4·7)；事君数，斯辱矣；朋友数，斯疏矣。(4·26)

（五）梳理古今异义词

“于是”：今通常义，紧接上事之后并由于上事而出现某种结果；本文义，在这方面。例句：造次必于是，颠沛必于是。(4·5)

（六）梳理多词一义

“焉”和“恶”：都属于疑问代词，都含有“怎么”的意思。例句：择不处仁，焉得知？(4·1)；君子去仁，恶乎成名？(4·5)

（七）梳理特殊句式

倒装句

宾语前置：

盖有之矣，我未之见也（4·6）：我未见之的意思；不患莫己知，求为可知也（4·14）：莫知己的意思。

状语后置：

君子欲讷于言，而敏于行（4·24）：于言讷、于行敏的意思；君子喻于义，小人喻于利（4·16）：于义喻、于利喻的意思。

省略句

仁者安（于）仁，知者利（于）仁。(4·2)；未足与（之）

议也。（4·9）；一则以（其）喜，一则以（其）惧。（4·21）

（八）梳理文化常识

礼俗

忠恕：“忠”，孔子自己下的定义为：“己所不欲，勿施于人。”“恕”，则是“忠”的积极一面，用孔子的话，便应该是“己欲立而立人，己欲达而达人。”

（九）提炼相关成语

【造次颠沛】意思是流离失所、生活困顿。（4·5）：子曰：“富与贵，是人之所欲也；不以其道得之，不处也。贫与贱，是人之所恶也；不以其道得之，不去也。君子去仁，恶乎成名？君子无终食之间违仁，造次必于是，颠沛必于是。”

【心有余而力不足】形容有意（干某事）而客观上（如身体）不允许。意思是心里非常想做，但是力量不够。（4·6）：子曰：“我未见好仁者，恶不仁者。好仁者，无以尚之；恶不仁者，其为仁矣，不使不仁者加乎其身。有能一日用其力于仁矣乎？我未见力不足者。盖有之矣，我未之见也。”

【观过知仁】古人所讲的党是乡党，包括了朋友在内。儒家思想，时常用到这个乡党的观念。古代宗法社会的乡党，就是现代社会的人际关系。交朋友等社会人际的关系对一个人影响很大。孔子说一个人会有过错，往往都是社会关系的因果。我们在社会关系中看到一个人的过错，譬如某人做人的态度非常坏，而我们看得清楚，那么自己就要反省，自己是不是有同样的过错，假如有，就改过来，假如没有，就自我勉励。所以看看人家的过错，可以引发仁的修养。（4·7）：子曰：“人之过也，各于其党。观过，斯知仁矣。”

【朝闻夕死】孔子说：一个人如果真正得了道，早晨得了道，晚上死了都合算，人生就是怕不闻道。这一段话在后世常常被追求真理的人所引用。真理，是每个仁人志士矢志不渝追求的目标，哪怕要付出生命的代价。(4·8)：子曰："朝闻道，夕死可矣。"

【恶衣恶食】一个人如果真正立志于修道，这个是儒家那个"道"，也就是说以出世离尘的精神做入世救人的事业。一个人如果志于这个道，而讨厌物质环境艰苦，怕自己穿坏衣服，怕自己没有好的吃，换句话说，立志于修道的人而贪图享受，就没有什么可谈的了。因为他的心志已经被物质的欲望分占了。(4·9)：子曰："士志于道，而耻恶衣恶食者，未足与议也。"

【无适无莫】讲到仁的用世，一个大政治家处理国家的事情，没有自己固执的成见。"无适也"是说并不希望自己一定要发多大的财，做多大的官。虽然这样没有成见，也不是样样都可以。"无莫也"就是有所为，有所不为。那么应该走哪一条路呢？"义之与比"，义就是"仁"的用，只问应不应该做，为道德应该做的就做，不应该做的就不做。推之个人的立身处世，也是一样的道理，这是讲"仁"的修养条件。(4·10)：子曰："君子之于天下也，无适也，无莫也，义之与比。"

【一以贯之】意思是做人做事，按照一个道理，从一而终不会改变。(4·15)：子曰："参乎！吾道一以贯之。"曾子曰："唯。"子出，门人问曰："何谓也？"曾子曰："夫子之道，忠恕而已矣。"

【见贤思齐】看见一个道德、学问有修养的贤者，就想达到他那个境界，跟他在造诣上有同等的成就。(4·17)：子曰："见贤思齐焉，见不贤而内自省也。"

【劳而不怨】虽然劳累（原文解为"忧愁"）但不怨恨。(4·18)：子曰："事父母几谏，见志不从，又敬不违，劳而不怨。"

【游必有方】古人讲父母老了，怕没人照应，而不远游，如果要出远门，必须有一定的去处。(4·19)：子曰："父母在，不远游，游必有方。”

【一则以喜，一则以惧】孔子说，我们做子女的人，对父母的年龄不能不知道。为什么呢？两种心理，一种因为知道父母的年龄多了一岁，寿又添了一岁而高兴；但同时又害怕，因为父母年岁越高，距离人生的终点越近，儿女与父母相处行孝的时间也越短，所以就有这两种矛盾的心理了。**（4·21）**：子曰：“父母之年，不可不知也。一则以喜，一则以惧。”

【讷言敏行】孔子说：“君子说话应该谨慎，而行动要敏捷。”“讷”，嘴巴好像笨笨的，说话迟钝。真正的仁者，不大会说空话，做起事情，行为上却很敏捷。换句话说，先做后说，不要光说而不做。**（4·24）**：子曰：“君子欲讷于言，而敏于行。”

三、文意探究

（一）梳理内容：完成该“篇”内容分类。要求概括该篇中重点话题（该篇中占有章句较多的一至二个话题），给该篇拟一个“章回式题目”，写一个说明性“序言”。

本篇回目示例：

谨言慎行成君子，见贤思齐立懿行。

序言示例：

里仁篇包括二十六章，主要内容涉及义与利的关系问题、个人的道德修养问题、孝敬父母的问题以及君子与小人的区别。这一篇包括了儒家的若干重要范畴、原则和理论，对后世都产生过较大影响。依照儒家思想及内涵归类，其中包括：

①关于仁：4·5（仁的重要性，仁与富贵、成名的关系）

②关于道德修养：

谈贤人：4·3（仁者）；4·17（见贤思齐）

谈君子：4·10（义之与比）；4·11（君子怀德）；4·16（君子喻于义）；4·24（欲讷于言）

谈士：4·9（士志于道）

谈孝道：4·18（劳而无怨）；4·19（父母在，不远游）；4·20（三年无改于父之道）；4·21（父母之年，不可不知也）

谈忠信：4·15（忠恕）

谈交友：4·26（朋友数，斯疏矣）

谈礼让：4·13（能以礼让为国）

谈道：4·8（朝闻道，夕死可矣）；4·9（士要安贫乐道）

谈言行：4·22（言之不出：谨言慎行，言而有信，言行一致）；4·23（以约失之者鲜矣：约束自己）

谈道德：4·25（德不孤，必有邻）

本篇中有“见贤思齐”“君子欲讷于言，而敏于行”“朝闻道，夕死可矣”等名句，值得我们永远品味。

（二）每“篇”一辩：本项任务为选择该篇中可供思辨的章句，设计一组辩题（含正方、反方观点），并分别撰写辩词。

示例：

论题：我们应该如何对待说和做？

依据：子曰：“君子欲讷于言，而敏于行。”（4·24）

辩题：我们应该先做再说（正方观点）；我们应该先说再做（反方观点）

正方观点申述选例：

我方认为，“君子欲讷于言，而敏于行”。此语言简意赅，一语道破了为人处世的玄机，即少说话、多做事。在春秋时期，这句话就已成了当时智者行事的重要法宝之一，时至今日，依然是人们为人处世的重要准则。凡事应该是实践第一，在“说”与“做”的关系上，先做起来，然后才有说话的资本。这是因为，“做”，会让我们获取第一手资料，发表言论会有真实可靠的依据；“做”，还会让我们了解具体情况，便于我们分析、斟酌，使“说什么”有更客观的判断和取舍；况且，任何一个做出卓越成就的人首先是靠“做”来实现的。钟扬寻找植物种子，袁隆平选育稻种，屠呦呦提炼青蒿素，哪一样不是做出来的？要“说”，也是在“做”的基础上做些经验或教训的总结，或是由此产生的感悟。生活中只靠“说”而成就事业的先例恐怕没有，语言类的艺术大师是靠“说”而成名的，但还是经过了艰苦的实践才实现的。因此，先做再说才是成人、立业的最重要途径。

反方观点申述选例：

我方认为，先说后做更符合人们做事的习惯。先“说”，是表明自己做事的计划及行为流程，或者是做事过程中需要说明的问题。先说再做，会让参与者清楚做事的步骤，规避可能遇到的风险，大家都做到心中有数，做事会更顺利，成功率会更高。作为行为者，“说”是为了明确自己行动的方向，提醒自己以防走偏；“说”还是为了给自己鼓劲，用誓言激励自己无论遇到任何险阻都要坚持下去；“说”还是为了宣传正义主张，传播正能量，起到影响他人、影响社会的作用。作为旁观者，我们听其言再观其行，才能更全面地了解一个人的精神世界和做事能力，如果不“说”，我们可能不了解做事的动机，从而造成误解，影响我们对一个人评价的客观性，甚至让一个有意义的活动遭遇扼杀，损失大矣。因此，先说后做执行的是由理论到实践的思维模式，“说”对“做”具有宣告、明誓、指导作用，“说”怎么能被忽视呢？

（三）孔说面面观：选择“篇”中一章，用其中的观点与现实生活不同领域相联系，指出其是否适用的情况，并说明理由。结合该章句写一则“从业训诫”，体现儒家思想与当代社会现实的融合与碰撞，激发学生的思辨意识，培养批判思维能力。

示例：

子曰：“父母在，不远游，游必有方。”（4·19）此句表达了孔子“父母在世，不出远门，如果要出远门，必须有一定的去处”的主张。这对于外出打工一族，应该是引起重视的事情。

父母年迈在家，子女外出打工，这是目前比较普遍的现象。除去挣钱养家，改变家庭生活条件一层原因，挂念子女成为父母的痛点。特别是年迈的父母距离子女的打工地遥远，甚至不清楚子女具体的工作地址。这是一个值得关注的问题，往小了说是维护“孝道”，往大了说是维护家庭安定以及社会稳定，因此呼吁执行孔子的观点有很大的必要性和迫切性。

但是，在特殊领域的特殊岗位是做不到这一点的，或者说不适合落实这一主张。国家重要科技的研发，以及国家安全部门，往往具有保密性，参研参试人员经常要离开父母，到很远的地方，也不会告之具体去处，这是工作的特殊性所致，也正是因为这点，才显示了科技工作者及国家安全工作者为国奉献的伟大精神和崇高境界，这些父母们也因为默默地理解与支持同样成为我们敬佩的楷模。因此如果刻板地拘泥于孔子的主张，就会影响甚至损害祖国的事业，具体问题具体分析、一切从实际出发历来是马克思主义的做事原则，我们同样应该遵守。

（四）合并分析：在该篇中找出可以放到一起比较的章句（可以联系以前的篇章），分析这些章句共同体现了孔子怎样的思想，以此写一段述评。

示例 1：

子曰：“事父母几谏，见志不从，又敬不违，劳而不怨。”（4・18）

子曰：“父母在，不远游，游必有方。”（4・19）

子曰：“三年无改于父之道，可谓孝矣。”（4・20）

子曰：“父母之年，不可不知也。一则以喜，一则以惧。”（4・21）

以上各章记录的都是孔子有关“孝”的主张，他从不同角度阐释了“孝”的含义。第十八章谈的是与父母有不同看法时应该采取的态度和做法；第十九章谈的是出行不应该让父母担心；第二十章谈的是要忠诚地执行长辈的做法而不走样；第二十一章谈的是对父母要知之甚细，且为父母的年龄而喜忧。

这四章从内心到表面多方面揭示了“孝”的多层内涵，特别突出了“孝”应该是发自内心，而且是无微不至的。

示例2：

子曰：“父在，观其志；父没，观其行，三年无改于父之道，可谓孝矣。”（1·11；4·20）

子曰：“吾与回言终日，不违，如愚。退而省其私，亦足以发，回也不愚。”（2·9）

子曰：“视其所以，观其所由，察其所安。人焉廋哉？人焉廋哉？”（2·10）

子曰：“人之过也，各于其党。观过，斯知仁矣。”（4·7）

以上为孔子在不同篇章中对观察人的表述。其中本篇第二十章和“学而篇”第十一章重复记录了他的同一条言论，是从父母在世与不在世时一个人言行的角度谈什么是“孝”；“为政篇”第九章谈的是对颜回的观察，评价了颜回大智若愚的性格特点；同篇第十章谈的是从一个人的交友及行为可以看出他的品格；本篇第七章谈的是从一个人的过失可以看出他的为人。这几章都在谈观人，可见一个人的品格在他的言行及与人交往中都会充分体现，为我们了解一个人提供了很好的方法和视角。

（五）雅意今思：选择该篇中能体现客观、进步思想的章句，以社会生活事例作为依据，给该“篇”拟写“后记”，为首次阅读者推荐该篇。这一设计，意在引导学生发现、提炼经典著作中的价值和精髓，培养类比思维能力。

示例：

本篇中涵盖了孔子的多种思想，而对我们最有现实指导意义的章句是“见贤思齐”和“德不孤，必有邻”两章。看到贤德的做法和贤德之人就要想着向他看齐；有道德之人不会孤单，一定会有志同道合的朋友。这应是我们的做事标准，也是我们培养良好品德的意义所在。体验了这样的做事标准，才会提升我们个人的道德修养，丰富我们的精神内涵，增强我们的人格魅力。因为参照“贤人”，我们会发现自身的不足以及与别人的差距，弥补了不足，缩短了差距，就会丰富我们“成人”的资本，从而成为令人尊敬的人，进而我们也能成为他人学习的榜样，在这样不断的互相传承中，就能形成积极向上的良好社会风气，社会环境就会日益优化。王继才病逝后妻子及其儿子接过守岛接力棒，卓嘎和央宗接过了父亲守边的接力棒并鼓舞了更多人回玉麦乡参与守边，这便是“德不孤，必有邻”的意义所在。如此有魅力的精神食粮你怎能拒绝接受呢？

四、每篇一练

阅读下面的文字，回答问题。

子曰：“富与贵，是人之所欲也；不以其道得之，不处[①]也。贫与贱，是人之所恶也；不以其道得之，不去也。君子去仁，恶乎成名？君子无终食之间违仁，造次[②]必于是，颠沛必于是。”（《论语·里仁》）

注释：①处：处在、居处。②造次：仓促之间。

1.“不以其道得之，不处也。”本句中的“其道”指什么？全段表达了孔子的什么思想？

2.“不以其道得之，不去也。”杨伯峻《论语译注》认为，“得之”应改为“去之”；也有学者认为，“不以其道得之”的“不”字应删去。请根据以上两种不同解读，分别解释句意。

公冶长篇第五

一、重温原文

5·1　子谓公冶长："可妻也。虽在缧绁之中，非其罪也。"以其子妻之。

5·2　子谓南容："邦有道，不废；邦无道，免于刑戮。"以其兄之子妻之。

5·3　子谓子贱："君子哉若人！鲁无君子者，斯焉取斯？"

5·4　子贡问曰："赐也何如？"子曰："女，器也。"曰："何器也？"曰："瑚琏也。"

5·5　或曰："雍也仁而不佞。"子曰："焉用佞？御人以口给，屡憎于人。不知其仁，焉用佞？"

5·6　子使漆雕开仕，对曰："吾斯之未能信。"子说。

5·7　子曰："道不行，乘桴浮于海。从我者，其由与！"子路闻之喜。子曰："由也好勇过我，无所取材。"

5·8　孟武伯问："子路仁乎？"子曰："不知也。"又问。子曰："由也，千乘之国，可使治其赋也，不知其仁也。""求也何如？"子曰："求也，千室之邑，百乘之家，可使为之宰也，不知其仁也。""赤也何如？"子曰："赤也，束带立于朝，可使与宾客言也，不知其仁也。"

5·9　子谓子贡曰："女与回也，孰愈？"对曰："赐也何敢望回？回也闻一以知十，赐也闻一以知二。"子曰："弗如也，吾与女，弗如也。"

5·10　宰予昼寝。子曰："朽木不可雕也，粪土之墙不可杇也。于予与何诛？"子曰："始吾于人也，听其言而信其行；今吾于人也，听其言而观其行。于予与改是。"

5·11　子曰："吾未见刚者。"或对曰："申枨。"子曰："枨也欲，焉得刚？"

5·12　子贡曰："我不欲人之加诸我也，吾亦欲无加诸人。"子曰："赐也，非尔所及也。"

5·13　子贡曰："夫子之文章，可得而闻也；夫子之言性与天道，不可得而闻也。"

5·14　子路有闻，未之能行，唯恐有闻。

5·15　子贡问曰："孔文子何以谓之'文'也？"子曰："敏而好学，不耻下问，是以谓之'文'也。"

5·16　子谓子产："有君子之道四焉：其行己也恭，其事上也敬，其养民也惠，其使民也义。"

5·17　子曰："晏平仲善与人交，久而敬之。"

5·18　子曰："臧文仲居蔡，山节藻棁，何如其知也？"

5·19　子张问曰："令尹子文三仕为令尹，无喜色；三已之，无愠色。旧令尹之政，必以告新令尹。何如？"子曰："忠矣。"曰："仁矣乎？"曰："未知。焉得仁？""崔子弑齐君，陈文子有马十乘，弃而违之，至于他邦，则曰：'犹吾大夫崔子也。'违之。之一邦，则又曰：'犹吾大夫崔子也。'违之。何如？"子曰："清矣。"曰："仁矣乎？"曰："未知。焉得仁？"

5·20　季文子三思而后行。子闻之，曰："再，斯可矣。"

5·21　子曰："宁武子，邦有道，则知；邦无道，则愚。其知可及也，其愚不可及也。"

5·22　子在陈曰："归与！归与！吾党之小子狂简，斐然成章，不知所以裁之。"

5·23　子曰："伯夷、叔齐不念旧恶，怨是用希。"

5·24　子曰："孰谓微生高直？或乞醯焉，乞诸其邻而与之。”

5·25　子曰：“巧言，令色，足恭，左丘明耻之，丘亦耻之。匿怨而友其人，左丘明耻之，丘亦耻之。”

5·26　颜渊、季路侍。子曰：“盍各言尔志？”子路曰：“愿车马衣裘，与朋友共，敝之而无憾。”颜渊曰：“愿无伐善，无施劳。”子路曰：“愿闻子之志。”子曰：“老者安之，朋友信之，少者怀之。”

5·27　子曰：“已矣乎！吾未见能见其过而内自讼者也。”

5·28　子曰：“十室之邑，必有忠信如丘者焉，不如丘之好学也。”

二、基础知识梳理

（一）梳理特殊用字现象

“女”同“汝”，第二人称代词，你。例句：子曰：“女，器也。”（5·4）；子谓子贡曰：“女与回也，孰愈？”……子曰：“弗如也，吾与女，弗如也。”（5·9）

“说”同“悦”，高兴。例句：对曰：“吾斯之未能信。”子说。（5·6）

“材”同“哉”，语气助词“呀”。例句：由也好勇过我，无所取材。（5·7）

“知”同“智”，聪明，智慧。例句：山节藻棁，何如其知也？（5·18）；邦有道，则知；邦无道，则愚。其知可及也，其愚不可及也。（5·21）

“希”同“稀”，稀少。例句：子曰：“伯夷、叔齐不念旧恶，怨是用希。”（5·23）

（二）梳理活用词

名词用作动词：

"妻"，嫁给。例句：子谓公冶长："可妻也。……"以其子妻之。（5·1）；以其兄之子妻之。（5·2）

"惠"，有恩惠；"义"，合乎道义。例句：其养民也惠，其使民也义。（5·16）

"友"，结交。例句：匿怨而友其人。（5·25）

"衣"，穿衣。例句：愿车马衣裘，与朋友共，敝之而无憾。（5·26）

形容词用作名词，意动用法：

"耻"，以……为耻。例句：敏而好学，不耻下问。（5·15）；左丘明耻之，丘亦耻之。（5·25）

形容词用作动词，使动用法：

"敝"，使……坏。例句：愿车马衣裘，与朋友共，敝之而无憾。（5·26）

使动用法：

"安""信""怀"，使……安逸、信任、怀念。例句：老者安之，朋友信之，少者怀之。（5·26）

"居"，使……居。例句：臧文仲居蔡。（5·18）

动词用作名词：

"闻"，听到的道理。例句：子路有闻，未之能行，唯恐有闻。（5·14）

（三）梳理多义实词

"知"

①聪明，智慧。例句：山节藻棁，何如其知也？（5·18）；邦有道，则知；邦无道，则愚。其知可及也，其愚不可及也。（5·21）

②知道，知晓。例句：子曰："不知也。"……不知其仁也。（5·8）；回也闻一以知十。（5·9）

"善"

①善于。例句：晏平仲善与人交。（5·17）

②好处。例句：愿无伐善。（5·26）

"敬"

①认真。例句：其行己也恭，其事上也敬。（5·16）

②恭敬。例句：晏平仲善与人交，久而敬之。（5·17）

"闻"

①听到。例句：子路闻之喜。（5·7）；回也闻一以知十，赐也闻一以知二。（5·9）；夫子之言性与天道，不可得而闻也。（5·13）

②听到的道理。例句：子路有闻，未之能行，唯恐有闻。（5·14）

"过"

①超过。例句：由也好勇过我，无所取材。（5·7）

②过失，错误。例句：吾未见能见其过而内自讼者也。（5·27）

（四）梳理多义虚词

"焉"

①疑问代词，哪里。例句：鲁无君子者，斯焉取斯？（5·3）

②疑问代词，为什么。例句：焉用佞？（5·5）

③疑问代词，怎么。例句：未知。焉得仁？（5·19）；枨也欲，焉得刚？（5·11）

④句末语气助词。例句：必有忠信如丘者焉，不如丘之好学也。（5·28）

"以"

①介词，把。例句：以其子妻之。（5·1）；以其兄之子妻

之。（5·2）；旧令尹之政，必以告新令尹。（5·19）

②介词，用。例句：御人以口给，屡憎于人。（5·5）

③连词，相当于“而”。例句：回也闻一以知十，赐也闻一以知二。（5·9）

④固定搭配“是以”，因此，所以。例句：敏而好学，不耻下问，是以谓之“文”也。（5·15）

⑤固定搭配“所以”，表凭借。例句：斐然成章，不知所以裁之。（5·22）

“而”

①连词，表顺承或修饰。例句：听其言而观其行。（5·10）；夫子之言性与天道，不可得而闻也。（5·13）；晏平仲善与人交，久而敬之。（5·17）；季文子三思而后行。（5·20）；吾未见能见其过而内自讼者也。（5·27）

②连词，表转折。例句：雍也仁而不佞。（5·5）；匿怨而友其人。（5·25）

③连词，表并列。例句：敏而好学，不耻下问。（5·15）

“之”

①代词，代事物、语言，可译为“它”。例句：子路闻之喜。（5·7）；子闻之。（5·20）

②代词，代人，可译为“他、他们”。例句：以其子妻之。（5·1）；以其兄之子妻之。（5·2）；晏平仲善与人交，久而敬之。（5·17）

③代词，代地方。例句：陈文子有马十乘，弃而违之。（5·19）

④助词，不译。例句：虽在缧绁之中，非其罪也。（5·1）；千室之邑，百乘之家。（5·8）；粪土之墙不可杇也。（5·10）；十室之邑。（5·28）

⑤助词，取消句子独立性。例句：必有忠信如丘者焉，不如丘之好学也。（5·28）

⑥助词，倒装句标志。例句：吾斯之未能信。（5·6）

⑦动词，前往。例句：之一邦，则又曰……（5·19）

“于”

①介词，被。例句：御人以口给，屡憎于人。（5·5）

②介词，在。例句：道不行，乘桴浮于海。（5·7）；赤也，束带立于朝。（5·8）

③介词，对，对于。例句：于予与何诛；始吾于人也；今吾于人也。（5·10）

“斯”

①代词，这个，这种。例句：鲁无君子者，斯焉取斯？（5·3）；吾斯之未能信。（5·6）

②副词，就。例句：再，斯可矣。（5·20）

“与”

①语气助词。例句：从我者，其由与！（5·7）；于予与何诛？（5·10）；于予与改是。（5·10）

②连词，和。例句：女与回也，孰愈？（5·9）；夫子之言性与天道，不可得而闻也。（5·13）

③介词，和，跟。例句：晏平仲善与人交。（5·17）

④动词，同意，赞同。例句：吾与女，弗如也。（5·9）

⑤动词，给。例句：乞诸其邻而与之。（5·24）

“其”

①语气副词，表推测语气。例句：从我者，其由与！（5·7）

②代词，他。例句：可使与宾客言也，不知其仁也。（5·8）；其知可及也，其愚不可及也。（5·21）

③代词，那，那个，那些。例句：匿怨而友其人。（5·25）；千乘之国，可使治其赋也。（5·8）

④代词，指自己。例句：吾未见能见其过而内自讼者也。（5·27）

（五）梳理古今异义词

“小子”：今通常义，对晚辈或年轻人的称呼；本文义，孔

子弟子。例句：吾党之小子狂简。（5·22）

（六）梳理多词一义

“焉”和“何”：都属于疑问代词，都含有“怎么”的意思。例句：枨也欲，焉得刚？（5·11）；求也何如？（5·8）

“是”“若”和“斯”：都有这、这个的意思。例句：于予与改是。（5·10）；怨是用希。（5·23）；敏而好学，不耻下问，是以谓之“文”也。（5·15）；君子哉若人！（5·3）；吾斯之未能信。（5·6）；鲁无君子者，斯焉取斯？（5·3）

（七）梳理特殊句式

倒装句

宾语前置：

吾斯之未能信（5·6）：我未能信斯的意思；于予与何诛（5·10）：于予诛何的意思；子路有闻，未之能行（5·14）：未能行之的意思；孔文子何以谓之“文”也（5·15）：以何的意思。

主谓倒装：

君子哉若人（5·3）：若人君子哉的意思。

省略句

赤也，束带立于朝，可使（其）与宾客言也（5·8）；

子曰：“弗如（之）也，吾与女，弗如（之）也。”（5·9）。

被动句

邦有道，不废（5·2）；御人以口给，屡憎于人（5·5）。

（八）梳理文化常识

1. 称谓

公冶长：姓公冶，名长，字子芝。齐国人（一说，鲁国

人），孔子的弟子。（5・1）

南容：姓南宫，名适（kuò），字子容。孔子的弟子，通称他为南容。（5・2）

子贱：姓宓（fú），名不齐，字子贱。公元前521年生，卒年不详，比孔子小四十九岁。（5・3）

雍：姓冉，名雍，字仲弓，公元前522年生，卒年不详，孔子的弟子。（5・5）

漆雕开：姓漆雕，名开，字子开（一说，字子若），公元前540年生，卒年不详，孔子的弟子。（5・6）

赤：姓公西，名赤，字子华，公元前509年生，卒年不详，孔子的弟子。（5・8）

申枨：枨，音chéng。姓申，名枨，字周，孔子的弟子。（5・11）

孔文子：卫国大夫孔圉（yǔ），“文”是他的谥号，“子”是尊称。（5・15）

子产：姓公孙，名侨，字子产，郑国大夫，担任过正卿，是郑穆公的孙子。（5・16）

晏平仲：齐国的贤大夫，名婴，字仲。《史记》卷六十二有他的传。“平”是他的谥号。（5・17）

臧文仲：姓臧孙，名辰，字仲，“文”是他的谥号。因不遵守周礼，被孔子指责为“不仁”“不智”。（5・18）

令尹子文：令尹，楚国的官名，相当于宰相。子文是楚国著名的宰相。（5・19）

崔子：齐国大夫崔杼（zhù），曾杀死齐庄公，在当时引起极大反应。（5・19）

齐君：指被崔杼所杀的齐庄公。（5・19）

陈文子：齐国的大夫，名须无。（5・19）

季文子：即季孙行父，鲁成公、鲁襄公时任正卿，“文”是

他的谥号。（5·20）

宁武子：姓宁，名俞，卫国大夫，“武”是他的谥号。（5·21）

吾党之小子：古代以五百家一为党。吾党意即我的故乡。小子，指孔子在鲁国的弟子。（5·22）

伯夷、叔齐：殷朝末年孤竹君的两个儿子。父亲死后，二人互相让位，都逃到周文王那里。周武王起兵伐纣，他们认为这是以臣弑君，是不忠不孝的行为，曾加以拦阻。周灭商统一天下后，他们以吃周朝的粮食为耻，逃进深山中以野草充饥，饿死在首阳山中。（5·23）

微生高：姓微生，名高，鲁国人。以直爽、守信而著称。（5·24）

左丘明：姓左丘，名明，鲁国人。相传是《左传》一书的作者。又传说，左丘明双目失明，故有“左丘失明”之说。（5·25）

2. 器具

瑚琏：古代祭祀时盛粮食（黍稷）用的一种贵重的器具。（5·4）

3. 礼俗

千室之邑：邑是古代居民的聚居点，大致相当于后来的城镇。有一千户人家的大邑。（5·8）

百乘之家：指卿大夫的采地，当时大夫有车百乘，是采地中的较大者。（5·8）

蔡：国君用以占卜的大龟。蔡这个地方产龟，所以把大龟叫作蔡。（5·18）

山节藻棁：节，柱上的斗拱。棁，音 zhuō，房梁上的短柱。把斗拱雕成山形，在棁上绘以水草花纹。这是古时装饰天子宗庙的做法。（5·18）

侍：《论语》有时用一“侍”字，有时用“侍侧”两字，有时用“侍坐”两字。若单用“侍”字，便是孔子坐着，弟子站着。若用“侍坐”，便是孔子和弟子都坐着。至于“侍侧”，则或坐或立，不加肯定。（5·26）

（九）提炼相关成语

【瑚琏之器】“瑚琏”，古代祭祀时盛粮食（黍稷）用的一种贵重的器具。夏朝叫“瑚”，殷朝叫“琏”。比喻人特别有才能，可以担当大任。（5·4）：子贡问曰：“赐也何如？”子曰：“女，器也。”曰：“何器也？”曰：“瑚琏也。”

【闻一知二】【闻一知十】听到一点就能理解很多。形容善于类推。（5·9）：对曰：“赐也何敢望回？回也闻一以知十，赐也闻一以知二。”

【朽木不雕】【朽木难雕】腐烂的木头无法雕刻。比喻人不可造就或事物和局势败坏而不可救药。（5·10）：宰予昼寝。子曰：“朽木不可雕也，粪土之墙不可杇也。于予与何诛？”

【听其言而观其行】听了他的话，还要看他的行动。指不要只听言论，还要看实际行动。（5·10）：今吾于人也，听其言而观其行。

【敏而好学】“敏”，聪明；“好”，喜好。天资聪明而又好学。（5·15）：敏而好学，不耻下问，是以谓之“文”也。

【不耻下问】乐于向学问或地位比自己低的人学习，而不觉得不好意思。（5·15）：敏而好学，不耻下问，是以谓之“文”也。

【善与人交】善于与别人交朋友。（5·17）：子曰：“晏平仲善与人交，久而敬之。”

【三思而行】【三思而后行】“三”，再三，表示多次。指经过反复考虑，然后再去做。（5·20）：季文子三思而后行。

【愚不可及】“愚”，傻，笨；“及”，比得上。愚蠢得别人比不上。形容极其愚笨。（5·21）：子曰：“宁武子，邦有道，则知；邦无道，则愚。其知可及也，其愚不可及也。”

【斐然成章】“斐”“章”，文采。形容文章富有文采，很值得看。（5·22）：吾党之小子狂简，斐然成章，不知所以裁之。

【不念旧恶】“念”，记在心上。不计较过去的怨仇。（5·23）：子曰：“伯夷、叔齐不念旧恶，怨是用希。”

【安老怀少】“安”，安顿；“怀”，关怀。尊重老人，使其安逸；关怀年轻人，使其信服。（5·26）：子曰：“老者安之，朋友信之，少者怀之。”

【计过自讼】检讨自己的过错而内心自责。（5·27）：已矣乎！吾未见能见其过而内自讼者也。

三、文意探究

（一）梳理内容：完成该“篇”内容分类。要求概括该篇中重点话题（该篇中占有章句较多的一至二个话题），给该篇拟一个“章回式题目”，写一个说明性“序言”。

本篇回目示例：

施劳伐善非成志，听言观行正为人。

序言示例：

本篇共计二十八章，内容以谈论仁德为主。在本篇里，孔子和他的弟子们从各个侧面探讨仁德的特征。此外，本篇著名的句子有“朽木不可雕也，粪土之墙不可杇也”“听其言而观其行”“敏而好学，不耻下问”“三思而后行”等。这些思想对后世产生过较大影响。依照儒家思想及内涵归类，其中包括：①于己：仁而不佞（5·5）；言行一致（5·10）；敏而好学，不耻下问（5·15）；志向远大、慎行、节制（5·22）；

无伐善，无施劳（颜渊）（5·26）；恭（5·16）；②于人：忠、勇（5·7）；愿车马衣裘，与朋友共，敝之而无憾。（子路）（5·26）；③于国：敬、惠、义（5·16）；忠（5·19）；④于天下：老者安之，朋友信之，少者怀之。（孔子）（5·26）

这些话题的讨论，使我们进一步了解到孔子对人评价的标准，为我们积极倡导好学、立志等良好品质，打开了一条通路。

（二）每“篇”一辩：本项任务为选择该篇中可供思辨的章句，设计一组辩题（含正方、反方观点），并分别撰写辩词。

示例：

论题：我们是否应该忘记旧恶？

依据：子曰：“伯夷、叔齐不念旧恶，怨是用希。”（5·23）

辩题：我们做人应该忘记“旧恶”（正方观点）；我们做人应该铭记“旧恶”（反方观点）

正方观点申述选例：

我方认为，做人处事就应该忘记自己与他人原来的仇恨。因为一个人的心态、情绪是会受现场环境影响的，很可能发生矛盾的那一刻，双方都缺少理智，思想不成熟，从而产生怨恨之情。但这并不意味着仇恨要一直延续下去，因为心态及情绪是可以变化的，思想也会逐渐成熟，化解矛盾，消除怨恨是完全可能的。况且，不忘旧恨会助长人的恶性情绪，时间一长，还会酿成新的仇恨，很可能形成“世仇”，贻害子孙后代，更有可能造成不良社会风气，甚至导致犯罪，危害性极大。社会中不少涉黑组织就是利用了家族矛盾才走上了扰乱社会秩序的道路。这样的教训我们应该记取，忘掉“旧恶”，阳光向善，为营造和谐安定的社会局面做出自己的贡献。

反方观点申述选例：

我方认为，个人之间的仇怨应该忘记，但是民族层面的

"旧恶"应该永远铭记。我们中华民族经历过不少外侮，八国联军的烧杀抢掠，日本侵略者的铁蹄践踏，让我们的人民蒙受了惊天灾难，这样的历史，我们怎能忘记呢？铭记历史的"旧恶"，会激发我们国民的民族尊严感，崇敬为民族解放事业拼搏奋斗的先烈和英雄，珍惜我们今天的和平安定的美好生活，警告个别还想对我国怀有觊觎之心的国家放弃幻想。鉴于此，党中央确定了相应的纪念日、国难日等一系列铭记历史的特殊日期，可谓意义深远。当然，我们不忘"旧恶"，并非是以狭窄心胸度向善之意。疫情期间，我国政府以宽阔的胸襟、包容的姿态为曾经伤害过我们民族感情的国家送去了捐助物资和款项，表达了对该国人民真诚的慰问，这是对历史最善意的纪念。

（三）孔说面面观：选择"篇"中一章，用其中的观点与现实生活不同领域相联系，指出其是否适用的情况，并说明理由。结合该章句写一则"从业训诫"，体现儒家思想与当代社会现实的融合与碰撞，激发学生的思辨意识，培养批判思维能力。

示例：

（1）

季文子三思而后行。子闻之，曰："再，斯可矣。"（5·20）这一章中，孔子批评当时季文子做事过于谨慎，顾虑太多，所以就会产生各种弊病。从某个角度看，孔子的话也不无道理。因为有些行业的有些情况是不容"三思"考虑的。如，医疗救护，不能因为过多考虑单位效益、自身责任等而延缓抢救生命遇到危险的患者；消防救灾，不能因为过多考虑自身危险而怠慢救护突发自然或人为灾害的受难者。新疆乌鲁木齐机场正是消除了种种顾虑，为了救助 7 岁断臂儿童在飞机已经滑离登机通道后，又重新滑行至登机通道口，为抢救儿童破例操作，为小患者断臂再植赢得了时间。可见，在救护、救助面前，过于

“三思”的考虑可能会耽误一条生命。因此，特定的行业在特殊时刻就要当机立断，来不得半点优柔寡断。

但是在特殊领域的特殊岗位是做不到这一点的，或者说不适合落实这一主张。因为有些领域，在做出任何一项决定或决策之前必须“三思”，以最大限度地消除误差或减少损失。如科学研究领域，每一项研究的落实都需要反复论证。例如航天技术中的火星探测，何时发射，何时变轨，何时着陆等一系列环节都需仔细研判，最后敲定实施，以确保稳妥、安全、准确；管理部门也是如此，无论是地方层面还是国家层面，任何一项政策的制定都不是一拍脑门的事，均需反复调查研究、科学研判才能出台。雄安新区的设立，“精准扶贫”政策的确定与实施，无不是党中央深思熟虑的结果。因此，三思而后行也为我们一些行业提出了行事准则。

（2）

子曰：“孰谓微生高直？或乞醯焉，乞诸其邻而与之。”（5·24）这一章中，孔子评价微生高这个人不直爽：不说自己家没有醋，还到邻居家借来给了前来讨醋的人。孔子的这一看法，是在提示、告诫一些自身不具备某种本领或技术的人，不应以“无”充“有”，而应实事求是，以自己的真实情况示人。否则，就会有虚假之嫌。例如一些建筑行业，在承揽工程时，不能从实际出发，本来不具备某种技术资质，却通过某些途径找来一些证件或设备，以敷衍监察部门的评估，目的是包揽工程而获得更大利益。殊不知，这不只是为人“不直爽”的问题，更会因为潜在危险招致重大事故，致使人民生命财产遭受不可挽回的损失。可见实事求是多么重要。

但是在服务领域，为了满足人民群众的需要，我们倒是应该有全方位为受众提供保障的意识。这里暂时没有或不具备，我们可以发挥“借用”的优势，使暂时的空缺得到补充，以实现更大的“多赢”。物资供应部门，在自己备存不能满足客户需求的情况下，可以发挥协调调运的能力，联合其他部门配给急需物资，疫情期间的很多制造企业在这方面做出了很好的示范，为抗疫所需提供了保障。目前不少地方医疗单位，为了减少患者的舟车劳顿之苦，降低医疗费用支出，积极与大城市的医疗单位合作，把具有先进经验的医生请到地方医院实施诊疗，收到了很好的效果。所以，在特定行业，因需要定策略，更是明智之举。

（四）合并分析：在该篇中找出可以放到一起比较的章句（可以联系以前的篇章），分析这些章句共同体现了孔子怎样的思想，以此写一段述评。

示例：

或曰：“雍也仁而不佞。”子曰：“焉用佞？御人以口给，屡憎于人。不知其仁，焉用佞？”（5·5）

孟武伯问：“子路仁乎？”子曰：“不知也。”又问。子曰：“由也，千乘之国，可使治其赋也，不知其仁也。”“求也何如？”子曰：“求也，千室之邑，百乘之家，可使为之宰也，不知其仁也。”“赤也何如？”子曰：“赤也，束带立于朝，可使与宾客言也，不知其仁也。”（5·8）

子张问曰：“令尹子文三仕为令尹，无喜色；三已之，无愠色。旧令尹之政，必以告新令尹。何如？”子曰：“忠矣。”曰：“仁矣乎？”曰：“未知。焉得仁？”“崔子弑齐君，陈文子有马十乘，弃而违之，至于他邦，则曰：‘犹吾大夫崔子也。’违之。之一邦，则又曰：‘犹吾大夫崔子也。’违之。何如？”子曰：“清矣。”曰：“仁矣乎？”曰：“未知。焉得仁？”（5·19）

以上各章记录的都是孔子对他人的评价，他从评价不同人的角度阐释了他们与“仁”的关系。第五章谈的是有仁德不必要有口才；第八章谈的是人有各方面的才能，未必达到

“仁”；第十九章谈的是做到了“忠”和“清”，不一定做到了“仁”。这三章从内心到行为多方面辨析了“仁”的内涵，特别突出了“仁”应该是发自内心的，而不是表面化的简单表现。

（五）雅意今思：选择该篇中能体现客观、进步思想的章句，以社会生活事例作为依据，给该“篇”拟写“后记”，为首次阅读者推荐该篇。这一设计，意在引导学生发现、提炼经典著作中的价值和精髓，培养类比思维能力。

示例：

本篇中涵盖了孔子的多种思想，而对我们最有现实指导意义的是“敏而好学，不耻下问”和“老者安之，朋友信之，少者怀之”两章。其中“敏而好学，不耻下问”是我们治学最应具备的原则。“敏而好学”是一个人应有的学习品质，“不耻下问”是一个人最好的学习心态。只有好学、善学，才能丰富自己，增长本领；只有谦虚善问，才会学到更多的知识。无论是历史上的韩愈《师说》理论，还是现当代的科学家、思想家，都是这一主张的楷模。而“老者安之，朋友信之，少者怀之”的提法，揭示了孔子的理想境界。老有所养，受人信赖，得人怀念，这何尝不是使命担当者的人生抱负？党中央的一系列利民举措，正是把人民的生活保障放到了国家政策的重要位置。疫情期间，百岁老人也得到了积极救治；脱贫攻坚如期收官，人民过上幸福生活；积极接诉即办，正是服务于民、取信于民的英明举措的成功落实。这样的主张意义深远。

四、每篇一练

阅读下面的文字，分析这两章共同表达了孔子怎样的看法。

子谓南容："邦有道，不废；邦无道，免于刑戮。"以其兄之子妻之。(《论语·公冶长》)

子曰："宁武子，邦有道，则知；邦无道，则愚。其知可及也，其愚不可及也。"(《论语·公冶长》)

雍也篇第六

一、重温原文

6·1　子曰："雍也，可使南面。"

6·2　仲弓问子桑伯子。子曰："可也，简。"仲弓曰："居敬而行简，以临其民，不亦可乎？居简而行简，无乃大简乎？"子曰："雍之言然。"

6·3　哀公问："弟子孰为好学？"孔子对曰："有颜回者好学，不迁怒，不贰过。不幸短命死矣。今也则亡，未闻好学者也。"

6·4　子华使于齐，冉子为其母请粟。子曰："与之釜。"请益。曰："与之庾。"冉子与之粟五秉。子曰："赤之适齐也，乘肥马，衣轻裘。吾闻之也，君子周急不继富。"

6·5　原思为之宰，与之粟九百，辞。子曰："毋！以与尔邻里乡党乎！"

6·6　子谓仲弓，曰："犁牛之子骍且角，虽欲勿用，山川其舍诸？"

6·7　子曰："回也，其心三月不违仁，其馀则日月至焉而已矣。"

6·8　季康子问："仲由可使从政也与？"子曰："由也果，于从政乎何有？"曰："赐也可使从政也与？"曰："赐也达，于从政乎何有？"曰："求也可使从政也与？"曰："求也艺，于从政乎何有？"

6·9　季氏使闵子骞为费宰。闵子骞曰："善为我辞焉！如有复我者，则吾必在汶上矣。”

6·10　伯牛有疾，子问之，自牖执其手，曰：“亡之，命矣夫！斯人也而有斯疾也！斯人也而有斯疾也！”

6·11　子曰：“贤哉，回也！一箪食，一瓢饮，在陋巷，人不堪其忧，回也不改其乐。贤哉，回也！”

6·12　冉求曰：“非不说子之道，力不足也。”子曰：“力不足者，中道而废，今女画。”

6·13　子谓子夏曰：“女为君子儒，无为小人儒！”

6·14　子游为武城宰。子曰：“女得人焉耳乎？”曰：“有澹台灭明者，行不由径，非公事，未尝至于偃之室也。”

6·15　子曰：“孟之反不伐。奔而殿，将入门，策其马，曰：‘非敢后也，马不进也。’”

6·16　子曰：“不有祝鮀之佞，而有宋朝之美，难乎免于今之世矣。”

6·17　子曰：“谁能出不由户？何莫由斯道也？”

6·18　子曰：“质胜文则野，文胜质则史。文质彬彬，然后君子。”

6·19　子曰：“人之生也直，罔之生也幸而免。”

6·20　子曰：“知之者不如好之者，好之者不如乐之者。”

6·21　子曰：“中人以上，可以语上也；中人以下，不可以语上也。”

6·22　樊迟问知，子曰：“务民之义，敬鬼神而远之，可谓知矣。”问仁，曰：“仁者先难而后获，可谓仁矣。”

6·23　子曰：“知者乐水，仁者乐山。知者动，仁者静。知者乐，仁者寿。”

6·24　子曰：“齐一变，至于鲁；鲁一变，至于道。”

6·25　子曰：“觚不觚，觚哉？觚哉？”

6·26　宰我问曰：“仁者，虽告之曰：‘井有仁焉。’其从之也？”子曰：“何为其然也？君子可逝也，不可陷也；可欺也，不可罔也。”

6·27　子曰：“君子博学于文，约之以礼，亦可以弗畔矣夫！”

6·28　子见南子，子路不说。夫子矢之曰：“予所否者，天厌之！天厌之！”

6·29　子曰：“中庸之为德也，其至矣乎！民鲜久矣。”

6·30　子贡曰：“如有博施于民而能济众，何如？可谓仁乎？”子曰：“何事于仁，必也圣乎！尧、舜其犹病诸。夫仁者，己欲立而立人，己欲达而达人。能近取譬，可谓仁之方也已。”

二、基础知识梳理

（一）梳理特殊用字现象

“大”同“太”，表示程度的副词。例句：居简而行简，无乃大简乎？（6·2）

“女”同“汝”，第二人称代词，你。例句：子谓子夏曰：“女为君子儒，无为小人儒！”（6·13）；子曰：“女得人焉耳乎？”（6·14）

“知”同“智”，聪明。例句：樊迟问知，子曰：“务民之义，敬鬼神而远之，可谓知矣。”（6·22）

“说”同“悦”，喜欢，高兴。例句：冉求曰：“非不说子之道，力不足也。”（6·12）；子见南子，子路不说。（6·28）

“亡”同“无”，没有。例句：不幸短命死矣。今也则亡，未闻好学者也。（6·3）

“畔”同“叛”，背叛。例句：子曰：“君子博学于文，约之以礼，亦可以弗畔矣夫！”（6·27）

“矢”同“誓”，发誓。例句：夫子矢之曰……（6·28）

（二）梳理活用词

名词用作动词：

“衣”，穿。例句：赤之适齐也，乘肥马，衣轻裘。（6·4）

“艺”，有才艺。例句：求也艺，于从政乎何有？（6·8）

“策”，鞭打。例句：孟之反不伐。奔而殿，将入门，策其马。（6·15）

形容词用作动词，意动用法：

“乐”，以……为乐。例句：子曰：“知之者不如好之者，好之者不如乐之者。”（6·20）

形容词用作动词：

“远”，远离。例句：子曰：“务民之义，敬鬼神而远之，可谓知矣。”（6·22）

动词的使动用法：

“立”人、“达”人，使人立，使人达。例句：夫仁者，己欲立而立人，己欲达而达人。（6·30）

（三）梳理多义实词

“使”

①出使。例句：子华使于齐。（6·4）

②派遣，让。例句：季氏使闵子骞为费宰。（6·9）；赐也可使从政也与？求也可使从政也与？（6·8）

“达”

①通情达理。例句：赐也达，于从政乎何有？（6·8）

②通达，顺畅。例句：夫仁者，己欲立而立人，己欲达而达人。（6·30）

“至”

①达到，到达。例句：子曰：“齐一变，至于鲁；鲁一变，至于道。”（6·24）

②最高，极点。例句：子曰："中庸之为德也，其至矣乎！民鲜久矣。"（6·29）

"亡"

①没有。例句：今也则亡，未闻好学者也。（6·3）

②死亡。例句：亡之，命矣夫！（6·10）

（四）梳理多义虚词

"以"

①连词，用来、来。例句：居敬而行简，以临其民，不亦可乎？（6·2）

②介词，用。例句：君子博学于文，约之以礼。（6·27）

"与"

①动词，给。例句：子曰："与之釜。"请益。曰："与之庾。"冉子与之粟五秉。（6·4）

②语气助词。例句：季康子问："仲由可使从政也与？"（6·8）

"为"

①介词，替。例句：冉子为其母请粟。（6·4）；闵子骞曰："善为我辞焉！"（6·9）

②动词，做。例句：季氏使闵子骞为费宰。（6·9）；女为君子儒，无为小人儒！（6·13）

③表判断。例句：中庸之为德也。（6·29）

"其"

①语气副词，表反问，岂。例句：虽欲勿用，山川其舍诸？（6·6）

②语气副词，表推测，大概，或许。例句：尧、舜其犹病诸。（6·30）；中庸之为德也，其至矣乎！（6·29）

③代词，他的。例句：冉子为其母请粟。（6·4）；回也，其心三月不违仁。（6·7）

④代词，那。例句：人不堪其忧。（6·11）

⑤代词，指自己。例句：回也不改其乐。（6·11）

“然”

①形容词，正确。例句：子曰：“雍之言然。”（6·2）

②代词，这样。例句：子曰：“何为其然也？”（6·26）

“夫”

①语气助词。例句：亦可以弗畔矣夫！（6·27）

②文言中的提挈词。例句：夫仁者，己欲立而立人，己欲达而达人。（6·30）

（五）梳理古今异义词

“南面”：今通常义，表示方位；本文义，坐北朝南的方向，表示尊贵，引申为做官。例句：子曰：“雍也，可使南面。”（6·1）

（六）梳理多词一义

“殿”和“后”：都含有“走在后面”的意思。例句：孟之反不伐。奔而殿。（6·15）；非敢后也，马不进也。（6·15）

（七）梳理特殊句式

倒装句

主谓倒装：

贤哉，回也（6·11）：“回也贤哉”的意思。

宾语前置：

何为其然也（6·26）：“为何其然也”的意思。

状语后置：

约之以礼（6·27）：“以礼约之”的意思；难乎免于今之世矣（6·16）：“于今之世难乎免矣”的意思。

省略句

原思为之宰，（孔子）与之粟九百，（原思）辞。（6·5）；智者乐（于）水，仁者乐（于）山。（6·23）

（八）梳理文化常识

1. 称谓

子桑伯子：人名，此人生平不可考。（6・2）

子华：姓公西，名赤，字子华，孔子的弟子，比孔子小四十二岁。（6・4）

冉子：即冉有。在《论语》中被孔子弟子称为“子”的只有四五个人，冉有即其中之一。（6・4）

原思：姓原，名宪，字子思，鲁国人（一说，宋国人）。孔子的弟子，生于公元前515年，卒年不详。孔子在鲁国任司寇（司法官员）的时候，原思曾做他家的总管（家臣）。（6・5）

季康子：季桓子之子，于公元前492年继其父任鲁国正卿，此时孔子正在各地游说。8年以后，孔子返回鲁国，冉求正在帮助季康子推行革新。孔子于是对此三人做出了评价。（6・8）

闵子骞：姓闵，名损，字子骞，鲁国人，孔子的弟子，比孔子小十五岁。（6・9）

伯牛：姓冉，名耕，字伯牛，鲁国人，孔子的弟子。孔子认为他的“德行”较好。（6・10）

澹台灭明：姓澹台，名灭明，字子羽，武城人，孔子的弟子。（6・14）

孟之反：姓孟，名侧，字之反（《左传》作“孟之侧”，《庄子》作“孟子反”）。鲁国的大夫。（6・15）

祝鮀：鮀，音 tuó。姓祝，名鮀，字子鱼。卫国的大夫，有口才，以能言善辩受到卫灵公的重用。（6・16）

南子：宋国的美女，卫灵公的夫人，当时实际上左右着卫国政权，行为淫乱，名声不好。（6・28）

2. 礼俗

釜（fǔ）：古代容量名，一釜合当时六斗四升。古代的

斗小，一斗约合现在二升，一釜约等于现在一斗二升八合。（6·4）

庾（yǔ）：古代容量名，一庾合当时二斗四升，约合现在四升八合。（6·4）

邻里乡党：相传古代以五家为邻，二十五家为里，五百家为党，一万二千五百家为乡。此处指原思的同乡，或家乡周围的百姓。（6·5）

（九）提炼相关成语

【迁怒于人】意思是受甲的气向乙发泄或自己不如意时拿别人出气。（6·3）：哀公问："弟子孰为好学？"孔子对曰："有颜回者好学，不迁怒，不贰过。不幸短命死矣。今也则亡，未闻好学者也。"

【乘肥衣轻】【衣轻乘肥】【轻裘肥马】【肥马轻裘】【裘马轻肥】骑肥壮的马，穿轻暖的皮衣。形容阔绰。（6·4）：子华使于齐，冉子为其母请粟。子曰："与之釜。"请益。曰："与之庾。"冉子与之粟五秉。子曰："赤之适齐也，乘肥马，衣轻裘。吾闻之也，君子周急不继富。"

【善为我辞】指好好地替我辞谢掉。（6·9）：季氏使闵子骞为费宰。闵子骞曰："善为我辞焉！如有复我者，则吾必在汶上矣。"

【箪食瓢饮】【陋巷箪瓢】【一箪一瓢】形容读书人安于贫穷的清高生活。（6·11）：子曰："贤哉，回也！一箪食，一瓢饮，在陋巷，人不堪其忧，回也不改其乐。贤哉，回也！"

【不堪其忧】意思是不能忍受那样的愁苦。（6·11）：子曰："贤哉，回也！一箪食，一瓢饮，在陋巷，人不堪其忧，回也不改其乐。贤哉，回也！"

【不改其乐】不改变自有的快乐。指处于困苦的境况仍然很快乐。（6·11）：子曰："贤哉，回也！一箪食，一瓢饮，在陋巷，人不堪其忧，回也不改其乐。贤哉，回也！”

【行不由径】 走路不抄小道。比喻为人正直，行动正大光明。（6·14）：子游为武城宰。子曰：“女得人焉耳乎？”曰：“有澹台灭明者，行不由径，非公事，未尝至于偃之室也。”

【文质彬彬】 形容配合适当。原形容人既文雅又朴实，后形容人文雅有礼貌。（6·18）：子曰：“质胜文则野，文胜质则史。文质彬彬，然后君子。”

【敬而远之】 表面上表示尊敬，实际上不愿接近。也用作不愿接近某人的讽刺话。（6·22）：樊迟问知，子曰：“务民之义，敬鬼神而远之，可谓知矣。”问仁，曰：“仁者先难而后获，可谓仁矣。”

【先难后获】 先付出劳动然后再取得收获。比喻不坐享其成。（6·22）：樊迟问知，子曰：“务民之义，敬鬼神而远之，可谓知矣。”问仁，曰：“仁者先难而后获，可谓仁矣。”

【乐山乐水】 智慧的人喜爱水，仁义的人喜爱山；智慧的人懂得变通，仁义的人心境平和。智慧的人快乐，仁义的人长寿。（6·23）：子曰：“知者乐水，仁者乐山。知者动，仁者静。知者乐，仁者寿。”

【从井救人】 跳到井里去救人。原比喻徒然危害自己而对别人没有好处的行为。现多比喻冒险救人。（6·26）：宰我问曰：“仁者，虽告之曰：‘井有仁焉。’其从之也？”子曰：“何为其然也？君子可逝也，不可陷也；可欺也，不可罔也。”

【博文约礼】 意思是广求学问，恪守礼法。（6·27）：子曰：“君子博学于文，约之以礼，亦可以弗畔矣夫！”

【中庸之道】 指不偏不倚，折中调和的处世态度。（6·29）：子曰：“中庸之为德也，其至矣乎！民鲜久矣。”

【博施济众】 给予群众以恩惠和接济。（6·30）：子贡曰：“如有博施于民而能济众，何如？可谓仁乎？”子曰：“何事于仁，必也圣乎！尧、舜其犹病诸。夫仁者，己欲立而立人，己欲达而达人。能近取譬，可谓仁之方也已。”

【立人达人】旧指帮助人建立功业，提高地位。(6·30)：子贡曰：“如有博施于民而能济众，何如？可谓仁乎？”子曰：“何事于仁，必也圣乎！尧、舜其犹病诸。夫仁者，己欲立而立人，己欲达而达人。能近取譬，可谓仁之方也已。”

【能近取譬】能就自身打比方。比喻能推己及人，替别人着想。(6·30)：子贡曰：“如有博施于民而能济众，何如？可谓仁乎？”子曰：“何事于仁，必也圣乎！尧、舜其犹病诸。夫仁者，己欲立而立人，己欲达而达人。能近取譬，可谓仁之方也已。”

三、文意探究

（一）梳理内容：完成该“篇”内容分类。要求概括该篇中重点话题（该篇中占有章句较多的一至二个话题），给该篇拟一个“章回式题目”，写一个说明性“序言”。

本篇回目示例：

贤颜回安居处不改其乐，智孔子巧答复总论仁德；

孔子辨人释君子，颜回学师怀仁德

序言示例：

本篇共包括三十章。其中著名文句有：“贤哉，回也！一箪食，一瓢饮，在陋巷”“质胜文则野，文胜质则史。文质彬彬，然后君子”“知之者不如好之者，好之者不如乐之者”“敬鬼神而远之”“己欲立而立人，己欲达而达人。”本篇里有数章谈到颜回，孔子对他的评价甚高。此外，本篇还涉及“中庸之道”、“恕”的学说、“文质”思想，同时，还包括如何培养“仁德”的一些主张。本篇所涉及的主题：评价人物（各有薄厚），表达仁德；鼓励才学，讲求中庸。

本篇的主要观点：评价颜渊好学、安贫乐道（6·11）；博爱非私爱（6·4、6·5）；任人唯贤（6·6）；要时刻心怀“仁”（6·7）；要具备多方面才学（6·8）；要有推己及人的品德（6·30）。具体为：

（1）整理孔子对颜回的评价。

①最好学：“有颜回者好学，不迁怒，不贰过。不幸短命死矣。今也则亡，未闻好学者也。”（6·3）

②宽厚仁德：“回也，其心三月不违仁，其馀则日月至焉而已矣。”（6·7）

③安贫乐道：“贤哉，回也！一箪食，一瓢饮，在陋巷，人不堪其忧，回也不改其乐。贤哉，回也！”（6·11）

（2）培养仁德的主张。

①女为君子儒，无为小人儒！（6·13）

②文质彬彬，然后君子。（6·18）

③君子博学于文，约之以礼，亦可以弗畔矣夫！（6·27）

④中庸之为德也，其至矣乎！（6·29）

⑤博施于民而能济众。己欲立而立人，己欲达而达人。能近取譬，可谓仁之方也已。（6·30）

本篇中的名句，值得我们永远品味，用以指导我们的学习、生活及工作。

（二）每“篇”一辩：本项任务为选择该篇中可供思辨的章句，设计一组辩题（含正方、反方观点），并分别撰写辩词。

示例：

论题一：择业时先要考虑个人兴趣，还是社会需要？

依据：子曰：“知之者不如好之者，好之者不如乐之者。”（6·20）

辩题一：择业时首先要考虑个人兴趣（正方观点）；择业时首先要考虑社会需要（反方观点）

正方观点申述选例：

我方认为，选择职业首先要考虑个人兴趣。因为兴趣是一种动力，喜欢做，才能把自己的智慧和力量发挥到最大，事业的成功率也就极大地提高；兴趣还会激发创造力，让所从事的事业得到更新、改革，更趋于科学、合理，从而生成更大的效益；兴趣还可以促发一个人的韧性，由于喜欢做，所以即使遇到再大的困难或挑战，都会义无反顾地坚持下去，直至完成任务。自主创业的成就者无一不是做自己感兴趣的事情，因此做起来就非常用心，非常执着，最终发展壮大，做大做强，成绩斐然。俞敏洪、董明珠等著名企业家，以及围棋大师聂卫平、数学家陈景润等著名人士的经历充分说明了这一点。所以，个人兴趣是选择职业时首先要考虑的因素。

反方观点申述选例：

我方认为，选择职业首先应该考虑社会需要。因为有社会需求的岗位才是有实际意义的岗位，再感兴趣的工作，如果没有社会需要做基础，也是没有价值的工作。一个工作岗位，一定是为了社会需要而设，否则就是虚置，是对社会资源的极大浪费。因此，选择职业要在考虑社会需求的前提下，再考虑个人兴趣。况且，当今时代社会工作能提供给自己的选择不是很多，有些社会中最需要、最热门的工作又常常与个人兴趣有距离，我们不能因为自己不喜欢就一味躲避，那样会失去可以得到的岗位。例如社会中环卫工作，不太可能是谁感兴趣的，但是环卫工人们不顾世俗眼光，毅然选择这个岗位认真工作，为城市美容；消防、边防、公安等行业及岗位，危险系数高，又不能有正常节假日，但依然有无数战士服从国家需要，为人民的平安、为共和国的和平和尊严奉献着一切。因为他们深知，能实现个人价值的岗位才是最好的岗位。所以说，选择职业首先要考虑社会需要，个人兴趣要服从社会需要。

延伸思考：

辩题二：社会生活中更需要“智者”（正方观点）；社会生活中更需要“仁者”（反方观点）（6·23）

辩题三：在人际交往中，首先要注重人的朴实品质（正方观点）；在人际交往中，首先要注重人的才华（反方观点）（6·18）

辩题四：社会发展要注重继承（正方观点）；社会发展要注重改革（反方观点）（6·24）

（三）孔说面面观：选择“篇”中一章，用其中的观点与现实生活不同领域相联系，指出其是否适用的情况，并说明理由。结合该章句写一则“从业训诫”，体现儒家思想与当代社会现实的融合与碰撞，激发学生的思辨意识，培养批判思维能力。

示例1：

冉求曰：“非不说子之道，力不足也。”子曰：“力不足者，中道而废，今女画。”（6·12）这里表达了孔子“做事应该尽力而为”的主张。这在服务行业，应该是努力提倡的做法。面对服务对象，我们只有尽心竭力，才能获得更好的评价；只有最大限度地满足客户需要，才能把工作做到位。有时我们的条件或能力暂时不足，但这不应该是我们松懈的借口。只要我们心中有客户，办法就会被开发。如果我们选择了营销，就要开动脑筋，想出更多服务客户的方式或方法，让客户接受服务更便捷、更周全；同时要备足更丰富的货源，以满足客户多方面、多层次的需要。不嫌烦、不惜力才是做到了尽心竭力。

但是在特殊领域的特殊岗位是做不到这一点的，或者说不适合落实这一主张。如在教育领域、自然资源的开发和利用方面，就不能执行“尽力而为”的思想意识。最新教育思想，是要给受教育者一定体验及思考空间，不能事无巨细、包办代替。家庭教育中，提供的条件要适度，“尽力”后过多的代为会助长孩子的惰性，抑制孩子的成长；学校教育中，知识的传授也不应“尽力”讲授全面，而要留有一定的空间，让学生学会思考，培养学生获取知识的能力，否则，就会扼杀学生的思维，影响他们增强解决问题的能力。资源的开发和利用也如是，不

“竭泽而渔”应该是我们尊重自然资源的原则，“尽力”开发会及早导致资源的匮乏，贻害子孙后代。于是，江河湖海的季节休渔，控制乱砍滥伐，保护生态环境等各项举措相继提出并落实，最大限度地放缓了资源的消耗，于国于民于人类都是善莫大焉。

示例 2：

关于第十四章的澹台灭明，如果放在现在的话，可以说是人才，但同时也有些不足。从原文中来看，他走路不抄小道，非公事也从不到县官的屋子里来，是埋头苦干、踏实正直的样子。而这种精神，就算在现在也无疑是十分宝贵且有用的，实干是给人带来提升的最快捷径。

但就跟“学而不思则罔，思而不学则殆”的道理一样，只懂得埋头苦干而不去与他人交流，放在现在也是会吃亏的。在如今的工作中，我们有同事；在学习中，我们有同学。社交如今也是我们生活中重要的一部分，而社交也不仅仅是流于表面的交际，我们需要与周围的人有实际的交流，我们需要从身边人的身上学习借鉴。所谓“三人行必有我师”，学习别人的经验、长处、品质，也是提升自己的好方法。

且现在的有些工作，比起个人，更强调团队合作而非单打独斗。这时候便需要团队成员之间良好的交流沟通与了解，做出好的分工与合作。这时候团队中的每个人都至关重要，一个人也不能与整个团体割裂开来。澹台灭明的作风放到此时可能就并不是非常适用了。

简而言之，我们在学习与生活中，在埋头苦干的同时，也不应忘了与同伴沟通，更好地提升自己。

示例 3：

子曰：“孟之反不伐。奔而殿，将入门，策其马，曰：‘非敢后也，马不进也。’”（6·15）这一章中，孔子通过讲孟之反的谦虚，其实正如始终贯穿儒家学说的中庸之道，是在教育我们为人要谦虚，要稳重，行动要先于言语。以中国人的传统观念来讲，这确实是“三观”式的看法。但在如今全球化的时代，当世界以及受到不同文化冲击的中国当代文化缺少这样一种文化认同之后，这一点在某些场合似乎就很难成立了。

且以中国人与印度人在外企的不同表现为例，对于人力资源部的高管而言，中国人常常是实干家，他们不善表达，不好大喜功，却很能做事，是典型的“工人”；而印度人则不同，常常在什么都没做的情况下却能将牛皮吹得天花乱坠，就像能说会道但大腿还没有工人胳膊粗的“包工头”。最后的事实就是，中国人踏实做事，大多数人却只是做了一辈子工程师；但硅谷企业中有相当多的高管都是印度人。我要说明的是，第一，我并没有贬低实干家或工程师的价值，也没有说社会不需要实干家，但只有成为管理层上的人才有可能真正有能力掌控全局，实现自己的“理想抱负”，即自己对公司的规划。第二，我在这里说的是一个普遍现象而非个例，那么这显然就涉及两类人不同的普适性价值观。可以说，中国人儒家文化中的谦虚深刻地影响了中国人的思想。而这种谦虚，虽然减少了错误，但也容易使人丢失机会。

那么我是在说孔子不明智吗？当然不是。至少在那个时代，孔子的学说还是相当适用的。那是君主专制的时代，法治体系不如今天健全，说多了话或太过张扬容易触怒位高权重的人，从而导致不好的后果。而且当时社会科技进步缓慢，机会较少，也就没有太多善辩的用武之地。但是现如今，在一个不用太怕得罪人、机会爆发的时代，如果还只是为惧怕风险而过于谦卑，那就显得束手束脚不合时宜了。

其实，这也引申出一个话题，在全球化时代文化的交融碰撞中，中国自汉代就奠定下来的“罢黜百家，独尊儒术”的文化基础应该何去何从？事实上，我觉得这个问题的答案已经很明确了，带有中国特色地融入这个世界，既能保留中国人实干谦虚的文化底蕴，又能掌握西方善于表达自己的能力，并在这二者之间来来回回根据情景的不同进行转换才是正解。

（四）合并分析：在该篇中找出可以放到一起比较的章句（可以联系以前的篇章），分析这些章句共同体现了孔子怎样的思想，以此写一段述评。

示例 1：

女为君子儒，无为小人儒！（6·13）

文质彬彬，然后君子。（6·18）

君子博学于文，约之以礼，亦可以弗畔矣夫！（6·27）

以上各章记录的都是孔子有关“君子”的主张，他从不同角度阐释了“君子”的含义。第十三章谈的是做儒士要与“小人”相区别；第十八章谈的是要平衡好“文”与“质”的关系；第二十七章谈的是要广博地学习，同时要用“礼”来约束自己。这三章从表面到内心几方面揭示了“君子”为人、为学的标准，特别突出了“君子”应该是内心修养，避免所为离经叛道。

示例 2：

子曰：“回也，其心三月不违仁，其馀则日月至焉而已矣。”（6·7）

君子无终食之间违仁，造次必于是，颠沛必于是。（4·5）

以上两章为孔子在不同篇章中对践行仁德的表述。其中本篇第七章和里仁篇第五章都记录了他对“仁”的看法，一方面通过评价颜渊践行仁德之经常，其余人则是偶尔短暂能做到，说明达到“仁”的不易，另一方面又谈君子践行仁德除了时间之经常，还表现在不同境况之下。为我们评价一个人践行“仁德”的程度提供了很好的视角和标准。

示例 3：

子华使于齐，冉子为其母请粟。子曰：“与之釜。”请益。曰：“与之庾。”冉子与之粟五秉。子曰：“赤之适齐也，乘肥马，衣轻裘。吾闻之也，君子周急不继富。”（6·4）

原思为之宰，与之粟九百，辞。子曰：“毋！以与尔邻里乡党乎！”（6·5）

子曰：“贤哉，回也！一箪食，一瓢饮，在陋巷，人不堪其忧，回也不改其乐。贤哉，回也！”（6·11）

子贡曰：“如有博施于民而能济众，何如？可谓仁乎？”子曰：“何事于仁，必也圣乎！尧、舜其犹病诸。夫仁者，己欲立而立人，己欲达而达人。能近取譬，可谓仁之方也已。”（6·30）

这四章共同体现了孔子对于财富的看法。喜欢享受是人之天性，而孔子的思想则要求人们控制自己对于财富过度的欲望。从第十一章的“子曰：‘贤哉，回也！一箪食，一瓢饮，在陋巷，人不堪其忧，回也不改其乐。贤哉，回也！’”可以看出孔子赞扬颜回是因为他的安贫乐道的精神。孔子不但要求自身节俭，还更希望人们做到把自己剩余的财富无偿给予贫穷的人，比如第四章中的“君子周急不继富”，还有第五章中的“毋！以与尔邻里乡党乎！”从这些语段中可以看出，孔子希望减少社会的贫富差距，通过富者接济贫者的方式达到人人都能享有适当的财富，使所有人都不用忍受缺衣少食的困境。孔子生活在社会生产力低下的春秋时期，而他提出的这种财富观，在生产力水平有了极大进步的今天依然适用。比如，可以倡导生活宽裕的人们主动捐款捐物，或者可以更加完善社会的收入分配体制，使人们收入更加公平，以此来实现孔子所希望能够实现的理想的社会状态。

（五）雅意今思：选择该篇中能体现客观、进步思想的章句，以社会生活事例作为依据，给该“篇”拟写“后记”，为首次阅读者推荐该篇。这一设计，意在引导学生发现、提炼经典著作中的价值和精髓，培养类比思维能力。

示例 1：

本篇中涵盖了孔子的多种思想，而对我们最有现实指导意义的章句是"贤哉，回也！一箪食，一瓢饮，在陋巷，人不堪其忧，回也不改其乐。贤哉，回也！"一个人处于不良的生活条件之下，仍能坚守心中的信念，不是一件容易的事。孔子借助表扬颜回的精神境界，弘扬了一种安贫乐道的道德准则。生活在人世间，难免遇到坎坷或窘迫，但坚守初心和本心是一个有修养的人的心灵底线。中国工农红军在二万五千里长征中，在常人难以忍受的条件下，爬雪山，过草地，没有动摇过要打出一个新中国的初心；抗美援朝的将士们爬冰卧雪，忍饥挨饿，宁可献出生命也不给敌人让出一寸阵地；英烈后代彭士禄为了祖国的核潜艇事业，生活在物质条件极其恶劣的深山野岭搞科研，不后悔，不抱怨，抱定为国家奉献一切的决心，殚精竭虑，夜以继日，做出了突出贡献。这不正是圣德思想在后世的传承与坚守吗?

示例 2：

子贡曰："如有博施于民而能济众，何如？可谓仁乎？"子曰："何事于仁，必也圣乎！尧、舜其犹病诸。夫仁者，己欲立而立人，己欲达而达人。能近取譬，可谓仁之方也已。"（6·30）

在公冶长篇和颜渊篇都提到了"己所不欲，勿施于人"，如果从正面的角度表达可能就是雍也篇的这句"己欲立而立人，己欲达而达人"了。

如今全球新型冠状病毒暴发，中国疫情局势稳中向好，但世界却迎来了疫情的高峰期。中国立即驰援各国，不但捐赠了大批防护服、医疗器械等物资，还向埃塞俄比亚、塞尔维亚、意大利、伊朗、伊拉克等多国派去了防疫抗疫的专家组，带去中国抗击新冠肺炎的救治经验与治疗方案。中国专家还频繁与外国专家进行网络连线交流，为加强疫情防控和病人救治，提供中国经验。这便是当代"博施济众"的大国担当。

圣人希望以自己的力量"兼善天下"，化解人间苦难。中国是第一人口大国，可能不能完全达济天下，但却仍传承秉持儒家的“博施济众”“立己达人”，始终在国际上做负责任的大国，挑起大国担当。

病毒没有国籍，疫情也已经跨越国界，各国共处同一个世界，互相依存，休戚与共，没有一个国家能够独善其身、置身事外，人类的命运亦是殊途同归。在各国的联系日趋紧密、交互相织的当今社会，同舟共济，共抗疫情，守望相助，共克时艰，才是全世界抗击疫情的正确选择。

就像一带一路沿线国家共搭合作之桥，共建友谊之路，丝绸之路承载着沿途各国人民共谋发展的梦想。“和羹之美，在于合异，上下之益，在能相济”，携手同行，共谋发展，唯有合作共赢、和平发展才能迎着全球化时代的潮流。“人类命运共同体”的中国方案让我们紧紧相拥，各国互信、互鉴、和谐、共享、包容、开放，才能在当代社会的发展中起进步性作用，推动各国走向繁荣富强。

既“立己”便思“达人”，博施济众、天下大同是儒家的仁善思想，更是全球化时代的大国担当。

示例 3：

子谓子夏曰：“女为君子儒，无为小人儒！”（6·13）这是孔子对子夏的忠告，又何尝不是对现在人们的警示。子夏拥有着少数人的聪慧，而在孔子眼中，这样的人更容易成为“小人”。

小人和君子往往是对立的，在我看来，他们都是拥有着聪明才智的人，只不过君子将聪慧运用在了正确或者是有益的事情上，而小人却用在了不正当的事情上。又或者说是君子在拥有智慧的同时，还有着良知，有着道德。

这些现象现在还存在着，甚至“小人儒”的现象反增不减。在疫情期间，随着外国疫情的严重，越来越多的华侨赶回了中国，有的甚至吃了退烧药坐上飞机。这些人在传染他人和自己生存之间选择了后者。这种做法缺乏了仁德。只是考虑了自己的利益，而没有在乎对他人乃至社会的影响。即使聪明，没有道德的基础，又何谈君子呢？

示例 4：

子曰："质胜文则野，文胜质则史。文质彬彬，然后君子。"（6·18）

这一章体现了儒家思想的中庸之道，表明了孔子对于文采与质朴之间的关系的看法。在儒学中，文采与质朴并重，才是君子应有的文化状态。"子曰：'君子喻于义，小人喻于利。'"质朴是君子的基本素养，不能因私欲而改变自己的行为。"子曰：'巧言令色，鲜矣仁！'"孔子似乎又认为花言巧语对于"仁"来说是没有价值的。但本章中的文采，又是值得肯定的。由此可见，孔子评价一段语言，看的不仅仅是文学上的技艺，也看重内容是否有"仁"的成分。如果脱离了"仁"，文采就会变得空虚无物，而贪图利益编造的花言巧语，则触犯了君子为人的底线。从另一个角度看，君子的仁义也不是无所依附、凭空产生的空中楼阁，而是博学和勤奋的积累换来的。而所谓文采正是这种好学精神的体现。如果仅仅是质朴，而没有足够的文化积累，则会变得粗野。孔子并没有把人内心的本质和淳朴提到极高的境界，这正是他入世思想的体现。

反观现在，这种智慧正是人们生活中最常接触到的中庸思想。所谓质朴，正是我们当今社会所倡导的一种生活状态。但是，由朴实到仁义，再到高尚，却还有一段路要走。这段路，就是提高自身文化素养，勤学苦练，自我提高的过程。事实上，这正是许多"质朴"的人没有做到的。同样，最近一些掀起舆论热潮的事件，也充分说明，见多识广并不意味着掌握了安身立命的做人之本。如今，许多人早已被利益和欲望冲昏头脑，做出了许多与自己的"文采"不相符的事情。这时所谓"文采"便成了空虚与浮夸，最终被时间无声地抹除。

示例5：

子曰："觚不觚，觚哉？觚哉？"（6·25）

孔子看到一个酒杯与原来叫作"觚"的酒器已经不同了，但是人们依然叫它"觚"。诸侯征战，礼崩乐坏。对此，孔子表达出自己的不满。他觉得既然东西已经名不副实了，只是徒有虚名，应该赶紧给它正名，使其名实相符才是。在这里，孔子借助"觚不觚"的感叹，讽刺当时君不君、臣不臣、父不父、子不子的社会现实。

社会是由许许多多的机构和家庭组成，而机构和家庭又是由一个个的人组成，无论是在社会上、组织里还是在家庭中，每个人都扮演着自己的角色。在社会上，或为商人，或为农民，或为服务人员；在组织里，或是领导，或是下属，或是职员；在家庭里，或做父亲，或做妻子，或为人子女。不论你身处哪里，都有自己的社会角色，这个角色会对每个人提出相应的要求，社会上也会对每个角色有着稳定看法和预期。只有每个人都扮演好自己的角色，这个社会才会稳定，并在稳定中发展。如若不然，社会就会混乱。

国家要进步，经济要发展，前提是社会的稳定。这个稳定，客观上需要每个人都扮演好自己的角色，做好自己的本职工作。如果我们意识不到这个问题的重要性，不明白自己的角色定位，就不可能成为一个成功的职业者，也无法对社会做出贡献。

四、每篇一练

阅读下面的文字，回答问题。

子曰："质胜文则野，文胜质则史。文质彬彬，然后君子。"（《论语·雍也》）

这则语录反映了孔子怎样的思想？请联系材料简要说明。

述而篇第七

一、重温原文

7·1　子曰："述而不作，信而好古，窃比于我老彭。"

7·2　子曰："默而识之，学而不厌，诲人不倦，何有于我哉？"

7·3　子曰："德之不修，学之不讲，闻义不能徙，不善不能改，是吾忧也。"

7·4　子之燕居，申申如也，夭夭如也。

7·5　子曰："甚矣吾衰也，久矣吾不复梦见周公。"

7·6　子曰："志于道，据于德，依于仁，游于艺。"

7·7　子曰："自行束脩以上，吾未尝无诲焉。"

7·8　子曰："不愤不启，不悱不发。举一隅不以三隅反，则不复也。"

7·9　子食于有丧者之侧，未尝饱也。

7·10　子于是日哭，则不歌。

7·11　子谓颜渊曰："用之则行，舍之则藏，惟我与尔有是夫！"子路曰："子行三军，则谁与？"子曰："暴虎冯河，死而无悔者，吾不与也。必也临事而惧，好谋而成者也。"

7·12　子曰："富而可求也，虽执鞭之士，吾亦为之。如不可求，从吾所好。"

7·13　子之所慎：齐，战，疾。

7·14　子在齐，闻《韶》，三月不知肉味，曰："不图为乐之至于斯也。"

7·15　冉有曰："夫子为卫君乎？"子贡曰："诺，吾将问之。"入，曰："伯夷、叔齐何人也？"曰："古之贤人也。"曰："怨乎？"曰："求仁而得仁，又何怨？"出，曰："夫子不为也。"

7·16　子曰："饭疏食，饮水，曲肱而枕之，乐亦在其中矣。不义而富且贵，于我如浮云。"

7·17　子曰："加我数年，五十以学《易》，可以无大过矣。"

7·18　子所雅言，《诗》、《书》、执礼，皆雅言也。

7·19　叶公问孔子于子路，子路不对。子曰："女奚不曰：其为人也，发愤忘食，乐以忘忧，不知老之将至云尔。"

7·20　子曰："我非生而知之者，好古，敏以求之者也。"

7·21　子不语怪，力，乱，神。

7·22　子曰："三人行，必有我师焉。择其善者而从之，其不善者而改之。"

7·23　子曰："天生德于予，桓魋其如予何？"

7·24　子曰："二三子以我为隐乎？吾无隐乎尔。吾无行而不与二三子者，是丘也。"

7·25　子以四教：文，行，忠，信。

7·26　子曰："圣人，吾不得而见之矣，得见君子者，斯可矣。"子曰："善人，吾不得而见之矣，得见有恒者，斯可矣。亡而为有，虚而为盈，约而为泰，难乎有恒矣。"

7·27　子钓而不纲，弋不射宿。

7·28　子曰："盖有不知而作之者，我无是也。多闻，择其善者而从之；多见而识之；知之次也。"

7·29　互乡难与言，童子见，门人惑。子曰："与其进也，不与其退也，唯何甚？人洁己以进，与其洁也，不保其往也。"

7·30　子曰："仁远乎哉？我欲仁，斯仁至矣。"

7·31　陈司败问："昭公知礼乎？"孔子曰："知礼。"孔子退，揖巫马期而进之曰："吾闻君子不党，君子亦党乎？君取于吴，为同姓，谓之‘吴孟子’。君而知礼，孰不知礼！”巫马期以告。子曰：“丘也幸，苟有过，人必知之。”

7·32 子与人歌而善，必使反之，而后和之。

7·33 子曰：“文，莫吾犹人也。躬行君子，则吾未之有得。”

7·34 子曰：“若圣与仁，则吾岂敢！抑为之不厌，诲人不倦，则可谓云尔已矣。”公西华曰：“正唯弟子不能学也。”

7·35 子疾病，子路请祷。子曰：“有诸？”子路对曰：“有之。《诔》曰：‘祷尔于上下神祇。’”子曰：“丘之祷久矣。”

7·36 子曰：“奢则不孙，俭则固。与其不孙也，宁固。”

7·37 子曰：“君子坦荡荡，小人长戚戚。”

7·38 子温而厉，威而不猛，恭而安。

二、基础知识梳理

（一）梳理特殊用字现象

“识”同“志”，记住的意思。例句：默而识之，学而不厌。（7·2）

“燕”同“宴”，安定，闲适。例句：子之燕居，申申如也。（7·4）

“冯”同“凭”，徒涉，蹚水。例句：暴虎冯河，死而无悔者，吾不与也。（7·11）

“齐”同“斋”，祭祀前身心的整洁工作。例句：子之所慎：齐，战，疾。（7·13）

“亡”同“无”，没有。例句：亡而为有，虚而为盈。（7·26）

“取”同“娶”，把女子接过来成亲。例句：君取于吴，为同姓。（7·31）

“反”同“返”，返回，反复。例句：子与人歌而善，必使反之，而后和之。(7·32)

“孙”同“逊”，退让。例句：奢则不孙，俭而固。(7·36)

（二）梳理活用词

形容词用作名词：

“富”，财富。例句：富而可求也，虽执鞭之士，吾亦为之。(7·12)

名词用作动词：

“饭”，吃。例句：子曰：“饭疏食，饮水，曲肱而枕之，乐亦在其中矣。”(7·16)

“枕”，意动用法，做枕头。例句：子曰：“饭疏食，饮水，曲肱而枕之，乐亦在其中矣。”(7·16)

“义”，做正当的事。例句：不义而富且贵，于我如浮云。(7·16)

“歌”，唱歌。例句：子与人歌而善，必使反之，而后和之。(7·32)

“疾病”，得病。例句：子疾病，子路请祷。(7·35)

“纲”，把大绳拉在水面上钓鱼。例句：子钓而不纲，弋不射宿。(7·27)

形容词使动用法：

“洁”己，让自己干净。例句：人洁己以进，与其洁也，不保其往也。(7·29)

动词用作名词：

“宿”，歇宿的鸟。例句：子钓而不纲，弋不射宿。(7·27)

动词使动用法：

“反”之，让他反复。例句：子与人歌而善，必使反之，而后和之。(7·32)

（三）梳理多义实词

“得”

①能够。例句：圣人，吾不得而见之矣。（7·26）

②收获，成功。例句：躬行君子，则吾未之有得。（7·33）

“如”

①好像。例句：不义而富且贵，于我如浮云。（7·16）

②如果。例句：如不可求，从吾所好。（7·12）

③相当于“然”，做叠音词词缀，“的样子”。例句：子之燕居，申申如也，夭夭如也。（7·4）

④固定结构“如……何”。例句：天生德于予，桓魋其如予何？（7·23）

“行”

①实行，做到。例句：自行束脩以上。（7·7）

②统帅。例句：子行三军。（7·11）

③行为。例句：吾无行而不与二三子者。（7·24）

④行为规范。例句：子以四教：文，行，忠，信。（7·25）

“固”

①鄙陋。例句：奢则不孙，俭则固。（7·36）

②巩固。例句：君子不重则不威，学则不固。（1·8）

“斯”

①指示代词“这”“这种”。例句：不图为乐之至于斯也。（7·14）

②副词“就”。例句：得见君子者，斯可矣。（7·26）；我欲仁，斯仁至矣。（7·30）

（四）梳理多义虚词

“于”

①介词，对于。例句：学而不厌，诲人不倦，何有于我

哉？（7·2）

②介词，在。例句：志于道，据于德，依于仁，游于艺。（7·6）；子食于有丧者之侧，未尝饱也。（7·9）；子于是日哭，则不歌。（7·10）

③介词，向。例句：叶公问孔子于子路。（7·19）；祷尔于上下神祇。（7·35）

④介词，与，跟，同。例句：窃比于我老彭。（7·1）

“为”

①赞成。例句：冉有曰：“夫子为卫君乎？”子贡曰：“诺，吾将问之。”（7·15）

②做。例句：其为人也，发愤忘食，乐以忘忧。（7·19）；虽执鞭之士，吾亦为之。（7·12）

③以……为，认为。例句：二三子以我为隐乎？吾无隐乎尔。（7·24）

“而”

①表修饰。例句：信而好古。（7·1）；默而识之。（7·2）；曲肱而枕之。（7·16）

②表顺承。例句：学而不厌。（7·2）；必使反之，而后和之。（7·32）；圣人，吾不得而见之矣。（7·26）；多闻，择其善者而从之；多见而识之。（7·28）；死而无悔者；必也临事而惧，好谋而成者也。（7·11）；子钓而不纲，弋不射宿。（7·27）

③表假设。例句：富而可求也，虽执鞭之士，吾亦为之。（7·12）；子与人歌而善，必使反之。（7·32）；君而知礼，孰不知礼！（7·31）

④表转折。例句：述而不作。（7·1）；亡而为有，虚而为盈，约而为泰，难乎有恒矣。（7·26）；盖有不知而作之者，我无是也。（7·28）

“与”

①在一起，共事。例句：子行三军，则谁与？（7·11）

②和、跟。例句：用之则行，舍之则藏，惟我与尔有是夫！（7·11）；子与人歌而善，必使反之。（7·32）；若圣与仁，则吾岂敢！（7·34）；互乡难与言，童子见，门人惑。（7·29）

③赞许，肯定。例句：与其进也，不与其退也，唯何甚？（7·29）

“之”

①助词

1）放在主语和谓语之间，取消句子的独立性。例句：子之燕居，申申如也，夭夭如也。（7·4）；丘之祷久矣。（7·35）

2）放在定语和中心语之间，“的”。例句：子食于有丧者之侧，未尝饱也。（7·9）

3）放在倒置的动（介）宾短语之间，作宾语提前的标志。例句：德之不修，学之不讲。（7·3）

②代词

第三人称代词，他、她、它（们），有时灵活运用于第一人称或第二人称。例句：用之则行，舍之则藏。（7·11）；虽执鞭之士，吾亦为之。（7·12）；多见而识之。（7·28）

“也”

①句末语气词

1）表肯定或感叹语气。例句：闻义不能徙，不善不能改，是吾忧也。（7·3）；甚矣吾衰也。（7·5）

2）表陈述或解释语气。例句：好谋而成者也。（7·11）

②句中语气词，表示语气停顿。例句：必也临事而惧。（7·11）

（五）梳理古今异义词

“疾病”：今通常义，泛指病；本文义，重病。例句：子疾病，子路请祷。（7·35）

“水”：今通常义，泛指水；本文义，冷水，常与“汤”对

言。例句：饭疏食，饮水，曲肱而枕之。(7·16)

(六)梳理多词一义

“教”和“诲”：都含有“教导”的意思。例句：子曰：“默而识之，学而不厌，诲人不倦，何有于我哉？”(7·2)；自行束脩以上，吾未尝无诲焉。(7·7)；子以四教：文，行，忠，信。(7·25)

“如”和“犹”：都含有“好像、似乎”的意思。例句：不义而富且贵，于我如浮云。(7·16)；祭如在，祭神如神在。(3·12)；犹吾大夫崔子也。(5·19)

“奚”和“何”：都含有“什么、怎么、为什么”的意思。例句：子曰：“女奚不曰：其为人也，发愤忘食，乐以忘忧，不知老之将至云尔。”(7·19)；天生德于予，桓魋其如予何？(7·23)；与其进也，不与其退也，唯何甚？(7·29)

“予”“我”和“吾”：都可以用作第一人称代词“我”。例句：天生德于予，桓魋其如予何？(7·23)；盖有不知而作之者，我无是也。(7·28)；自行束脩以上，吾未尝无诲焉。(7·7)

(七)梳理特殊句式

省略句

子在齐，闻《韶》，三月不知肉味，曰：“(吾)不图为乐之至于斯也。”**(7·14)**：省略主语。

冉有曰：“夫子为卫君乎？”子贡曰：“诺，吾将问之。”(子贡)入，曰：“伯夷、叔齐何人也？”(孔子)曰：“(其)古之贤人也。”(子贡)曰：“(其)怨乎？”(孔子)曰：“(其)求仁而得仁，又何怨？”(子贡)出，曰：“夫子不为也。”**(7·15)**：省略主语。

互乡难与言，童子见(孔子)，门人惑。子曰：“与其进也，不与其退也，唯何甚？人洁己以进，与其洁也，不保其往也。”

（7·29）：省略宾语。

陈司败问（孔子）："昭公知礼乎？"孔子曰："知礼。"（7·31）：省略宾语。

孔子退，（陈司败）揖巫马期而进之曰："吾闻君子不党，君子亦党乎？君取于吴，为同姓，谓之'吴孟子'。君而知礼，孰不知礼！"（7·31）：省略主语。

巫马期以（之）告。子曰："丘也幸，苟有过，人必知之。"（7·31）：省略宾语。

子曰："若（言）圣与仁，则吾岂敢！抑为之不厌，诲人不倦，则可谓云尔已矣。"公西华曰："正唯弟子不能学也。"（7·34）：省略谓语。

倒装句

宾语前置：子曰："德之不修，学之不讲，闻义不能徙，不善不能改，是吾忧也。"（7·3）："不修德，不讲学"的意思。

宾语前置：子曰："文，莫吾犹人也。躬行君子，则吾未之有得。"（7·33）："则吾未有得之"的意思。

主谓倒装：子曰："甚矣吾衰也，久矣吾不复梦见周公。"（7·5）："吾衰甚矣""吾不复梦见周公久矣"的意思。

状语后置：叶公问孔子于子路，子路不对。（7·19）："叶公于子路问孔子"的意思。

定语后置：多闻，择其善者而从之；多见而识之；知之次也。（7·28）："次知也"的意思。

（八）梳理文化常识

1. 称谓

老彭：人名，但究竟指谁，学术界说法不一。有的说是殷商时代一位"好述古事"的"贤大夫"，有的说是老子和彭祖两个人。（7·1）

周公：姓姬，名旦，周文王的儿子，周武王的弟弟，周成王的叔父，鲁国国君的始祖。传说他是西周典章制度的制定者。他是孔子所崇拜的所谓“圣人”之一。周公是中国古代的“圣人”之一，孔子自称他继承了自尧舜禹汤文武周公以来的道统，肩负着光大古代文化的重任。这表明了孔子对周公的崇敬和思念，也反映了他对周礼的崇拜和拥护。（7·5）

执鞭之士：指手里拿着皮鞭的下等差役。当时主要指两种人，一种是市场的守门人，执鞭以维持秩序；一种是为贵族外出时夹道执鞭开路，让行人让道的差役。（7·12）

卫君：卫出公辄，是卫灵公的孙子。公元前 492 年至公元前 481 年在位。他的父亲因谋杀卫灵公的夫人南子而被卫灵公驱逐，逃到晋国。卫灵公死后，辄被立为国君，其父回国与他争位。（7·15）

叶公：叶，音 shè。姓沈，名诸梁，字子高，楚国的大夫，封地在叶城（今河南叶县南），为叶尹，所以叫叶公。（7·19）

陈司败：陈国主管司法的官，姓名不详，也有人说是齐国大夫，姓陈，名司败。（7·31）

昭公：鲁国君主，姓姬，名裯（chóu），公元前 541 年至公元前 510 年在位。“昭”是他的谥号。（7·31）

巫马期：姓巫马，名施，字子期，孔子的弟子，比孔子小 30 岁。（7·31）

吴孟子：鲁昭公夫人。春秋时代，国君夫人的称号，一般是她出生的国名加上她的姓。但是，吴国与鲁国的国君都姓姬，按照周礼的规定，同姓是不能通婚的。为了掩人耳目，鲁昭公避讳，故称为“吴孟子”，而不称“吴姬”。（7·31）

2. 礼俗

艺：指孔子教授学生的礼、乐、射、御、书、数等六艺。（7·6）

脩（xiū）：干肉，又叫脯。束脩就是十条干肉。孔子要求他的弟子，初次见面时要拿十条干肉作为学费。后来，就把学

生送给老师的学费叫作“束脩”。（7·7）

三军：是当时大国所有的军队，每军约一万二千五百人。（7·11）

《韶》：传说是虞舜时创作的乐曲，水平很高，音乐境界很优美。（7·14）

易：又名《周易》《易经》，古代一本用以占卜、预测吉凶祸福的书。（7·17）

雅言：周王朝的京畿之地在今陕西地区，以陕西语音为标准音的周王朝的官话，在当时被称作“雅言”。（7·18）

（九）提炼相关成语

【述而不作】“述”，阐述前人学说；“作”，创作。指只叙述和阐明前人的学说，自己不创作。（7·1）：述而不作，信而好古。

【信而好古】“信”，相信；“好”，爱好。相信并爱好古代的东西。（7·1）：述而不作，信而好古。

【学而不厌】“厌”，满足。学习总感到不满足。形容好学。（7·2）：子曰：“默而识之，学而不厌，诲人不倦，何有于我哉？”

【诲人不倦】“诲”，教导。教导人特别耐心，从不厌倦。（7·2）：子曰：“默而识之，学而不厌，诲人不倦，何有于我哉？”

【不愤不启】“愤”，心里想弄明白而还不明白；“启”，启发。指不到孩子想弄明白而还没有弄明白时，不去启发他。（7·8）：不愤不启，不悱不发。

【不悱不发】“悱”，心里想说而说不出来；“发”，启发。指不到孩子想说而说不出来时，不去启发他。（7·8）：不愤不启，不悱不发。

【举一反三】【一举三反】【一隅三反】“反”，类推。比喻从一件事情类推而知道其他许多事情。(7·8)：举一隅不以三隅反，则不复也。

【用行舍藏】任用就出来做事，不得任用就退隐。这是早时世大夫的处世态度。(7·11)：子谓颜渊曰："用之则行，舍之则藏，惟我与尔有是夫！"

【暴虎冯河】"暴虎"，空手搏虎；"冯河"，涉水过河。比喻有勇无谋，鲁莽冒险。(7·11)：子曰："暴虎冯河，死而无悔者，吾不与也。"

【执鞭随镫】手里拿着马鞭，跟在马镫旁边。比喻因敬仰而愿意追随在左右。(7·12)：子曰："富而可求也，虽执鞭之士，吾亦为之。"

【不知肉味】三个月之内吃肉不觉得有味道。比喻集中注意力于某一事物而忘记了其他事情。也借用来形容几个月不吃肉。(7·14)：子在齐，闻《韶》，三月不知肉味。

【求仁得仁】求仁德便得到仁德。比喻理想和愿望实现。(7·15)：求仁而得仁，又何怨？

【饮水曲肱】【饭蔬饮水】形容清心寡欲、安贫乐道的生活。(7·16)：子曰："饭疏食，饮水，曲肱而枕之，乐亦在其中矣。"

【曲肱而枕】"肱"，胳膊由肘到肩的部分，泛指胳膊；"枕"，枕着。枕着弯曲的胳膊睡。形容人生活恬淡，无忧无虑。(7·16)：子曰："饭疏食，饮水，曲肱而枕之，乐亦在其中矣。"

【乐在其中】喜欢做某事，并在其中获得乐趣。(7·16)：子曰："饭疏食，饮水，曲肱而枕之，乐亦在其中矣。"

【富贵浮云】意思是不义而富贵，对于我就像浮云那样轻飘。比喻把金钱、地位看得很轻。(7·16)：不义而富且贵，于我如浮云。

【发愤忘食】努力学习或工作，连吃饭都忘了。形容十分勤奋。(7·19):发愤忘食,乐以忘忧,不知老之将至云尔。

【乐以忘忧】由于快乐而忘记了忧愁。形容非常快乐。(7·19):发愤忘食,乐以忘忧,不知老之将至云尔。

【生而知之】生下来就懂得知识和道理。(7·20):子曰:“我非生而知之者,好古,敏以求之者也。”

【怪力乱神】指关于怪异、勇力、叛乱、鬼神之事。(7·21):子不语怪,力,乱,神。

【三人行必有我师】三个人一起走路,其中必定有人可以作为我的老师。指应该不耻下问,虚心向别人学习。(7·22):子曰:“三人行,必有我师焉。择其善者而从之,其不善者而改之。”

【择善而从】“从”,追随,引申为学习。指选择好的学,按照好的做。(7·22):子曰:“三人行,必有我师焉。择其善者而从之,其不善者而改之。”

三、文意探究

(一)梳理内容:完成该“篇”内容分类。要求概括该篇中重点话题(该篇中占有章句较多的一至二个话题),给该篇拟一个“章回式题目”,写一个说明性“序言”。

本篇回目示例:

启愤发悱诲而不倦,饮水饭蔬乐以忘忧(从孔子行为及境界切入)

序言示例1:

述而篇是《论语》全书的第七篇,共三十八章。这篇主要谈论了孔子对学习、教育的态度,并对一些儒家思想进行了更深一步探讨。同时,这章中也有诸多名句出现,被广为引述、学习。

从全篇内容上来看,述而篇包含了孔子对于学习和教育的看法，并对孔子的哲学思想进行了进一步深化阐述。在思想上，本篇是较为丰富全面的。有如第二章“子曰：‘默而识之，学而不厌，诲人不倦，何有于我哉？’”中对于教育与学习的叙述，也有如第四章“子之燕居，申申如也，夭夭如也”中对于生活和着装的态度的叙述，更有如第三十四章“子曰：‘若圣与仁，则吾岂敢！抑为之不厌，诲人不倦，则可谓云尔已矣。’公西华曰：‘正唯弟子不能学也’”中的对于儒家学说中的“仁”的探讨。同时，本篇也多见孔子和他学生进行讨论，即教学的片段，并得以从文字中依稀看到孔子和学生周游列国的见闻。阅读此篇，有利于我们了解孔子的经历，更接近孔子，更深一步了解他的思想。

在这篇中有诸多名句广为流传，如第十四章中的“子在齐，闻《韶》，三月不知肉味，曰：‘不图为乐之至于斯也’”；第十六章“子曰：‘饭疏食，饮水，曲肱而枕之，乐亦在其中矣。不义而富且贵，于我如浮云’”及第三十七章的“子曰：‘君子坦荡荡，小人长戚戚’”这些名句大都流传甚广，有较大的学习参考价值，其中有些部分曾于初中教材中见到过，我们颇为熟悉。

总的来说，此篇价值较高，是学者们在研究孔子和儒家思想时引述较多的篇章之一，出现众多名句，阅读时较为熟悉。对其进行阅读，在对论语的理解上是十分有益的。

序言示例 2：

本篇共包括三十八章，是学者们在研究孔子和儒家思想时引述较多的篇章之一。它包括以下几个方面的主要内容：“学而不厌，诲人不倦”；“饭疏食，饮水，曲肱而枕之，乐亦在其中”；“发愤忘食，乐以忘忧，不知老之将至”；“三人行，必有我师”；“君子坦荡荡，小人长戚戚”；“温而厉，威而不猛，恭而安”。本篇提出了孔子的教育思想和学习态度，孔子对仁德等重要道德范畴的进一步阐释，以及孔子的其他思想主张。

本篇的主要内容分类为：

①关于“学习”：7·1（好古）；7·2（学而不厌）；7·8（举一反三）；7·19（发愤忘食）；7·20（好学勤学）；7·22（三人行，必有我师）；7·28（学而知之）；7·34（诲而不倦）

②关于“仁”：7·6（道德、仁义）；7·9（仁德）；7·10（慈悲）；7·15（求仁得仁）；7·23（仁者不忧）；7·27（爱万物）；7·30（仁）

③关于“道德修养”：7·4（燕居）；7·6（志于道，据于德）；7·16（安贫乐道）；7·25（忠、信）

④关于“做人与礼”：7·33（躬行君子）；7·37（君子坦荡）

（二）每“篇”一辩：本项任务为选择该篇中可供思辨的章句，设计一组辩题（含正方、反方观点），并分别撰写辩词。

示例：

论题：社会需要通才还是专才？

依据：子曰：“志于道，据于德，依于仁，游于艺。”（7·6）

辩题一：社会需要的是全面发展的通才（正方观点）；社会需要的是精于独到的专才（反方观点）

正方观点申述选例：

我方认为，当代的社会发展呈现多元化趋势，新业态在不断出现，要想适应当下社会生活，就要让自己具有多方面本领，也就是要让自己成为“通才”。因为社会的多元化，且行业间有着一定的关联性，我们就不能只胜任一个岗位的工作，而应该是一个哪儿缺哪儿补的多面手，起码应该能做一个单位的几种工作，这样在有的岗位临时空缺时能及时替补，而不至于使工作受影响。另外，有些领域就有“通才”的需求，如医疗领域的社区层面，就设立了“全科医生”岗位，为居民提供特需服务；一些企业特殊时期也会根据社会需求而转产。况且，教育的基本理念就是要以学生的全面发展为基础，所以当下以及将来的社会更需要全面发展的通才。

反方观点申述选例：

我方认为，全面发展的“通才”只适合个别领域的个别岗位，不具有普适性。社会发展多元化，也朝着精细化方向迈进，因此更需要专业化极强的人才队伍。特别是在科技领域，不论是理论研究，还是具体实践，都需要具有较高专业知识或专业技能的人才来承担。什么都知道一点，又什么都不精通的人，是无法胜任专业化极强的工作岗位的。航空航天技术、人工智能技术等都需要专业人士来从事。医院诊疗要分科，学校教育要分学科，管理部门要分科室，部队要分兵种，农业生产也在朝着不同方向分类：种植，养殖，加工等，每一种分工都需要有专业知识引领，否则将会出现无序、混乱的局面。所以当下社会更需要拥有一定专业知识和技能的专才。

延伸思考：

辩题二：教育应该实施“有教无类”（正方观点）；教育应该实施“精英教育”（反方观点）（7·7）

辩题三：在生活上应该安于清贫（正方观点）；在生活上应该追求富足（反方观点）（7·12、7·16）

辩题四：应该广泛地向人学习（正方观点）；应该有选择地向人学习（反方观点）（7·22）

（三）孔说面面观：选择“篇”中一章，用其中的观点与现实生活不同领域相联系，指出其是否适用的情况，并说明理由。结合该章句写一则“从业训诫”，体现儒家思想与当代社会现实的融合与碰撞，激发学生的思辨意识，培养批判思维能力。

示例：

在第十一章中，孔子提出“用之则行，舍之则藏”的主张；反对“暴虎冯河，死而无悔者”，赞成“临事而惧，好谋而成者”。

孔子是在提示人们正确估计形势，懂得服从。这应该是一个爱岗敬业者的良好素养。哪个岗位需要自己，就尽力去做好；某个岗位暂时不需要自己，也坦然接受，继续进修业务，增强本领，等待一展才华的机会。有些领域的有些岗位是有间歇性的，工作时间不连续，并非一直有机会展现自己的技能。如演艺界的演出是有时间性的，演职人员都会面临“用之”和“舍之”情况，那就应该依照孔子的主张，及时调整心态，做好规划，及时业务“充电”。

但是这一章又流露了“应该随遇而安，不必主动争取”的思想意识。这在职场竞聘、国际外交等场合就不太适合。职场竞聘就是要主动客观地把自己推荐给招聘单位，如果只是听从运气安排，一味坚持“藏”的原则，就会失去很多机会，自己不主动争取，对方就不了解你的优势和才能，当然也很难把橄榄枝抛给你；外交场合同此道理，不主动旗帜鲜明地表明立场，就不能维护我方的合法权益和国家尊严。

在本章中，孔子还提出了“智勇双全”的主张，即在特殊场合不能鲁莽行事，而是要运用智慧，以最小的代价换回更大的收益。如公安战线的战士，特别是缉毒警，更应该既要有勇，又要有谋，用少损失或无损失实施抓捕行动，为维护国家治安提供保障。

（四）合并分析：在该篇中找出可以放到一起比较的章句（可以联系以前的篇章），分析这些章句共同体现了孔子怎样的思想，以此写一段述评。

示例：

子曰：“贤哉，回也！一箪食，一瓢饮，在陋巷，人不堪其忧，回也不改其乐。贤哉，回也！”（6·11）

译文：孔子说：“颜回，贤明啊！一小竹筒饭，一瓢冷水，住在偏僻简陋的街巷里。别人不堪忍受这种生活的穷困清苦，颜回却没有改变他乐观的本性。颜回是真正的贤明之士啊！”

子曰："富而可求也，虽执鞭之士，吾亦为之。如不可求，从吾所好。"（7·12）

译文：孔子说："财富如果可以求得，就算在市场上担任守门卒，我也去做。如果无法以正当手段求得，那么还是追随我所爱好的理想吧。"

子曰："饭疏食，饮水，曲肱而枕之，乐亦在其中矣。不义而富且贵，于我如浮云。"（7·16）

译文：孔子说："吃粗饭，喝冷水，弯起臂膊枕着，快乐也是在我心中的啊。不正当的富有和显贵，对于我来说，就像天边飘过的浮云一样。"

述评：

孔子是不反对富贵的，只是一定要通过正当手段获得，哪怕是去做个小吏。而他谈到的颜回之乐和他自己的乐趣，表达的是君子要随遇而安，尽人事而听天命，无论贫穷或富贵，都能一心求学，一心求仁。

在今天看来，我觉得，这种对待人生的态度有优点也有不足。

好的地方是，它能让人把心思只放在提升自己，努力学习，培养高尚人格上，可以使我们更早地获得成功（颜回那种清贫而独善其身的品质已经不是现在我们所推崇的了），同时获得身边人的尊重。

不足的地方是，这样做太容易走偏了。难道一定要让自己觉得，我虽然贫穷着，但我是一个很快乐的人吗？我想说的是，那些本就不富裕的家庭中的子女（以下所有言论，都是个人之见），他们如果不想努力，就可以把孔子的话搬出来说："我这样，很快乐啊！"

另外，这样做可能会让我们错过一些本可以享受到的乐趣。有人攒了一辈子钱，即一生都没有享受到乐趣，多不值当啊！

我们作为《论语》的学习者，应通过阅读，看看能从什么方面提升自己。虽然我们不能做到视金钱如粪土，拿着瓢，端着筐也能感到由衷的快乐，但也应该把目光专注于学习中，不时地畅想下未来，而不是绞尽脑汁思考如何走捷径，为自己的不作为找理由。

（五）雅意今思：选择该篇中能体现客观、进步思想的章句，以社会生活事例作为依据，给该“篇”拟写“后记”，为首次阅读者推荐该篇。这一设计，意在引导学生发现、提炼经典著作中的价值和精髓，培养类比思维能力。

示例1：

述而篇中的不少语句都阐述了孔子的教育理念。首先便是他对于弟子的选择，不论富贵或贫穷，聪慧或愚笨，只要“自行束脩以上”，他就愿意教导。可见，孔子对于弟子不计其出身与家境，一律平等待之，体现了他有教无类的思想。其次，他表达了自己的教育方式，对于弟子“不愤不启，不悱不发。举一隅不以三隅反，则不复也”。他注重学生自主思考的过程，并非一味地灌输，很大程度提高了学生们的独立性与学习能力。这样的教学方式直至今天也仍值得我们思考。例如当今的应试教育，有些人仍然坚持“填鸭式”教学，死记硬背，在导致学生痛苦的同时也收效甚微。这种教育方式使学生不懂得灵活运用，最后呈现出高分低能的结果。这种教学模式与教育体制是否真的对国家、社会以及个人有利呢？着实需要我们的反思。至于孔子所提出的教学方法，毫无疑问在培养学生的自主学习方面是有效的。也许大规模实行有一定难度，但仍然可以成为我们的一个参考。最后，在了解孔子的教育理念的同时，我们也可以寻找正确的学习方法，从中提取精华，舍弃掉无用的部分，完善自我。

示例2：

述而篇反映了孔子“有教无类、因材施教”的教育理念。

第七章体现了有教无类的教育理念。孔子说：“自行束脩以上，吾未尝无诲焉。”孔子作为一代圣贤，对选择弟子却抱以包容、不苛求的态度，本身便体现了他“有教无类”的精神品质。近年来，随着义务教育的不断普及，高等教育的入学门槛逐渐降低，更多的青年人得到了受教育、为社会做贡献的机会。“科教兴国”的目标，建立在有教无类的基础上才能得以实现。

而第八章体现了因材施教的教育理念。“不愤不启，不悱不发。举一隅不以三隅反，则不复也。”意为教师不应该采用“填鸭式”教学方法。教学的目的是培养学生走入社会后立身处事的能力，而不仅仅是单纯的做题背记。教师应该依据学生的基础或提点一二，或系统指导，而不是大水漫灌式地宣讲。孔子因材施教的教学观点，在“侍坐章”中通过对话的形式让弟子各抒己见，也得到了体现。

正如孔子所说：“诲人不倦，何有于我哉？”孔子将自己的毕生经历投入了教学与教育，为“师道”的发展提供了宝贵的精神财富。

示例 3：

述而篇主要讲述了孔子本人的教育理念。首先孔子对于弟子有一定要求。“自行束脩以上，吾未尝无诲焉”，说明孔子对于弟子的态度有要求，应当尊敬老师，虽然是通过物质来表示，但“千里送鸿毛，礼轻情意重”。孔子自不会在意那些礼物，而是弟子关心老师、尊敬老师的态度。“不愤不启，不悱不发。举一隅不以三隅反，则不复也”“子以四教：文，行，忠，信”说明孔子会因材施教，对于愚笨的弟子不会教他们深刻的知识，而对于有才能的弟子则会教他们各方面的知识，但无论弟子才能如何，孔子也不会放弃对他们的教导，只是从知识的水平上进行区分。然后是孔子对于自己也就是老师的要求。“三人行，必有我师焉”“子不语怪，力，乱，神”诸如此类的话可以看出孔子在教导他人之前，先将自己变成了所教导的样子，作为模范，这样教导他人的时候才会更有说服力。“志于道，据于德，依于仁，游于艺”可以看出孔子不仅仅是教弟子如何做官和糊口，而是教弟子去修身养性，培养品格。这种教育方式可以教导出近乎君子的贤能之人，自然令人心驰神往，但这样全面且深入的教育方式现在还没有完全普及，因此我们要追求像孔子那样以德育人的境界。无论你是教育者还是接受教育者，读过此篇，你都可以收获到很有用的知识，我们应当将《论语》中的知识同时代结合，以完善自我。

四、每篇一练

阅读下面的文字，回答问题。

子谓颜渊曰：“用之则行，舍之则藏，惟我与尔有是夫！”子路曰：“子行三军，则谁与？”子曰：“暴虎冯河，死而无悔者，吾不与也。必也临事而惧，好谋而成者也。”（《论语·述而》）

孔子为何说“吾不与也”？上述文字阐明的孔子主张的“勇”是什么？

泰伯篇第八

一、重温原文

8·1　子曰："泰伯其可谓至德也已矣，三以天下让，民无得而称焉。"

8·2　子曰："恭而无礼则劳，慎而无礼则葸，勇而无礼则乱，直而无礼则绞。君子笃于亲，则民兴于仁；故旧不遗，则民不偷。"

8·3　曾子有疾，召门弟子曰："启予足，启予手！《诗》云：'战战兢兢，如临深渊，如履薄冰。'而今而后，吾知免夫。小子！"

8·4　曾子有疾，孟敬子问之。曾子言曰："鸟之将死，其鸣也哀；人之将死，其言也善。君子所贵乎道者三：动容貌，斯远暴慢矣；正颜色，斯近信矣；出辞气，斯远鄙倍矣。笾豆之事，则有司存。"

8·5　曾子曰："以能问于不能，以多问于寡；有若无，实若虚；犯而不校。昔者吾友尝从事于斯矣。"

8·6　曾子曰："可以托六尺之孤，可以寄百里之命，临大节而不可夺也。君子人与？君子人也！"

8·7　曾子曰："士不可以不弘毅，任重而道远。仁以为己任，不亦重乎？死而后已，不亦远乎？"

8·8　子曰："兴于《诗》，立于礼，成于乐。"

8·9　子曰："民可使由之，不可使知之。"

8·10　子曰："好勇疾贫，乱也。人而不仁，疾之已甚，乱也。"

8·11　子曰："如有周公之才之美，使骄且吝，其馀不足观也已。"

8·12　子曰："三年学，不至于谷，不易得也。"

8·13　子曰："笃信好学，守死善道，危邦不入，乱邦不居。天下有道则见，无道则隐。邦有道，贫且贱焉，耻也；邦无道，富且贵焉，耻也。"

8·14　子曰："不在其位，不谋其政。"

8·15　子曰："师挚之始，《关雎》之乱，洋洋乎盈耳哉！"

8·16　子曰："狂而不直，侗而不愿，悾悾而不信，吾不知之矣。"

8·17　子曰："学如不及，犹恐失之。"

8·18　子曰："巍巍乎，舜、禹之有天下也，而不与焉。"

8·19　子曰："大哉，尧之为君也！巍巍乎，唯天为大，唯尧则之。荡荡乎，民无能名焉。巍巍乎，其有成功也。焕乎，其有文章。"

8·20　舜有臣五人，而天下治。武王曰："予有乱臣十人。"孔子曰："才难。不其然乎？唐虞之际，于斯为盛，有妇人焉，九人而已。三分天下有其二，以服事殷。周之德，其可谓至德也已矣。"

8·21　子曰："禹，吾无间然矣！菲饮食而致孝乎鬼神；恶衣服而致美乎黻冕；卑宫室而尽力乎沟洫。禹，吾无间然矣！"

二、基础知识梳理

（一）特殊用字现象

"倍"同"背"，不合理、错误的意思。例句：出辞气，斯远鄙倍矣。（8·4）

"校"同"较"，计较的意思。例句：犯而不校。（8·5）

"与"同"欤"，语气词。例句：君子人与？君子人也！（8·6）

"见"同"现"，出现，现身（出来工作）。例句：天下有道则见，无道则隐。（8·13）

（二）梳理活用词

形容词用作名词：

"多""寡"，知识丰富、缺少的人。例句：以能问于不能，以多问于寡。（8·5）

"故旧"，老同事、老朋友。例句：故旧不遗，则民不偷。（8·2）

名词用作动词：

"履"，践踏，行走。例句：战战兢兢，如临深渊，如履薄冰。（8·3）

"则"，学习。例句：唯天为大，唯尧则之。（8·19）

"名"，说出，称道。例句：荡荡乎，民无能名焉。（8·19）

形容词使动用法：

"正"颜色，让自己脸色端正。例句：正颜色，斯近信矣。（8·4）

"菲"饮食、"恶"衣服、"卑"宫室，让自己的饮食菲薄、让自己的衣服简朴、让自己的住处很差。例句：菲饮食而致孝乎鬼神；恶衣服而致美乎黼冕；卑宫室而尽力乎沟洫。（8·21）

"贵"，看重。例句：君子所贵乎道者三。（8·4）

（三）梳理多义实词

"至"

①表程度，最高。例句：泰伯其可谓至德也已矣。（8·1）；周之德，其可谓至德也已矣。（8·20）

②达到，存念。例句：三年学，不至于谷，不易得也。

（8·12）

“使”

①让。例句：民可使由之，不可使知之。（8·9）

②假使。例句：如有周公之才之美，使骄且吝，其馀不足观也已。（8·11）

（四）梳理多义虚词

“斯”

①指示代词“这”“这样”。例句：昔者吾友尝从事于斯矣。（8·5）；唐虞之际，于斯为盛。（8·20）

②副词“就”。例句：动容貌，斯远暴慢矣；正颜色，斯近信矣；出辞气，斯远鄙倍矣。（8·4）

“于”

①介词，对于。例句：君子笃于亲。（8·2）

②介词，在。例句：则民兴于仁。（8·2）；兴于《诗》，立于礼，成于乐。（8·8）

③介词，向。例句：以能问于不能，以多问于寡。（8·5）

“以”

④介词，把。例句：三以天下让，民无德而称焉。（8·1）

⑤介词，凭借。例句：以能问于不能，以多问于寡。（8·5）

“而”

①表顺承。例句：三以天下让，民无得而称焉。（8·1）；而今而后，吾知免夫。（8·3）

②表转折。例句：恭而无礼则劳，慎而无礼则葸，勇而无礼则乱，直而无礼则绞。（8·2）；可以寄百里之命，临大节而不可夺也。（8·6）；菲饮食而致孝乎鬼神；恶衣服而致美乎黼冕；卑宫室而尽力乎沟洫。（8·21）

③表并列。例句：士不可以不弘毅，任重而道远。（8·7）

"与"

①语气助词"欤"的作用。例句：君子人与？（8·6）

②参与，关联。这里有"私有、享受"之意。例句：巍巍乎，舜、禹之有天下也，而不与焉。（8·18）

"乎"

①句中介词，相当于"于"。例句：君子所贵乎道者三。（8·4）；菲饮食而致孝乎鬼神；恶衣服而致美乎黼冕；卑宫室而尽力乎沟洫。（8·21）

②叠音词词缀，相当于"然"。例句：巍巍乎，舜、禹之有天下也，而不与焉。（8·18）；荡荡乎，民无能名焉。（8·19）

③句末语气词。例句：不其然乎？（8·20）；仁以为己任，不亦重乎？死而后已，不亦远乎？（8·7）

"之"

①助词

1）放在主语和谓语之间，取消句子的独立性。例句：人之将死，其言也善。（8·4）；

2）放在定语和中心语之间，"的"。例句：周之德，其可谓至德也已矣。（8·20）

②代词

第三人称代词，他、她、它（们），有时灵活运用于第一人称或第二人称或代指事物。例句：曾子有疾，孟敬子问之。（8·4）；民可使由之，不可使知之。（8·9）

"也"

①句末语气词

1）表肯定或感叹语气。例句：君子人与？君子人也！（8·6）

2）表陈述或解释语气。例句：人而不仁，疾之已甚，乱也。（8·10）；三年学，不至于谷，不易得也。（8·12）

②句中语气词，表示语气停顿。例句：鸟之将死，其鸣也

哀；人之将死，其言也善。（8·4）

（五）梳理古今异义词

“文章”：今通常义，泛指诗歌之外的文字作品；本文义，美好、漂亮。例句：巍巍乎，其有成功也。焕乎，其有文章。（8·19）

“乱臣”：今通常义，搞叛乱的臣子；本文义，能治理天下的大臣。例句：武王曰：“予有乱臣十人。”（8·20）

“小子”：今通常义，对男子的蔑称；本文义，学生们。例句：而今而后，吾知免夫。小子！（8·3）

“谷”：今通常义，谷物。本文义，俸禄，做官。例句：三年学，不至于谷，不易得也。（8·12）

（六）梳理多词一义

“矣”“夫”“乎”和“焉”：都含有句末语气助词的作用，相当于“了”“啊”“吧”“吗”的意思。例句：昔者吾友尝从事于斯矣。（8·5）；而今而后，吾知免夫。（8·3）；荡荡乎，民无能名焉。（8·19）

（七）梳理特殊句式

省略句

民可使（其）由之，不可使（其）知之。（8·9）

倒装句

主谓倒装：大哉，尧之为君也！（8·19）：“尧之为君大哉”的意思。

状语后置：以能问于不能，以多问于寡（8·5）：“以能于不能问，以多于寡问”的意思；兴于《诗》，立于礼，成于乐（8·8）：“于《诗》兴，于礼立，于乐成”的意思。

（八）梳理文化常识

1. 称谓

泰伯：周代始祖古公亶父的长子。（8·1）

孟敬子：姓仲孙，名捷，武伯之子，鲁国大夫。（8·4）

舜、禹：舜是传说中的圣君明主。禹是夏朝的第一个国君。传说古时，尧禅位给舜，舜后来又禅位给禹。（8·18）

2. 礼俗

有司：古代指主管某一方面事务的官吏。这里具体指主管祭祀或礼仪事务的小官吏。（8·4）

托六尺之孤：死去父亲的小孩叫“孤”。“六尺”，指15岁以下，古人以七尺指成年。“托孤”，受君主临终前的嘱托辅佐幼君。（8·6）

寄百里之命：“寄”，寄托、委托。“百里”指方圆百里的一个诸侯国。“命”，指国家政权和命运。（8·6）

谷：谷子，小米。古代以谷子来计算官吏的俸禄，这里用“谷”字代表做官及其俸禄。“不至于谷”，即做不了官。（8·12）

师挚之始：“师”指太师，乐师。鲁国的乐师名挚，一名“乙”。因他擅长弹琴，又称“琴挚”。“始”，乐曲的开端，即序曲。古代奏乐，开端叫“升歌”，一般由太师演奏，师挚是太师，故说“师挚之始”。（8·15）

《关雎》之乱：“始”是乐曲的开端，“乱”是乐曲的终了，乐曲结尾的一段，由多种乐器合奏。此时奏《关雎》乐章，所以叫“《关雎》之乱”。（8·15）

黻冕：祭祀时穿的礼服叫“黻”（fǔ）；祭祀时戴的帽子叫“冕”。（8·21）

（九）提炼相关成语

【战战兢兢】“战战”，恐惧的样子；“兢兢”，小心谨慎的样子。形容非常害怕而微微发抖的样子。也形容小心谨慎的样子。（8·3）：《诗》云：“战战兢兢，如临深渊，如履薄冰。”

【如临深渊】“临”，靠近；“渊”，深水坑。如同处于深渊边缘一般。比喻存有戒心，行事极为谨慎。也形容小心谨慎的样子。（8·3）：《诗》云：“战战兢兢，如临深渊，如履薄冰。”

【如履薄冰】“履”，践、踩在上面。像走在薄冰上一样。比喻行事极为谨慎，存有戒心。也形容小心谨慎的样子。（8·3）：《诗》云：“战战兢兢，如临深渊，如履薄冰。”

【人之将死，其言也善】人到临死，他说的话是真心话，是善意的。（8·4）：曾子言曰：“鸟之将死，其鸣也哀；人之将死，其言也善。”

【犯而不校】“犯”，触犯。“校”，计较。受到别人的触犯或无礼也不计较。（8·5）：曾子曰：“以能问于不能，以多问于寡；有若无，实若虚；犯而不校。昔者吾友尝从事于斯矣。”

【六尺之孤】“六尺”，古代尺短，形容个子未长高；“孤”，死去父亲的小孩。指没有成年的孤儿。也形容某人可以托付抚养自己儿女的重任。（8·6）：曾子曰：“可以托六尺之孤，可以寄百里之命，临大节而不可夺也。”

【托孤寄命】指受遗命托付辅助幼君；或君主居丧时，受命摄理朝政。（8·6）：曾子曰：“可以托六尺之孤，可以寄百里之命，临大节而不可夺也。”

【任重道远】“任”，负担；“道”，路途。担子很重，路很远。比喻责任重大，要经历长期的奋斗。（8·7）：曾子曰：“士不可以不弘毅，任重而道远。仁以为己任，不亦重乎？死而后已，不亦远乎？”

【死而后已】“已”，停止。死了以后才罢手。形容为完成一种责任而奋斗终生。（8·7）：曾子曰：“士不可以不弘毅，任重而道远。仁以为己任，不亦重乎？死而后已，不亦远乎？”

【笃信好学】“笃信”，忠实地信仰。指对道德和事业抱有坚定的信心，勤学好问。（8·13）：子曰：“笃信好学，守死善道。”

【不在其位，不谋其政】不担任这个职务，就不去过问这个职务范围内的事情。（8·14）：子曰：“不在其位，不谋其政。”

【学如不及，犹恐失之】学习好像追赶什么，总怕赶不上，赶上了又怕被甩掉。形容学习勤奋，进取心强。又形容做其他事情的迫切心情。（8·17）：子曰：“学如不及，犹恐失之。”

【巍巍荡荡】形容道德崇高，恩泽博大。（8·19）：子曰：“大哉，尧之为君也！巍巍乎，唯天为大，唯尧则之。荡荡乎，民无能名焉。”

【卑宫菲食】指宫室简陋，饮食菲薄。旧时用以称美朝廷自奉节俭的功德。（8·21）：子曰：“禹，吾无间然矣！菲饮食而致孝乎鬼神；恶衣服而致美乎黻冕；卑宫室而尽力乎沟洫。”

三、文意探究

（一）梳理内容：完成该“篇”内容分类。要求概括该篇中重点话题（该篇中占有章句较多的一至二个话题），给该篇拟一个“章回式题目”，写一个说明性“序言”。

本篇回目示例：

君子托孤寄命临节守志，士人弘毅兴仁负任则尧（8·6，8·7，8·19）

序言示例：

泰伯篇是《论语》的第八篇，该篇共分二十一章，其中著名的文句有“鸟之将死，其鸣也哀；人之将死，其言也善”“任重而道远”等。该篇主要讲述了孔子对于君子所应有的品德和作为的看法，例如第六章“可以托六尺之孤，可以寄百里之命，临大节而不可夺也”，其中如第二、第四、第十章等重点讲述了孔子认为上位者应如何做，如“笃于亲”“故旧不遗”“民可使由之，不可使知之”等。全篇主要内容分类为：

①关于“学习”：8·17（学如不及，犹恐失之）

②关于“仁”：8·3（谈孝）

③关于“道德修养”：8·4（谈君子修身）；8·5（道德境界）；8·6（谈君子的责任与节操）；8·7（弘毅）；8·13（笃信好学，守死善道）

④关于“国家治理”：8·18、8·19、8·20、8·21（尧舜禹之政）

⑤关于“做人与礼”：8·2（谈礼）；8·8（诗、礼、乐）

本篇的基本内容，涉及孔子及其弟子对尧、舜、禹等古代先王的评价，孔子教学方法和教育思想的进一步发挥，孔子道德思想的具体内容以及曾子在若干问题上的见解。

（二）每“篇”一辩：本项任务为选择该篇中可供思辨的章句，设计一组辩题（含正方、反方观点），并分别撰写辩词。

示例：

论题：天下无道，是否应当选择隐居？

依据：“天下有道则见（现），无道则隐。”（8·13）也可以表述为：环境适合了再展现自己，环境不适合不要展现自己。

辩题一：天下无道，应当选择隐居（正方观点）；天下无道，不应选择隐居（反方观点）

正方观点申述选例：

我方认为，“天下无道”中的“无道”说的是由统治阶级的昏庸无道而导致的国家乃至天下的混乱。

在君王无道的时代，如桀纣之时，做忠臣是十分危险的，随时有可能招来杀身之祸，如关龙逢比干一般。即使你坚持不懈地劝谏，也很难改变君主思想上的昏庸，从而难以改变天下

"无道"的既定局面。可见在一个无道之邦，既不能发挥才能，也不能改变什么，最后反而平白搭上了自己的性命。与其这样，还不如选择隐居避世，修身养性的好。如遽伯玉一般，"用之则行，舍之则藏"。

诸葛亮在东汉末年政局动荡、军阀混战之时就选择了在荆州南阳隆中隐居，成功保全了自己的性命，并且获得了充分的学习时间和良好的学习环境。高卧隆中数年，让诸葛亮修为成才华盖世的英杰，才有后来三顾茅庐的佳话。正是因为在天下无道、政治混乱之时选择了隐居，潜心学习，才让他在后来政治清明，君主刘备"有道"之时能出世成为一代名相。

可见"天下无道"之时，应当选择隐居，同时努力钻研自己的学说，待到合适的时机与环境再一展才能，将学说流于后世，让才能真正得到发挥。

反方观点申述选例：

我方观点是在天下无道的时候不要隐居。首先，我们对隐居这个词进行辨析。隐居是退居乡里或乡野，深居不肯出仕，或指出世，不关注世俗之事的生活。我们理解，隐居是指有才能的人不关注世俗之事、不做官不走仕途、退居深山的生活方式。有人会问，难道这样不好吗？

我们就拿孔子生活的时代——春秋战国时期为例，国家之间的吞并战争频发，诸侯僭越，礼崩乐坏。在这样的社会条件下，如果我们选择隐居，就是选择去逃避这样残酷的现实，用一种自我催眠的手段告诉自己现在的生活，既能享受自然，又能回归本心。

这听起来的确还算不错，但在这里我们来剖析一下，什么是享受自然，回归本心？第一，回归本心，其实就是日常生活里没有那么多人来跟你打交道，因此你有了大把的时间自己和自己对话，这就叫回归本心。第二，享受自然，意味着你可以生活在乡野间，茂盛的田野里，每天自己去田里种地，自给自足，晚上回家，这听起来很美好，因为这正是陶渊明笔下的田园生活。但诗词的创作是艺术，现实是回到家你只能住在一个连现在偏远农村的条件都达不到的小土房里，没水没电。试想一下，忙完一天的工作回家，等待你的是一碗连牙缝都不够塞的稀粥。那时还没有蜡烛，你只能烤火取暖照亮，晚上可能还会有狼群老虎出没，会作何感想。换作常人，一定不愿去过这样的生活，那解决方法是什么呢？去走向社会啊。即使你生活在战国时期动荡不安的社会，是金子总会发光，既然有才何不去几个大国“应聘”，找到适合自己的位置，发挥自己的才能。这样既可以满足温饱，不用日日担惊受怕，还可能青史留名。有人会说，名誉、权力、财富都不是我所追求的，出世隐居就是为了保全自己内心的一片净土，不受社会纷争的连累。但我想问当代人，你会为了自己内心安宁，删掉手机里所有的社交软件，再也不打开时事新闻，大有一种两耳不闻窗外事的决心吗？

我觉得是不会。隐居也是如此，你虽然生活在这个世上，但你人生的这列列车已经彻底和社会的轨迹脱节了。有人又说，我确实是抱着强烈的希望想走仕途这条道路的，可是官场腐败，尔虞我诈，我觉得自己总是被排挤，没有人重用我，所以我一气之下选择隐居。我想说，永远不要因为环境恶劣而放弃你最初的决心。社会已经不太平了，如果所有有才之士都选择隐居，那社会情况只能更加糟糕。而如果选择不隐居，用自己的努力尽力去改变哪怕只有微小的一点点，都会是帮助这个社会进步的关键动力。

我方认为，即使所处环境不适合自己，也应站出来展现自己。因为如果环境不好，大家都保持沉默，就会让这样的环境持续下去，从而阻碍社会的发展，甚至助长不良风气蔓延，使社会环境进一步恶化，给正义之人带来更大的伤害。相反，如果有人积极主动地提出自己的有利于社会进步的科学主张，就会有主持正义的人们出来拥护和支持，并积极参与到正义的队伍中去，形成一股清流，从而改善社会环境；况且，只有善于在此环境下展示自己，才能让人们发现你的才干，认可你的能力，实现你的价值。早期的共产党人正是在军阀混战、人民惨遭涂炭的恶劣社会环境下站出来，提出打倒军阀和帝国主义的口号，发动与反动军阀和帝国主义宣战的抗议活动，冒着生命的危险，领导并参与了南昌起义、秋收起义、省港罢工等正义行动，才最大限度地打压了敌人的反动气焰，为新中国的建立做出了巨大的贡献。

因此我方认为，社会不太平是不应该隐居的。

（三）孔说面面观：选择“篇”中一章，用其中的观点与现实生活不同领域相联系，指出其是否适用的情况，并说明理由。结合该章句写一则“从业训诫”，体现儒家思想与当代社会现实的融合与碰撞，激发学生的思辨意识，培养批判思维能力。

示例：

曾子一生做人“战战兢兢，如临深渊，如履薄冰”（8·3），从而免于祸害刑戮。

这一行为心态给了我们很大启示，告诫我们做事应该秉持标准和原则，不可僭越或不及。有了这样的心态，就会抑制欲望，稳妥行事，既有益于人民，又保护了自己。如党中央积极倡导做公仆者应该树立“不敢腐，不能腐，不想腐”的为官原则，就确保了广大干部为官端正，也使得党风更加纯正；同理，科技工作者搞研究试验、实验，技术工人做工，都应小心翼翼，精确操作，容不得半点麻痹大意，否则就会酿成严重后果。所以用心、细心的工作态度会保障工作的高质量完成。

而这一点在有些领域又不太适合，太过小心谨慎，会影响事业发展。如企业改革者，有了好的想法，就应该大胆尝试，而不该畏首畏尾；军事训练、灾害救援等，在面对困难时，也不该过于思虑，要的是雷厉风行的作风，以及果断应对的措施，来不得犹疑和踌躇不定，不然就会贻误时机，徒增悔意。

“犯而不校”（8·5）的观点，同样具有对社会生活的双重启示：面对朋友及不知情者，应有“犯而不校”的胸怀，在非原则的问题上不必斤斤计较，坚持多谅解，少忌恨，求得互相理解，和谐共处。

在国际外交上则要秉持“人不犯我，我不犯人，人若犯我，我必犯人”的立场，在国家主权和民族尊严的问题上，一定是毫不退让，据理力争，守住底线，不让国家遭受任何损失。我国的外交使节，以及边防战士都在严格执行着这一原则，保障了我国的国民安全，生活祥和。

习作示例：

（1）孔子在《论语·泰伯》中提出“乱邦不居”“天下有道则见，无道则隐”的思想。在他看来，君子不应居住于危险的国家，在天下不太平时应该隐居。而在我看来，这样的思想在某些时候，是一种逃避现实、不负责任的行为。当国家遭遇战乱，第一反应是离开与归隐，这放在当时确实是保全性命的好方法，但在今天却不再适用。我认为，越是遭遇战乱，就越需要能人志士施展自己的才能。若真如孔子所说，一旦天下不太平，所有君子全都归隐山林，只留下一众小人，那么又有谁能够继续支撑着国家与社会？因此我认为远离纷争固然是件好事，但比起平日里空喊仁义道德的口号，在关键时刻站出来更有意义。我们应该避免的危险是生活中的意外与某些小人之心，而不是处于危难之中的国家与社会。

评语：

认识很深刻。还可以具体解说“危邦”的不同含义，除了指不好的邦国，还可以指不好的环境，哪些行业可以接受此说，哪些行业不适合此说，做一些比较。

（2）《论语·泰伯》中提到：“鸟之将死，其鸣也哀；人之将死，其言也善。君子所贵乎道者三：动容貌，斯远暴慢矣；

正颜色，斯近信矣；出辞气，斯远鄙倍矣。笾豆之事，则有司存。”

曾子与孟敬子在政治立场上是对立的。曾子在临死之前，还在试图改变孟敬子的态度，所以他说：“人之将死，其言也善。”这一方面表明自己对孟敬子没有恶意，另一方面也告诉孟敬子作为君子应当重视的三个方面。这些道理现在看来，对于个人的道德修养与和谐的人际关系也有重要的借鉴价值。

曾子认为在上位的人待人接物需要严肃容貌、端正脸色。在其位者也需要有与其位相配的风度。君子之间的争执也应该是“揖让而升”的端正，而不是低素质的相互打骂。而端庄的容貌本身就是对对方的尊重。在理论上有些许观点的不合也不会影响交流的庄重性。孔子也曾提到过君子对父母尚且“色难”，端正和善的脸色一定会成为与人交往中的加分项。

在上位者待人接物还需要多考虑言辞和声调。国防部发言人吴谦在一次发言中，将一个个幽默滑稽的网名“一本正经”地朗读出来，圈粉无数，也令人不禁敬佩他作为职业发言人沉稳的心态与庄重的气度。在有些场合幽默的谈吐的确独具效果，但作为君子倘若把握不好幽默与滑稽的尺度，很容易失了庄重。

曾子说，“人之将死，其言也善”，亦可以解释为人在临终时所说出的话，很难被功名利禄所影响。但高尚的言语何必在临终时才说呢？我们在平常的谈吐中少些功利，多些真诚；少些滑稽，多些庄重，不正是“仁德”的体现吗？

评语：

选题不错，但应尽快亮明观点，少写与观点关系不紧密的文字。要说清楚是针对“人之将死，其言也善”，还是针对“正颜色，斯近信矣”，确定一条即可，说明其在哪些行业可行，哪些行业不适合，对从业者提出建议。

（3）“民可使由之，不可使知之。”这句话的意思是“人民可以按照我们的道路去走，不可以使他们知道这是为什么”。在过去，统治者与人民有着不可消除的阶级矛盾，属于剥削者和被剥削者的关系，不少对于人民剥削的政策是不能让人民知道其目的的，但又要人民顺从，因此需要想办法美化剥削政策和压迫政策，从而使人民“自愿”被剥削。

在如今社会，阶级矛盾虽然存在但并不如封建社会那般严重，而且现代文明社会需要保护人民的权利。作为国家重要组成部分和政策的影响对象，人民应当有对于政策和政府行为目的以及相关信息的知情权。但孔子此番言论并非完全错误。一些政策在短期内看似没有回报，但在长远的角度上有极大的好处，这样的政策容易被有非分之心的人利用，将短期内的牺牲过分夸大并将长远的利益过分贬低，导致部分对于政策本身看法不定的人产生对于政策的逆反心理。虽然不让人民知道政策和政府行为的目的是不妥当的，但为了国家稳定以及长远的发展，这种“不妥当”有时却又是必要的。在真正地将对于道路本身和政策本身的谣言与污蔑断绝之前，恐怕这种“不妥当”依然会不断发生，但被坏人利用一样无法传达正确的消息，因此也是有一定的必要的。

评语：

讨论有辩证性，能结合具体的不同人群来谈更有说服力。

注意，选择哪一章的内容，就决定了是否有辩证性，即在不同领域的适合情况，所以选题很重要。

（四）合并分析：在该篇中找出可以放到一起比较的章句（可以联系以前的篇章），分析这些章句共同体现了孔子怎样的思想，以此写一段述评。

示例：

曾子曰：“以能问于不能，以多问于寡；有若无，实若虚；犯而不校。昔者吾友尝从事于斯矣。”（8·5）

子曰：“三人行，必有我师焉。择其善者而从之，其不善者

而改之。”（7·22）

这两章都表达了“为人谦逊，勤勉好学”的虚心态度和学习精神。其中前一章启发我们要勤于“问”，而且不择对象学问的高低和多少，强调的是态度：要把自己放低到“无”和“虚”的心态，要的是请教的诚意。而后一章则同样在告诫我们要广泛问询，但更强调在请教之后要有自己的判断和选择：正确有益的，要努力去落实；不正确无益的，要引以为戒，努力去改正自身不足的地方。

“问”是我们获取知识和技能最好的途径。只有能提出问题，才说明我们有思考，有自身知识和技能基础的判断，清楚了自身的不足，这是一个人能获得进步的前提。能“问”，体现了一个人克服了自负心理，具有了忽视虚荣的勇气；会“问”，证明了一个人已经具备了一定的知识和技能，有求得更大进步和发展的愿望，并且具有自知之明的谦逊，显示了问询者的志气和智慧。由此看来，善于“问”，不单是一个人良好的学习品质，还是从善如流的做人修养，其意义不可小觑。

（五）雅意今思：选择该篇中能体现客观、进步思想的章句，以社会生活事例作为依据，给该“篇”拟写“后记”，为首次阅读者推荐该篇。这一设计，意在引导学生发现、提炼经典著作中的价值和精髓，培养类比思维能力。

示例：

本篇中有不少理论成为我们行为的准则，如为人谦逊；弘毅兴仁，任重道远，死而后已；以圣贤为楷模，都对我们有很好的指导意义。以下择几点摘要。

（1）

子曰：“民可使由之，不可使知之。”

子曰：“不在其位，不谋其政。”

第一句的意思是，可以使老百姓照我们的路走，不可以使他们知道为什么。

第二句的意思是，不居于那个职位，便不考虑它的政务。

在儒家学说中，稳定而坚固的封建等级制度是维护社会稳定的基础，因此对于不同的“职位”，德与礼的含义也有所不同。对于统治者而言，“君子笃于亲，则民兴于仁；故旧不遗，则民不偷”。上层领导者应该以身作则，以“使由之”。而百姓作为社会的最底层，自然不用考虑政务。如果知道，或者去考虑，在孔子看来都是不符合礼教的。因此，在孔子观念中，社会应该由贤人去治理百姓，而百姓也不应该破坏封建等级。正因为这个原因，儒家学说逐渐变成封建统治的基础。不过，孔子的学说在当时依旧是开放甚至激进的，因为它在解释“礼”的同时，提出并重视了“仁”的思想，也为后来发展为“仁政”做了铺垫。这种对统治者提出“仁爱”要求的思想在当时可以被认为是一种观念的突破。

（2）

如果说道家的老子希望的是回归原始社会的无为和出世，那么孔子最尊崇的便是周王朝以及之前的尧舜禹了。本篇第十八到第二十一章中从不同的角度评价了孔子眼中尧舜禹的品行，并对他们的礼以及功绩给出了不凡的评价。

“唯天为大，唯尧则之”“舜、禹之有天下也，而不与焉”“菲饮食而致孝乎鬼神”等都说明了孔子极度欣赏“民贵君轻”和合乎于“礼”的治国方式。从尧所在社会的“无为”，再到舜和禹的“仁政”，让人民从内心信任君王并使之国泰民安。这些无一不从侧面写出了孔子对于执政和为官者的态度。

（3）

泰伯篇作为《论语》的第八篇，讲述了孔子在教学方法和教育思想的进一步发挥，孔子道德思想的具体内容以及曾子在若干问题上的赏析。其中我认为比较好的一句是“士不可以不弘毅，任重而道远。仁以为己任，不亦重乎？死而后已，不亦远乎？”这句话的意思是士不可以不刚强而有毅力，因为他责任重大，道路遥远。把实现“仁”作为自己的责任，难道还不重大吗？奋斗终身，死而后已，难道路程还不遥远吗？

任重而道远，不仅是很多官员的为官目标，也可以用来警醒某些不认真为官私下里搞些小动作的人。一个人是渺小的，但可以满腹珠玑，袖里乾坤，我们也应当以此激励自己，不断向前。

（4）

子曰：“恭而无礼则劳，慎而无礼则葸，勇而无礼则乱，直而无礼则绞。君子笃于亲，则民兴于仁；故旧不遗，则民不偷。”

子曰：“兴于《诗》，立于礼，成于乐。”

对个人而言，“礼”能够约束人的行为，是君子的人格追求，知礼是成为君子的必要条件。对于社会而言，“礼”文化成为推动社会健康有序、人际交往和睦的良器，应当进一步对“礼”的深意进行探寻，最大限度发挥“礼”的文化价值内涵。

“礼”具有普遍性，“礼”是按照道德理性要求制定的典章制度、行为规范的总称。秩序的需要无处不在，故“礼”亦如此。就此而言，“礼”具有施行范围以及适用主体的广泛性。

“礼”有较强的时代性，“礼”作为社会制度规范，在社会情势变化过程中也会有所损益。虽然“礼”的部分有所变化，但其本质不会改变。

《论语》中“礼”所阐释的道德要求真实质朴，是从真情挚感中对个人行为举止进行规范，是将道德伦理具象为日常的行为举止方式。“礼”中所包含的道德意蕴，是个人道德精神、内心情感与外在行为的统一。这种追求表里如一，德行兼备的“礼”文化在教育中应充分发挥其价值。

四、每篇一练

为以下辩题撰写辩词。

辩题：不在其位，不谋其政（正方观点）；不在其位，要谋其政（反方观点）（8·14）

子罕篇第九

一、重温原文

9·1　子罕言利，与命与仁。

9·2　达巷党人曰：“大哉孔子！博学而无所成名。”子闻之，谓门弟子曰：“吾何执？执御乎？执射乎？吾执御矣。”

9·3　子曰：“麻冕，礼也；今也纯，俭。吾从众。拜下，礼也；今拜乎上，泰也。虽违众，吾从下。”

9·4　子绝四：毋意，毋必，毋固，毋我。

9·5　子畏于匡，曰：“文王既没，文不在兹乎？天之将丧斯文也，后死者不得与于斯文也；天之未丧斯文也，匡人其如予何！”

9·6　太宰问于子贡曰：“夫子圣者与？何其多能也？”子贡曰：“固天纵之将圣，又多能也。”子闻之，曰：“太宰知我乎？吾少也贱，故多能鄙事。君子多乎哉？不多也。”

9·7　牢曰：“子云：‘吾不试，故艺。’”

9·8　子曰：“吾有知乎哉？无知也。有鄙夫问于我，空空如也。我叩其两端而竭焉。”

9·9　子曰：“凤鸟不至，河不出图，吾已矣夫！”

9·10　子见齐衰者，冕衣裳者与瞽者，见之，虽少，必作；过之，必趋。

9·11　颜渊喟然叹曰：“仰之弥高，钻之弥坚；瞻之在前，忽焉在后。夫子循循然善诱人，博我以文，约我以礼，欲罢不能，既竭吾才。如有所立卓尔，虽欲从之，末由也已。”

9·12　子疾病，子路使门人为臣。病间，曰："久矣哉，由之行诈也！无臣而为有臣。吾谁欺？欺天乎？且予与其死于臣之手也，无宁死于二三子之手乎？且予纵不得大葬，予死于道路乎？"

9·13　子贡曰："有美玉于斯，韫椟而藏诸？求善贾而沽诸？"子曰："沽之哉！沽之哉！我待贾者也。"

9·14　子欲居九夷。或曰："陋，如之何？"子曰："君子居之，何陋之有？"

9·15　子曰："吾自卫反鲁，然后乐正，《雅》《颂》各得其所。"

9·16　子曰："出则事公卿，入则事父兄，丧事不敢不勉，不为酒困，何有于我哉？"

9·17　子在川上曰："逝者如斯夫，不舍昼夜。"

9·18　子曰："吾未见好德如好色者也。"

9·19　子曰："譬如为山，未成一篑，止，吾止也。譬如平地，虽覆一篑，进，吾往也。"

9·20　子曰："语之而不惰者，其回也与！"

9·21　子谓颜渊曰："惜乎！吾见其进也，未见其止也。"

9·22　子曰："苗而不秀者有矣夫！秀而不实者有矣夫！"

9·23　子曰："后生可畏，焉知来者之不如今也？四十、五十而无闻焉，斯亦不足畏也已。"

9·24　子曰："法语之言，能无从乎？改之为贵。巽与之言，能无说乎？绎之为贵。说而不绎，从而不改，吾末如之何也已矣。"

9·25　子曰："主忠信。毋友不如己者。过则勿惮改。"

9·26　子曰："三军可夺帅也，匹夫不可夺志也。"

9·27　子曰："衣敝缊袍，与衣狐貉者立，而不耻者，其由也与？'不忮不求，何用不臧？'"子路终身诵之。子曰："是道也，何足以臧？"

9·28　子曰："岁寒，然后知松柏之后凋也。"

9·29　子曰："知者不惑，仁者不忧，勇者不惧。"

9·30　子曰："可与共学，未可与适道；可与适道，未可与立；可与立，未可与权。'唐棣之华，偏其反而。岂不尔思？室是远而。'"子曰："未之思也，夫何远之有？"

二、基础知识梳理

（一）梳理特殊用字现象

"意"同"臆"，悬空揣测。例句：子绝四：毋意，毋必，毋固，毋我。（9·4）

"贾"同"价"，价钱。例句：求善贾而沽诸？（9·13）

"反"同"返"，返回。例句：子曰："吾自卫反鲁，然后乐正，《雅》《颂》各得其所。"（9·15）

"说"同"悦"，高兴。例句：子曰："法语之言，能无从乎？改之为贵。巽与之言，能无说乎？绎之为贵。说而不绎，从而不改，吾末如之何也已矣。"（9·24）

"知"同"智"，聪明。例句：子曰："知者不惑，仁者不忧，勇者不惧。"（9·29）

（二）梳理活用词

名词用作动词：

"麻"，用麻料来织；"纯"，用丝料来织。例句：麻冕，礼也；今也纯，俭。（9·3）

"艺"，学会技艺。例句：吾不试，故艺。（9·7）

"齐衰""冕衣裳"，穿丧服、穿戴礼帽礼服。例句：子见齐衰者，冕衣裳者与瞽者，见之，虽少，必作；过之，必趋。（9·10）

“疾病”，患病。例句：子疾病，子路使门人为臣。（9·12）

“苗”“实”，庄稼生长、结实。例句：苗而不秀者有矣夫！秀而不实者有矣夫！（9·22）

“友”“过”，结交、有过失。例句：主忠信。毋友不如己者。过则勿惮改。（9·25）

“衣”，穿。例句：衣敝缊袍，与衣狐貉者立，而不耻者，其由也与？（9·27）

代词用作形容词：

“我”，自以为是。例句：子绝四：毋意，毋必，毋固，毋我。（9·4）

（三）梳理多义实词

“知”

①知识。例句：吾有知乎哉？无知也。（9·8）

②知晓，了解。例句：太宰知我乎？（9·6）；岁寒，然后知松柏之后凋也。（9·28）

③聪明。例句：知者不惑，仁者不忧，勇者不惧。（9·29）

“无”

①没有。例句：吾有知乎哉？无知也。（9·8）

②不。例句：法语之言，能无从乎？（9·24）

“过”

①经过。例句：子见齐衰者，冕衣裳者与瞽者，见之，虽少，必作；过之，必趋。（9·10）

②过失。例句：主忠信。毋友不如己者。过则勿惮改。（9·25）

（四）梳理多义虚词

“于”

①介词，被。例句：子畏于匡。（9·5）

②介词，对。例句：后死者不得与于斯文也。（9·5）

③介词，向。例句：太宰问于子贡曰。（9·6）；有鄙夫问于我。（9·8）

④介词，在。例句：且予与其死于臣之手也，无宁死于二三子之手乎？（9·12）；有美玉于斯，韫椟而藏诸？（9·13）

“乎”

①语气助词，表疑问。例句：吾何执？执御乎？（9·2）；文王既没，文不在兹乎？（9·5）；太宰知我乎？（9·6）

②用于句中，相当于“于”，在。例句：今拜乎上，泰也。（9·3）

③语气助词，表感叹。例句：子谓颜渊曰：“惜乎！”（9·21）

④语气助词，与“哉”连用，表疑问。例句：吾有知乎哉？（9·8）

“而”

①连词，表转折。例句：博学而无所成名。（9·2）；说而不绎，从而不改。（9·24）；苗而不秀者有矣夫！秀而不实者有矣夫！（9·22）

②连词，表承接。例句：我叩其两端而竭焉。（9·8）

③连词，表修饰。例句：有美玉于斯，韫椟而藏诸？（9·13）

“之”

①助词，取消句子独立性。例句：后生可畏，焉知来者之不如今也？（9·23）

②助词，的。例句：法语之言，能无从乎？（9·24）

③代词，表人称“他”。例句：固天纵之将圣，又多能也。（9·6）

④代词，代抽象事物。例句：子闻之，曰：“太宰知我乎？”（9·6）；仰之弥高，钻之弥坚。（9·11）

“与”

①连词，和。例句：子罕言利，与命与仁。（9·1）

②动词，参与。例句：后死者不得与于斯文也。（9·5）

③动词，称许，赞许。例句：巽与之言，能无说乎？（9·24）

④语气词，同“欤”，表疑问。例句：夫子圣者与？（9·6）；语之而不惰者，其回也与！（9·20）

“焉”

①疑问代词，怎么，怎能。例句：后生可畏，焉知来者之不如今也？（9·23）

②助词，表陈述语气，不译。例句：四十、五十而无闻焉，斯亦不足畏也已。（9·23）

（五）梳理古今异义词

“斯文”，今通常义，有涵养、文质彬彬，有礼貌、有教养，又优雅，懂得尊重人的意思；本文义，这些文化。例句：天之将丧斯文也，后死者不得与于斯文也。（9·5）

“法语”，今通常义，法国语言；本文义，严肃而合乎原则的话。例句：子曰：“法语之言，能无从乎？改之为贵。巽与之言，能无说乎？绎之为贵。说而不绎，从而不改，吾末如之何也已矣。”（9·24）

（六）梳理多词一义

“吾”“予”“我”，都含有第一人称“我”的意思。例句：达巷党人曰：“大哉孔子！博学而无所成名。”子闻之，谓门弟子曰：“吾何执？执御乎？执射乎？吾执御矣。”（9·2）；且予纵不得大葬，予死于道路乎？（9·12）；子曰：“吾有知乎哉？无知也。有鄙夫问于我，空空如也。我叩其两端而竭焉。”（9·8）

“舍”“止”，都含有“停留”的意思。例句：子在川上曰：“逝者如斯夫，不舍昼夜。”（9·17）；子曰：“譬如为山，未成一篑，止，吾止也。譬如平地，虽覆一篑，进，吾往也。”（9·19）；子谓颜渊曰：“惜乎！吾见其进也，未见其止也。”（9·21）

“不”“无”“未”，都含有“没有”的意思。例句：凤鸟不至，河不出图，吾已矣夫！（9·9）；吾有知乎哉？无知也。（9·8）；吾未见好德如好色者也。（9·18）

“名”“闻”，都含有“名声、名望”的意思。例句：达巷党人曰：“大哉孔子！博学而无所成名。”子闻之，谓门弟子曰：“吾何执？执御乎？执射乎？吾执御矣。”（9·2）；子曰：“后生可畏，焉知来者之不如今也？四十、五十而无闻焉，斯亦不足畏也已。”（9·23）

（七）梳理特殊句式

倒装句

宾语前置：疑问句或否定句中代词（宾语）提到动词（谓语）之前。

“吾何执？”（9·2）：疑问句，“吾执何”，“我干什么呢”的意思；“吾谁欺？”（9·12）：疑问句，“吾欺谁”，“我欺哄谁呢”的意思；“君子居之，何陋之有？”（9·14）：疑问句，“有何陋之？”，“有君子去住，有什么简陋呢”的意思；“何有于我哉？”（9·16）：“于我有何哉”，“有何”，“做到哪些”的意思；“岂不尔思？”（9·30）：“岂不思尔？”，“难道我不想念你”的意思；“未之思也，夫何远之有？”（9·30）：“未思之也”，“没有想念它”的意思；“夫有何远”，“有什么遥远呢”的意思。

状语后置：介宾短语放在被修饰或限制的谓语之后，一般用来指其处所、时间、物件、方式、程度等。

“夫子循循然善诱人，博我以文，约我以礼，欲罢不能。”（9·11）：“以文博我，以礼约我”，“以文”“以礼”作为补充说明修饰谓语，用文献丰富我的知识，用礼节约束我的行为；“何有于我哉？”（9·16）：“于我有何哉”，这些事我做到哪些了呢？

主谓倒装：一般位于疑问句或感叹句中，为了强调谓语以加强感叹和疑问意义。

“大哉孔子！”（9·2）：“孔子大哉！”，孔子真伟大！

省略句

省略主语

“岂不尔思？”（9·30）：“（吾）岂不思尔？”《诗经》诗句，省略主语，难道我不想念你？”

“未之思也”（9·30）：“（其）未之思也”，他是不去想念哩。

省略宾语：只要宾语所表达的事物在前文中已经出现过，不再出现也能使人正确地领会到动作的接收者，则省略宾语。

“君子多乎哉？”（9·6）：前文已提及，“多”后省略“技艺”。

“可与共学，未可与适道。”（9·30）：“与之共学”“与之适道”，可以同他一道学习的人，未必可以同他一道取得某种成就。

判断句

通常名词或名词性短语直接充当谓语，对主语进行判断。

“麻冕，礼也”（9·3）：礼帽用麻料来织，这是合于传统的礼的；

“未之思也”（9·30）：他是不去想念哩。

被动句

“不为酒困”（9·16）：不被酒所困扰。

（八）梳理文化常识

1. 称谓

文王：周文王，姓姬，名昌，西周开国之君周武王的父亲，是孔子认为的古代圣贤之一。（9·5）

牢：郑玄说此人系孔子的弟子琴牢。姓琴，字子开，一字子张，或称“琴张”。卫国人。但在《史记·仲尼弟子列传》中并无此人。（9·7）

鄙夫：这里指乡村的人。“鄙”，周制，以五百家为“鄙”。后也称小邑、边邑为“鄙”。（9·8）

2. 礼俗

达巷党人：古代五百家为一党，“达巷”是党名。这是说达巷党这地方的人。（9·2）

拜下：大臣面见君主前，先在堂下跪拜，再到堂上跪拜。（9·3）

太宰：官名，掌管国君宫廷事务。这里的太宰，有人说是吴国的太宰，但不能确认。（9·6）

凤鸟：古代传说中的一种神鸟。传说凤鸟在舜和周文王时代都出现过，它的出现象征着天下太平，“圣王”将要出世。（9·9）

图：传说在上古伏羲氏时代，黄河中有龙马背上驮着“八卦图”出现。它的出现也象征着天下太平，“圣王”将要出世。（9·9）

齐（zī）衰（cuī）：丧服，古时用麻布制成。（9·10）

冕衣裳者：“冕”，官帽；“衣”，上衣；“裳”，下服，这里统指官服。冕衣裳者指贵族。（9·10）

作：站起来，表示敬意。（9·10）

趋：快步走，表示敬意。（9·10）

九夷：中国古代对于东方少数民族的通称。（9·14）

三军：古制一万二千五百人为一军，三军包括大国所有的军队。此处言其多。（9·26）

（九）提炼相关成语

【斯文扫地】“斯文”，指文化或文人；“扫地”，比喻名声、信用、地位等完全丧失。指文化或文人不受尊重或文人自甘堕落。（9·5）：天之将丧斯文也，后死者不得与于斯文也。

【空空如也】“空空”，诚恳，虚心。原形容诚恳、虚心的样子。现形容一无所有。（9·8）：有鄙夫问于我，空空如也。我叩其两端而竭焉。

【仰之弥高】愈仰望愈觉得其崇高。表示极其敬仰之意。（9·11）：颜渊喟然叹曰：“仰之弥高，钻之弥坚；瞻之在前，忽焉在后。”

【循循善诱】“循循”，有次序的样子；“善”，善于；“诱”，引导。指善于引导别人进行学习。（9·11）：颜渊喟然叹曰：“仰之弥高，钻之弥坚；瞻之在前，忽焉在后。夫子循循然善诱人。”

【欲罢不能】“欲”，想；“罢”，停，歇。想要停止也不能停止。（9·11）：夫子循循然善诱人，博我以文，约我以礼，欲罢不能。

【韫椟而藏】把玉裹在匣子里藏起来。比喻怀才待用或怀才隐退。（9·13）：子贡曰：“有美玉于斯，韫椟而藏诸？求善贾而沽诸？”

【待贾而沽】【待价而沽】“沽”，卖；“贾”，通“价”。等有好价钱才卖。比喻有好的待遇、条件才答应任职或做事。（9·13）：子曰：“沽之哉！沽之哉！我待贾者也。”

【逝者如斯】用以形容光阴如流水一去不返。（9·17）：子在川上曰：“逝者如斯夫，不舍昼夜。”

【不舍昼夜】“舍”，放弃。不放弃白天和黑夜。比喻夜以继日。（9·17）：子在川上曰：“逝者如斯夫，不舍昼夜。”

【为山止篑】比喻功败垂成。（9·19）：子曰：“譬如为山，未成一篑，止，吾止也。”

【苗而不秀】“苗”，指庄稼出苗；“秀”，庄稼吐穗开花。指庄稼出了苗而没有抽穗。比喻人有好的资质，却没有成就。（9·22）：子曰：“苗而不秀者有矣夫！秀而不实者有矣夫！”

【秀而不实】“秀”，庄稼吐穗开花；“实”，结果实。开花不结果。比喻只学到一点皮毛，实际并无成就。（9·22）：子曰：“苗而不秀者有矣夫！秀而不实者有矣夫！”

【后生可畏】“后生”，年轻人，后辈；“畏”，敬畏。年轻人是可敬畏的。形容青年人能超过前辈。（9·23）：子曰：“后生可畏，焉知来者之不如今也？”

【知过必改】认识到自己错了就一定要改。（9·25）：子曰：“主忠信。毋友不如己者。过则勿惮改。”

【不忮不求】“忮”，嫉妒；“求”，贪求。指不妒忌，不贪得无厌。（9·27）：不忮不求，何用不臧？

【松柏后凋】寒冬腊月，方知松柏常青。比喻有志之士在艰险的环境中奋斗到最后。（9·28）：子曰：“岁寒，然后知松柏之后凋也。”

【岁寒松柏】比喻在逆境艰难中能保持节操的人。（9·28）：子曰：“岁寒，然后知松柏之后凋也。”

【岁寒知松柏】寒冬腊月，方知松柏常青。比喻只有经过严峻的考验，才能看出一个人的品质。（9·28）：子曰：“岁寒，然后知松柏之后凋也。”

【勇者不惧】“惧”，害怕。有胆量的人无所畏惧。（9·29）：子曰：“知者不惑，仁者不忧，勇者不惧。”

三、文意探究

（一）梳理内容：完成该“篇”内容分类。要求概括该篇中重点话题（该篇中占有章句较多的一至二个话题），给该篇拟一个“章回式题目”，写一个说明性“序言”。

本篇回目示例：

年久应看君子无惧，岁寒方知松柏弥坚（9·28，9·29）

孔子博学多艺重礼以试，君子好德求进不惰而闻

序言示例：

子罕篇中多次提及孔子对于“礼”的态度。从本篇中“麻冕，礼也；今也纯，俭。吾从众……”“子见齐衰者……过之，必趋”“且予与其死于臣之手也……”等章句可以体会到孔子是一个注重礼节、注重场合、但也提倡礼要尽量节俭的人。这些观点于当下也有可取的地方，值得我们思考。

在其他章节中，孔子也对“君子是否应当多艺”进行了论述，并表达了自己希望像“美玉遇善贾”一样能够得到君主重用的愿望。

孔子的得意门生“颜回”在本篇中也多次出现，从孔子的评价和颜回自己的反思中可以看出颜回是一个学而不怠、不断进步的人，也能感受到孔子对其评价之高。

除此之外，子罕篇中还有“岁寒，然后知松柏之后凋也”这样广为人知的名句和“四十、五十而无闻焉，斯亦不足畏也已”这样有所争论的观点。

本篇内容分类为：

生命思想：9·1；

君子形象：9·2（博学、谦逊）；9·4；9·5（坚定的信念）；9·6（谦逊）；9·7；9·8；9·9（理想）；9·11（博大、教育上循循善诱）；9·13（积极入世）；9·14（安贫乐

道）；9·29（智、仁、勇）

敬礼态度：9·3；9·12

人格修养、人生态度：9·10（诚敬）；9·17（时间观）；9·18（重德）；9·19（坚持追求道德完善）；9·20（坚持、坚定追求）；9·21；9·22；9·23；9·24；9·25（忠信、交友、完善自我）；9·26（志向）；9·27；9·28（坚定的意志、执着的追求）；

人生经验、做事方法：9·8；9·30

本篇共包括三十章。其中著名的文句有："出则事公卿，入则事父兄""后生可畏，焉知来者之不如今也""三军可夺帅也，匹夫不可夺志也""知者不惑，仁者不忧，勇者不惧"。本篇涉及孔子的道德教育思想，以及孔子弟子对其师的议论；此外，还记述了孔子的某些活动。

（二）每"篇"一辩：本项任务为选择该篇中可供思辨的章句，设计一组辩题（含正方、反方观点），并分别撰写辩词。

示例：

论题：专长与学识哪个更重要？

依据："博学而无所成名。"（9·2）

辩题：扬名的专长比广泛的学识更重要（正方观点）；广泛的学识比扬名的专长更重要（反方观点）

正方观点申述选例：

老师，各位同学，对方辩友，你们好。我方认为，扬名的专长比广泛的学识更重要。

拥有一技之长，应该是我们所追求的。一个人的精力决定了不太可能对各种知识都精通，最现实的做法是专心于某一种知识、某一种技能，并把这项技能发挥到更好，达到领域内的专家水平，服务于该领域的受众。从社会需求来讲，一定的行业或岗位更需要具有广泛口碑的顶尖专业人才。因为他们的学识更专一，对专业技能更精通，对特定领域更具指导意义。水稻专家袁隆平院士，正是具有扬名的专长，才创建了超级杂交稻技术体系提高了水稻产量，造福了人类；肝胆外科专家吴孟超院士，即使在年事已高、视力不佳的情况下，凭着精熟的专业技术，也能成功地完成一台手术，靠的就是一技之长。事实上，社会中很多行业的岗位，都具有极强的专业性，不是任何广泛涉猎知识又不精通一项专业的人所能胜任的。航天技术、深潜技术、核动力技术、人工智能技术等，无不体现着“专长”技能的价值和作用。

所以我方重申，扬名的专长比广泛的学识更重要。

反方观点申述选例：

老师，各位同学，对方辩友，你们好。我们组的观点是广泛的学识比扬名的专长更重要。

我们将从职业选择和生活两个角度来进行论述。首先，对于职业选择来说，不经过广泛的学习很难找到适合自己的职业。而且当今的我们处于信息时代，职业的更新换代快得超乎想象。BBC 的研究员分析了 365 个职业，其中有 35 个职业被淘汰的风险很高，最高甚至达 99%。进入 2000 年以来，水平再高的寻呼机维修技师也会失业，而广泛的学识能赋予我们面对职业更替的更多选择，并且单纯从职业发展来看，兴趣广泛也有所裨益。著名文学家马克·吐温在工作之余调整心态的方式就是搞发明，发明制作也为他的写作提供了动力。不仅是调整人的心态，广泛的学识对多角度思考问题也有帮助。一味地求专很容易忽视事物之间的联系。信息技术的创始人香农之所以能提出计算机理论，最重要的原因在于他同时研究了数学和工程学两个学科。学科交融的思想令他能对现有知识加以整合、创新。而这种创新单凭对一门学科的深入研究是很难取得的。

不仅仅是职业选择，广泛的学识在生活中也是必不可少的。学识广泛的人自然就可以在多个领域内拥有自己的社交圈，社交面更广，学到更多经验。而且在退休后，赖以谋生的专长失去了用武之地，而这时广泛的爱好就更能充实我们的生活。最后，广泛的学识还能在我们面对特殊情况时助我们一臂之力。比如学会简单的心肺复苏术就可能挽救生命，了解简单的民法常识就可以维护自己的正当权利。

诚然，专注于专长者也有成功的例子，但是对于绝大多数普通人来说，专注于拥有广泛的学识是最好的选择。它能让我们面对失业的风险，在自己的领域内提供解决问题的不同思路，充实我们的生活。综上所述，我方认为广泛的学识比扬名的专长更重要。

（三）孔说面面观：选择“篇”中一章，用其中的观点与现实生活不同领域相联系，指出其是否适用的情况，并说明理由。结合该章句写一则“从业训诫”，体现儒家思想与当代社会现实的融合与碰撞，激发学生的思辨意识，培养批判思维能力。

示例1：

“子贡曰：‘有美玉于斯，韫椟而藏诸？求善贾而沽诸？’子曰：‘沽之哉！沽之哉！我待贾者也。’”（9·13）这表面上是在讨论要珍藏美玉还是卖给识货的人，其实是类比了才能，孔子也用自己的回答明确地表达了入仕的儒家思想，而且不仅仅要入仕，还要找到与自己思想和政治观念相符的人，并等待“贾者”前来。

但在现实社会中再来看这个观念，便并不适合了。一个初进社会的大学毕业生，即使你是名校毕业的，求职找工作也是必不可少的。而如果你仅仅是像诸葛亮一般等着有人三顾茅庐地来聘请你便是不现实的了。“三观”合适和生活生存（金钱）之间固然要有取舍，并非说让你去做触碰道德底线的工作和事情，只是工作所要做的事情有些是违背你的意愿的。而我认为也只有在一个领域有了较高的成就和话语权后，才能真正地去考虑自己的热爱和思想，就如孔子这般。

示例 2：

"子曰：'三军可夺帅也，匹夫不可夺志也。'"（9·26）它的意思是"一国军队，可以丧失它的主帅；但一个男子汉，他的志向是不能强迫改变的"。理想与梦想在古代被称为"志"。"三军可夺帅"，是指军队可以改变主帅，"匹夫不可夺志"指的是普通人不可以改变志向。这句话凸显出一个人保持自己志向的重要性。志向是灯，照亮一个人前进的方向，一个总是改变自己的志向甚至是没有志向的人，必然一事无成甚至踏上歧途，故说"匹夫不可知夺志"。

其实，三军主帅未尝不是决定胜败与否的重要因素。在我国古代，军队中任人唯亲的现象严重，如果在主帅没有大的过错下换帅，很可能导致军队产生不信任感，导致士气低落，将帅离心，以致战败，所以夺帅是大忌。在我国历史上，有不少战争结果证明，好的主帅会引领军队走向胜利；思想错误的主帅会让军队惨遭厄运。王明等人的错误路线使部队遭受极大的损失，毛泽东、周恩来、朱德等的正确思想则挽救了我党我军，走上了发展壮大的道路。

示例 3：

子绝四：毋意，毋必，毋固，毋我。（9·3）

此章表明了孔子所忌惮的几种毛病，即悬空揣测，绝对肯定，拘泥固执，唯我独是。

这几种问题如今仍然是社会通病，在许多领域仍有警示作用。要避免以上问题，首先是要以客观事实为依据，以理性思考为根本来处理问题。例如在日常生活中，如果不对已有信息加以分析，仅凭自己的片面思考或一时冲动，不对自己的行为有所审慎，我行我素，必定会酿成严重后果。而在所有证据齐备的情况下，也不应该绝对肯定或否定，对于一切结论都需要留有余地。也许这样在行为上看起来过于保守，但在如今社会中实际上更加重要。例如在工程设计中，即便考虑到的情况已经全部符合要求，也要设定充足的安全冗余，否则会面临极大的安全风险。又比如在案件审理过程中，即便证据充分，在严格执行司法程序之前，任何绝对言论都是对于当事人权利的忽视。唯我独是则更不可取，不仅仅是个人，一群人的固执己见也会造成灾难。许多祸患，例如战争、冲突，也不过源于此。因此，我认为孔子避免这几种毛病，在今天仍然有借鉴意义。

（四）合并分析：在该篇中找出可以放到一起比较的章句（可以联系以前的篇章），分析这些章句共同体现了孔子怎样的思想，以此写一段述评。

示例：

颜渊喟然叹曰："仰之弥高，钻之弥坚；瞻之在前，忽焉在后。夫子循循然善诱人，博我以文，约我以礼，欲罢不能，既竭吾才。如有所立卓尔，虽欲从之，末由也已。"（9·11）

子谓颜渊曰："惜乎！吾见其进也，未见其止也。"（9·21）

在这两章中，都记述了关于颜渊的情况。其中前一章是他对老师孔子的评价，字里行间充满了崇敬和感激，表明从老师处学到了很多，又感到相差很多。而后一章则是孔子对颜渊的评价，字里行间充满了赞赏和惋惜。

这师生之间的互评，分别彰显了两人的伟大之处。颜渊之所以深得老师欣赏，就在于他以老师为榜样，积极进取，永不懈怠。孔子之所以被学生追慕，也从侧面反映了为师的榜样作用，以及积极进取的人格。所以，两章互相印证，共同反映了孔子思想的伟大价值。

（五）雅意今思：选择该篇中能体现客观、进步思想的章句，以社会生活事例作为依据，给该"篇"拟写"后记"，为首次阅读者推荐该篇。这一设计，意在引导学生发现、提炼经典著作中的价值和精髓，培养类比思维能力。

示例：

孔子的自我修为和教育思想在本章中得到体现。

孔子大约从二十岁就开始从事"循循善诱"和"诲人不倦"的教育工作，在此后长期的教育实践中，孔子的教育理论和教育方法逐渐形成一套完整的体系，包含在《论语》的章句中。研读《论语》，我们可以全方位地了解到这一宝贵的中华传统教育思想。子罕篇的部分章句也能体现出孔子教育思想的一角。

作为教师，孔子强调"以身作则"，与时俱进，用自己的言行去影响学生。述而篇有载，"默而识之，学而不厌，诲人不倦，何有于我哉？"这其中包含的便是孔子教育理念里对教师最根本的要求。孔子要求学生好学乐学，自己就先做到"好古敏求"，"学而不厌"；他要求学生"不耻下问"，自己就先做到"每事问"，虚心求教；他要求学生确立志向，自己就先做到"十有五而志于学，三十而立"。身为教师，孔子始终保持"学如不及，犹恐失之"的思想，以身作则，引导学生，激励学生。而这种学习精神，也确实对他的弟子产生了正面的影响。

在子罕篇中，颜渊这样感叹道："仰之弥高，钻之弥坚；瞻之在前，忽焉在后。夫子循循然善诱人，博我以文，约我以礼，欲罢不能，既竭吾才。如有所立卓尔，虽欲从之，末由也已。"对颜渊来说，孔子渊博的学识和高尚的人格起到了榜样的作用，对他的学习进步产生了深远的影响。

孔子主张因材施教，他的教育方法多种多样，但是却都遵循着一个核心的教育理念，即循循善诱，诲而不倦。无论是讲授知识，还是付诸实践，孔子都愿意耐心地引导学生探索知识，从而增长才干，养成良好的习惯。

这充分说明了孔子这种以身作则，不断追求进步的学习精神的辐射带动作用，也正是这种习惯使孔子的学识能够不断随社会的发展而更新，使他成为一个更优秀的传业授道者。这样高的自身修养，也是孔子能教出如此多的优秀弟子，并且让自己的学说广为流传的核心原因。这样的教育思想和学习习惯，对现世的教育工作者仍有着启迪和规范的作用。在孔子所处的尚未开化而思想闭塞的时代，能诞生出这样先进的理念，实在是很不简单的。

四、每篇一练

为下面的辩题撰写辩词：

做事应该持之以恒（正方观点）；做事应该适可而止（反方观点）（9·19）

乡党篇第十

一、重温原文

10·1　孔子于乡党，恂恂如也，似不能言者。其在宗庙朝廷，便便言，唯谨尔。

10·2　朝，与下大夫言，侃侃如也；与上大夫言，訚訚如也。君在，踧踖如也，与与如也。

10·3　君召使摈，色勃如也，足躩如也。揖所与立，左右手，衣前后，襜如也。趋进，翼如也。宾退，必复命曰："宾不顾矣。"

10·4　入公门，鞠躬如也，如不容。立不中门，行不履阈。过位，色勃如也，足躩如也，其言似不足者。摄齐升堂，鞠躬如也，屏气似不息者。出，降一等，逞颜色，怡怡如也。没阶，趋进，翼如也。复其位，踧踖如也。

10·5　执圭，鞠躬如也，如不胜。上如揖，下如授。勃如战色，足蹜蹜，如有循。享礼，有容色。私觌，愉愉如也。

10·6　君子不以绀緅饰，红紫不以为亵服。当暑，袗絺绤，必表而出之。缁衣，羔裘；素衣，麑裘；黄衣，狐裘。亵裘长，短右袂。必有寝衣，长一身有半。狐貉之厚以居。去丧，无所不佩。非帷裳，必杀之。羔裘玄冠不以吊。吉月，必朝服而朝。

10·7　齐，必有明衣，布。齐必变食，居必迁坐。

10·8　食不厌精，脍不厌细。食饐而餲，鱼馁而肉败，不食。色恶，不食。臭恶，不食。失饪，不食。不时，不食。割不正，不食。不得其酱，不食。肉虽多，不使胜食气。唯酒无量，不及乱。沽酒市脯，不食。不撤姜食。不多食。

10·9　祭于公，不宿肉。祭肉不出三日。出三日不食之矣。

10·10　食不语，寝不言。

10·11　虽疏食菜羹，必祭，必齐如也。

10·12　席不正，不坐。

10·13　乡人饮酒，杖者出，斯出矣。

10·14　乡人傩，朝服而立于阼阶。

10·15　问人于他邦，再拜而送之。

10·16　康子馈药，拜而受之。曰："丘未达，不敢尝。"

10·17　厩焚。子退朝，曰："伤人乎？"不问马。

10·18　君赐食，必正席先尝之。君赐腥，必熟而荐之。君赐生，必畜之。侍食于君，君祭，先饭。

10·19　疾，君视之，东首，加朝服，拖绅。

10·20　君命召，不俟驾行矣。

10·21　入太庙，每事问。

10·22　朋友死，无所归，曰："于我殡。"

10·23　朋友之馈，虽车马，非祭肉，不拜。

10·24　寝不尸，居不客。

10·25　见齐衰者，虽狎，必变。见冕者与瞽者，虽亵，必以貌。凶服者，式之。式负版者。有盛馔，必变色而作。迅雷风烈必变。

10·26　升车，必正立，执绥。车中，不内顾，不疾言，不亲指。

10·27　色斯举矣。翔而后集。曰："山梁雌雉，时哉时哉！"子路共之，三嗅而作。

二、基础知识梳理

（一）特殊用字现象

“齐”同“斋”，斋戒。例句：齐，必有明衣，布。齐必变食，居必迁坐。（10·7）

“式”同“轼”，名词用作动词，手扶着车前的横木。例句：凶服者，式之。式负版者。（10·25）

“共”同“拱”，拱手。例句：子路共之，三嗅而作。（10·27）

“嗅”同“狊（jù）”，鸟类张开两翅之貌。例句：子路共之，三嗅而作。（10·27）

（二）梳理活用词

名词作状语：

“朝”，上朝的时候。例句：朝，与下大夫言，侃侃如也。（10·2）

“左右”，向左、向右。例句：揖所与立，左右手，衣前后，襜如也。（10·3）

“东”，向东。例句：疾，君视之，东首，加朝服，拖绅。（10·19）

名词用作动词：

“手”，拱手。例句：揖所与立，左右手，衣前后，襜如也。（10·3）

“翼”，舒展翅膀。例句：趋进，翼如也。（10·3）

“朝服”“朝”，穿上朝服、上朝。例句：吉月，必朝服而朝。（10·6）

“杖”，拄着杖。例句：乡人饮酒，杖者出，斯出矣。（10·13）

"饭"，吃饭。例句：侍食于君，君祭，先饭。（10·18）

"疾"，生病。例句：疾，君视之，东首，加朝服，拖绅。（10·19）

"齐衰""冕"，穿着孝服、戴着礼帽。例句：见齐衰者，虽狎，必变。见冕者与瞽者，虽亵，必以貌。（10·25）

动词的使动用法：

"出"，使露在外面。例句：当暑，袗絺綌，必表而出之。（10·6）

（三）梳理多义实词

"疾"

①生病。例句：疾，君视之，东首，加朝服，拖绅。（10·19）

②快速。例句：车中，不内顾，不疾言，不亲指。（10·26）

"如"

①好像。例句：执圭，鞠躬如也，如不胜。上如揖，下如授。勃如战色，足蹜蹜，如有循。（10·5）；入公门，鞠躬如也，如不容。（10·4）

②叠音词、形容词词缀，相当于"然"。例句：朝，与下大夫言，侃侃如也；与上大夫言，訚訚如也。君在，踧踖如也，与与如也。（10·2）；君召使摈，色勃如也，足躩如也。揖所与立，左右手，衣前后，襜如也。趋进，翼如也。宾退，必复命曰："宾不顾矣。"（10·3）

"朝"

①朝廷。例句：厩焚。子退朝，曰："伤人乎？"不问马。（10·17）

②上朝，朝贺。例句：吉月，必朝服而朝。（10·6）

（四）梳理多义虚词

“于”

①介词，由。例句：朋友死，无所归，曰：“于我殡。”（10·22）

②介词，在。例句：孔子于乡党，恂恂如也，似不能言者。（10·1）；乡人傩，朝服而立于阼阶。（10·14）；问人于他邦，再拜而送之。（10·15）

“而”

①连词，表并列。例句：食饐而餲，鱼馁而肉败，不食。（10·8）

②连词，表承接。例句：问人于他邦，再拜而送之。（10·15）；康子馈药，拜而受之。曰：“丘未达，不敢尝。”（10·16）；君赐食，必正席先尝之。君赐腥，必熟而荐之。君赐生，必畜之。（10·18）；色斯举矣。翔而后集。（10·27）

③连词，表修饰。例句：乡人傩，朝服而立于阼阶。（10·14）；有盛馔，必变色而作。（10·25）；子路共之，三嗅而作。（10·27）

“之”

①助词，的。例句：朋友之馈，虽车马，非祭肉，不拜。（10·23）

②代词，表人称“他”。例句：疾，君视之，东首，加朝服，拖绅。（10·19）

③代词，代事物。例句：凶服者，式之。（10·25）；子路共之，三嗅而作。（10·27）；君赐食，必正席先尝之。君赐腥，必熟而荐之。君赐生，必畜之。（10·18）

（五）梳理古今异义词

“鞠躬”：今通常义，请安、低头，弯腰或屈膝表示尊敬、

屈从或羞愧；本文义，害怕而谨慎的样子。例句：入公门，鞠躬如也，如不容。（10·4）

“颜色”：今通常义，事物的色彩；本文义，面色。例句：出，降一等，逞颜色，怡怡如也。（10·4）

（六）梳理多词一义

“作”“立”：都含有站立的意思。例句：有盛馔，必变色而作。（10·25）；乡人傩，朝服而立于阼阶。（10·14）

（七）梳理特殊句式

倒装句

宾语前置：疑问句或否定句中代词（宾语）提到动词（谓语）之前。

“君子不以绀緅饰，红紫不以为亵服。”（10·6）：“不以紫红为亵服”。

状语后置：介宾短语放在被修饰或限制的谓语之后，一般用来指其处所、时间、物件、方式、程度等。

“问人于他邦，再拜而送之。”（10·15）：“于他邦问人”。

省略句

省略主语：

“康子馈药，（孔子）拜而受之。曰：‘丘未达，不敢尝。’”（10·16）；“（孔子）疾，君视之，东首，加朝服，拖绅。”（10·19）；“君命召，（孔子）不俟驾行矣。”（10·20）

省略宾语：只要宾语所表达的事物在前文中已经出现过，不再出现也能使人正确地领会到动作的接收者，则省略宾语。

“肉虽多，不使（之）胜食气。”（10·8）

（八）梳理文化常识

礼俗

圭：一种上圆下方的长条形玉器。举行典礼时，不同身份的人拿着不同的圭。出使邻国，大夫拿着圭作为代表君主的凭信。（10·5）

不以绀緅饰：绀，音 gàn，深青透红的颜色，是古时斋戒服装的颜色。緅，音 zōu，黑中透红的颜色，是古时丧服的颜色。这里是说，不以深青透红或黑中透红的颜色布给平常穿的衣服镶边作饰物。（10·6）

红紫不以为亵服：亵服，平时在家里穿的衣服。古人认为，便服不宜用红紫色。（10·6）

袗絺绤：袗，音 zhěn，单衣。絺，音 chī，细麻布，葛布。绤，音 xì，粗麻布。这里是说，穿细麻布或粗麻布做的单衣。（10·6）

不宿肉：不使肉过夜。古代大夫参加国君举行的祭祀以后，可以得到国君赐的祭肉。但祭祀活动一般要持续二三天，所以这些肉就已经不新鲜，不能再过夜了。超过三天，就不能再过夜了。（10·9）

傩（nuó）：古代在腊月里举行的迎神驱鬼的一种仪式。（10·14）

阼阶：阼，音 zuò，大堂前面靠东面的台阶。这里是主人站立以欢迎客人的地方。（10·14）

齐（zī）衰（cuī）：指孝服。（10·25）

式：同轼，古代车辆前部的横木。这里作动词用。遇见地位高的人或其他人时，驭手身子向前微俯，伏在横木上，以示尊敬或者同情。这在当时是一种礼节。（10·25）

（九）提炼相关成语

【屏气凝神】“屏气”，抑制呼吸；“凝神”，聚精会神。形容注意力高度集中。（10・4）：摄齐升堂，鞠躬如也，屏气似不息者。

【屏气敛息】“屏”，闭住；“敛”，收住。闭住气，收住呼吸。指因心情紧张或注意力集中，暂时止住了呼吸。（10・4）：摄齐升堂，鞠躬如也，屏气似不息者。

【屏声息气】抑制着呼吸使不出声音。形容恭敬畏惧的神态。（10・4）：摄齐升堂，鞠躬如也，屏气似不息者。

【鞠躬屏气】指弯腰屈体，屏住呼吸，一副恭谨畏葸的样子。（10・4）：摄齐升堂，鞠躬如也，屏气似不息者。

【敛容屏气】“敛容”，收起笑容，态度变得严肃；“屏气”，屏住气，不敢出声。比喻有所畏惧而恭敬谨慎，不敢稍微放肆。（10・4）：摄齐升堂，鞠躬如也，屏气似不息者。

【屏声息气】形容静悄悄，不出声息。（10・4）：摄齐升堂，鞠躬如也，屏气似不息者。

【侃侃而谈】“侃侃”，理直气壮，从容不迫。理直气壮、从容不迫地说话。（10・2）：朝，与下大夫言，侃侃如也；与上大夫言，訚訚如也。

【侃侃訚訚】形容和悦而从容不迫地谈话。（10・2）：朝，与下大夫言，侃侃如也；与上大夫言，訚訚如也。

【适可而止】“适可”，恰好可以。到适当程度就停下来，不要过头。（10・8）：不撤姜食。不多食。

【食不厌精】【脍不厌细】“厌”，满足；“脍”，细切的肉。粮食舂得越精越好，肉切得越细越好。形容食物要精致。（10・8）：食不厌精，脍不厌细。

【食不语，寝不言】吃饭睡觉不说话。（10・10）：食不语，寝不言。

三、文意探究

（一）梳理内容：完成该“篇”内容分类。要求概括该篇中重点话题（该篇中占有章句较多的一至二个话题），给该篇拟一个“章回式题目”，写一个说明性“序言”。

本篇回目示例：

从言谈举止映个人涵养，凭礼义廉耻修君子品德

容色言语修养现，衣食住行道义生

序言示例 1：

本篇共二十七章，集中记载了孔子的容色言动、衣食住行，颂扬孔子是个一举一动都符合礼的正人君子。例如孔子在面见国君时、面见大夫时的态度，他出入于公门和出使别国时的表现，都显示出正直、仁德的品格。本篇中还记载了孔子日常生活的一些侧面，为人们全面了解孔子、研究孔子，提供了生动的素材。本篇内容分类为：

10・1~10・5

集中记载了孔子在朝、在乡的言谈举止、音容笑貌，给人留下十分深刻的印象。孔子在不同的场合，对待不同的人，往往容貌、神态、言行都不同。他在家乡时，给人的印象是谦逊、和善的老实人；他在朝廷上，则态度恭敬而有威仪，不卑不亢，敢于讲话；他在国君面前，温和恭顺，局促不安，庄重严肃又诚惶诚恐。所有这些，为人们深入研究孔子，提供了具体的资料。

10・6~10・9

记述了孔子的衣着和饮食习惯。孔子对“礼”的遵循，不仅表现在与国君和大臣们见面时的言谈举止和仪式，而且表现在衣着方面。他对祭祀时、服丧时和平时所穿的衣服都有不同的要求，如单衣、罩衣、麻衣、皮袍、睡衣、浴衣、礼服、便

服等，都有不同的规定。在吃的方面，“食不厌精，脍不厌细”，而且对于食物，有八种他不吃。吃了，就有害健康。

10·10~10·15

记载了孔子举止言谈的某些规矩或者习惯。他时时处处以正人君子的标准要求自己，使自己的言行尽量符合礼的规定。他认为，“礼”是至高无上的，是神圣不可侵犯的，那么，一投足、一举手都必须依照礼的原则。这一方面是孔子个人修养的具体反映，另一方面也是他向学生们传授知识和仁德时所身体力行的。

10·18~10·26

以上这几章，讲的都是孔子如何遵从周礼的。在许多举动上，他都能按礼行事，对不同的人、不同的事、不同的环境，应该有什么表情、什么动作、什么语言，他都一丝不苟，准确而妥帖。所以，孔子的弟子们在谈起这些时，津津乐道，极其佩服。

示例 2：

从衣食住行上来看，他“食不语，寝不言”，“席不正，不坐”，“寝不尸，居不客”，说明他有良好的生活习惯。

“厩焚。子退朝，曰：‘伤人乎？’不问马。”意思是马棚失火了，孔子退朝回来问：“伤人了吗？”却不问马的损失情况。这充分反映了孔子对待意外灾祸的态度及重人轻物的思想，同时也反映出他对人的生命的珍视和关爱，“仁”在此体现得淋漓尽致。

示例 3：

礼是我们生活中无处不在的，孔子用他的一言一行，演绎出君子的行为，从而去匡正我们的行为，我们在学习乡党篇的同时，也要如前文那样“择其善者而从之”，才能使我们自身有所提升。

孔子日常生活中注重礼仪的表达，如谨慎地讲话，注重分寸，接待宾客时拱手作揖，吃饭时注重礼仪，饮酒时注重身份等级等，孔子之礼渗透在生活各处。对于国之礼要严谨又尊重，对于个人之礼要自律又诚恳对待。

示例 4：

乡党篇主要记录了孔子在不同场合言行举止的不同表现，说明人的言行举止除了与身份、地位相符之外，仍要随着时间、场合的改变而及时做出调整，做到收放有度、进退自如，这才能更好地体现出一个人的修养。我认为，这种修养从很大程度上讲，其实体现出的就是一个人的学识、思想与礼仪。譬如，孔子与乡党的交往有记述说“孔子于乡党，恂恂如也，似不能言者。”“乡党”，即泛指家乡、乡亲；“恂恂”，乃谦逊恭顺也。也就是说，孔子在与乡亲们交往时非常恭顺，好像不大会讲话似的。其实我们都知道孔子是大学问家，可为什么在与乡亲相处时却如此呢？这正体现了孔子的谦逊与好学，他乐于倾听百姓的言论与心声，善于向百姓学习，因为百姓的言论都是从实践经验中总结出来的真知，也正是“三人行，必有我师焉”的真实写照。一个人，如果能做到这样，足见其虚怀若谷的情怀与壮志。

（二）每“篇”一辩：本项任务为选择该篇中可供思辨的章句，设计一组辩题（含正方、反方观点），并分别撰写辩词。

示例：

论题：孔子这种在朝廷上恭敬谨慎的行为是否合适？

依据：“入公门，鞠躬如也，如不容。立不中门，行不履阈。过位，色勃如也，足躩如也，其言似不足者。摄齐升堂，鞠躬如也，屏气似不息者。出，降一等，逞颜色，怡怡如也。没阶，趋进，翼如也。复其位，踧踖如也。”（10・4）

辩题：在上级面前应该恭敬谨慎（正方观点）；在上级面前应该敢言善谏（反方观点）

正方观点申述选例：

我方认为，在古代，朝廷遵守必要的礼仪有助于朝廷、政府的秩序，也能为国民树立礼教观念，维护国家统治、管理的稳定。在现代，对上级恭敬谨慎，体现了一个人的教养，也是对礼数的维护，更有助于营造和谐的干群关系。应该清楚，我们的尊重不是对个人的顶礼膜拜，而是对制度和规则的遵守。一个行业，一个单位，上一级领导对下一级员工具有领导权，同时也承担了一定的压力和责任。只要他们恪守工作原则，尽职尽责，具有公仆意识，我们都应给予恭敬，配合、支持他们的工作。在特定时间、特定场合我们应该谨言慎行，不去干扰他们的思路和工作状态，以便于工作的有序进行。即便是对他们的工作有不同看法，也应按照一定程序逐级反映，期望达到互相沟通、互相理解的目的。所以，在上级面前恭敬谨慎有利于社会秩序的良性运行。

反方观点申述选例：

我方的观点是在上级面前应该敢言善谏，对各阶层一视同仁，尽职尽责，帮助上一级领导兴利除弊，为国家的治理和发展贡献自己的力量，这是每个公民的义务和责任。对上一级尊敬是应该的，但不是一味地无原则地依从。正确的做法是出于公心，善于发表自己的看法和建议，供上一级领导参考和借鉴。历史上的魏徵正是善于进谏，才使得唐太宗李世民能够得到一块“人镜”，不断地发现自己的失误，挽回了损失，可见上一级身边不能缺少敢言善谏的下级。在现世同样如此，我国的政治协商制度和人民代表大会制度，给广大普通人民群众提供了建言的机会和平台。代表们广泛的建议给党中央和政府提供了大量的参考依据，可见在上级面前敢言善谏是多么宝贵和必要。

（三）孔说面面观：选择“篇”中一章，用其中的观点与现实生活不同领域相联系，指出其是否适用的情况，并说明理由。结合该章句写一则“从业训诫”，体现儒家思想与当代社会现实的融合与碰撞，激发学生的思辨意识，培养批判思维能力。

示例：

食不厌精，脍不厌细。食饐而餲，鱼馁而肉败，不食。色恶，不食。臭恶，不食。失饪，不食。不时，不食。割不正，不食。不得其酱，不食。肉虽多，不使胜食气。唯酒无量，不及乱。沽酒市脯，不食。不撤姜食。不多食。（10・8）

这一章体现了孔子对饮食质量严格要求和对自身严格要求的观点。谈的是饮食，适用的是更广泛的方面。对于物质方面和名利方面的欲望，就应该如孔子所言，有自己的标准和原则，不能因贪恋物欲毁了自身，不能因不加选择而陷入泥淖。作为管理干部，常常面临各种诱惑，这就要牢记孔子的告诫，从“不敢腐”“不能腐”到“不想腐”，努力提高自身的政治素质，做人民满意、信得过的公仆。

而在现实生活中，除了粮食腐烂发臭、鱼和肉腐烂不能吃以外，对饮食的质量不该像孔子所要求的那么高，每个人都应注重节俭，在物质需求方面不应过度严苛、讲究。可见孔子的观点不太适用于如今的饮食生活中。在当今大力倡导节约精神的环境下，不论是餐饮业经营者还是食客，都不应过分挑剔或摆阔。任何一种食材都渗透着生产者的艰辛，在讲究卫生的前提下，我们没有理由浪费。饮食讲究科学健康没有错，但不应该过分挑剔。要做一个朴素、节约的消费者。

（四）合并分析：在该篇中找出可以放到一起比较的章句（可以联系以前的篇章），分析这些章句共同体现了孔子怎样的思想，以此写一段述评。

示例：

厩焚。子退朝，曰：“伤人乎？”不问马。（10・17）

朋友死，无所归，曰：“于我殡。”（10・22）

在这两章中，都记述了孔子关注他人的做法。其中前一章记述了他得知马厩发生火灾时，首先过问的是人是否受伤，却不过问马匹如何。而后一章则记述了孔子在朋友死后无人安葬时，站出来承担丧葬事宜。

这两个举动，共同彰显了孔子把人的生命放在重要位置的仁爱思想。在财产遭受损失的情况下，他首先想到的是人的生命安全，这在当时来讲，是极其伟大的做法。他对人的关注、关爱，正是他一贯主张的"仁爱"思想的实践，从一个侧面反映了他在他人遇到困难时勇于担当的精神。

（五）雅意今思：选择该篇中能体现客观、进步思想的章句，以社会生活事例作为依据，给该"篇"拟写"后记"，为首次阅读者推荐该篇。这一设计，意在引导学生发现、提炼经典著作中的价值和精髓，培养类比思维能力。

示例：

见齐衰者，虽狎，必变。见冕者与瞽者，虽亵，必以貌。凶服者，式之。式负版者。有盛馔，必变色而作。迅雷风烈必变。（10·25）

这一章是在讲孔子看见穿丧服的人，即使是关系很亲密的，也一定要把态度变得严肃起来。看见当官的和盲人，即使是常在一起的，也一定要有礼貌。在乘车时遇见穿丧服的人，便俯伏在车前横木上以示同情。遇见背负国家图籍的人，也这样做以示敬意。做客时，如果有丰盛的筵席，就神色一变，并站起来致谢。遇见迅雷大风，一定要改变神色以示对上天的敬畏。

孔子这种一丝不苟的行事原则，对我们当代人有很大启发：一是对"礼"的敬重和遵守，不论在何种场合、针对何种阶层的人，都始终如一；二是在原则问题上，不论与当事人有何种关系、当事人是何种身份，都绝不苟且。在当今时代，不论是管理者，还是普通公民，都应该以孔子为榜样，执行政策不打折扣，践行理论严谨认真，任何敷衍塞责和变相应付，都是对政策和理论的亵渎。党中央大力度反腐，派遣各个轮次的中央督导组下沉各行各业各单位，严格督查执行中央政策的情况，最大限度地抑制了腐败现象的发生，及时矫正了一些人的错误做法，营造了党内外良好的政治气候和社会氛围。

四、每篇一练

下面一章体现了孔子怎样的思想？

厩焚。子退朝，曰：“伤人乎？”不问马。（10·17）

先进篇第十一

一、重温原文

11·1　子曰："先进于礼乐，野人也；后进于礼乐，君子也。如用之，则吾从先进。"

11·2　子曰："从我于陈、蔡者，皆不及门也。"

11·3　德行：颜渊，闵子骞，冉伯牛，仲弓。言语：宰我，子贡。政事：冉有，季路。文学：子游，子夏。

11·4　子曰："回也非助我者也，于吾言无所不说。"

11·5　子曰："孝哉闵子骞！人不间于其父母昆弟之言。"

11·6　南容三复"白圭"，孔子以其兄之子妻之。

11·7　季康子问："弟子孰为好学？"孔子对曰："有颜回者好学，不幸短命死矣，今也则亡。"

11·8　颜渊死，颜路请子之车以为之椁。子曰："才、不才，亦各言其子也。鲤也死，有棺而无椁。吾不徒行以为之椁。以吾从大夫之后，不可徒行也。"

11·9　颜渊死。子曰："噫！天丧予！天丧予！"

11·10　颜渊死，子哭之恸。从者曰："子恸矣！"曰："有恸乎？非夫人之为恸而谁为？"

11·11　颜渊死，门人欲厚葬之，子曰："不可。"门人厚葬之。子曰："回也视予犹父也，予不得视犹子也。非我也，夫二三子也。"

11·12　季路问事鬼神。子曰："未能事人，焉能事鬼？"曰："敢问死。"曰："未知生，焉知死？"

11·13　闵子侍侧，訚訚如也；子路，行行如也；冉有、子贡，侃侃如也。子乐。"若由也，不得其死然。"

11·14　鲁人为长府。闵子骞曰："仍旧贯，如之何？何必改作？"子曰："夫人不言，言必有中。"

11·15　子曰："由之瑟奚为于丘之门？"门人不敬子路。子曰："由也升堂矣，未入于室也。"

11·16　子贡问："师与商也孰贤？"子曰："师也过，商也不及。"曰："然则师愈与？"子曰："过犹不及。"

11·17　季氏富于周公，而求也为之聚敛而附益之。子曰："非吾徒也。小子鸣鼓而攻之可也。"

11·18　柴也愚，参也鲁，师也辟，由也喭。

11·19　子曰："回也其庶乎，屡空。赐不受命，而货殖焉，亿则屡中。"

11·20　子张问善人之道。子曰："不践迹，亦不入于室。"

11·21　子曰："论笃是与，君子者乎？色庄者乎？"

11·22　子路问："闻斯行诸？"子曰："有父兄在，如之何其闻斯行之？"冉有问："闻斯行诸？"子曰："闻斯行之。"公西华曰："由也问'闻斯行诸'，子曰'有父兄在'；求也问'闻斯行诸'，子曰'闻斯行之'。赤也惑，敢问。"子曰："求也退，故进之；由也兼人，故退之。"

11·23　子畏于匡，颜渊后。子曰："吾以女为死矣。"曰："子在，回何敢死！"

11·24　季子然问："仲由、冉求可谓大臣与？"子曰："吾以子为异之问，曾由与求之问。所谓大臣者，以道事君，不可则止。今由与求也，可谓具臣矣。"曰："然则从之者与？"子曰："弑父与君，亦不从也。"

11·25　子路使子羔为费宰。子曰："贼夫人之子。"子路曰："有民人焉，有社稷焉，何必读书然后为学？"子曰："是故恶夫佞者。"

11·26　子路、曾皙、冉有、公西华侍坐。子曰："以吾一日长乎尔，毋吾以也。居则曰：'不吾知也！'如或知尔，则何以哉？"子路率尔而对曰："千乘之国，摄乎大国之间，加之以师旅，因之以饥馑，由也为之，比及三年，可使有勇，且知方也。"夫子哂之。"求！尔何如？"对曰："方六七十，如五六十，求也为之，比及三年，可使足民。如其礼乐，以俟君子。""赤！尔何如？"对曰："非曰能之，愿学焉。宗庙之事，如会同，端章甫，愿为小相焉。""点，尔何如？"鼓瑟希，铿尔，舍瑟而作，对曰："异乎三子者之撰。"子曰："何伤乎？亦各言其志也。"曰："莫春者，春服既成，冠者五六人，童子六七人，浴乎沂，风乎舞雩，咏而归。"夫子喟然叹曰："吾与点也！"三子者出，曾皙后。曾皙曰："夫三子者之言何如？"子曰："亦各言其志也已矣。"曰："夫子何哂由也？"曰："为国以礼，其言不让，是故哂之。""唯求则非邦也与？""安见方六七十如五六十而非邦也者？""唯赤则非邦也与？""宗庙会同，非诸侯而何，赤也为之小，孰能为之大？"

二、基础知识梳理

（一）梳理特殊用字现象

"说"同"悦"，高兴、喜悦。例句：回也非助我者也，于吾言无所不说。（11·4）

"亡"同"无"，没有。例句：有颜回者好学，不幸短命死矣，今也则亡。（11·7）

"辟"同"僻"，偏激。例句：柴也愚，参也鲁，师也辟，由也喭。（11·18）

"亿"同"臆"，猜测。例句：赐不受命，而货殖焉，亿则

屡中。（11·19）

“女”同“汝”，第二人称代词“你”。例句：吾以女为死矣。（11·23）

“莫”同“暮”，傍晚，此指春天最后一个月。例句：莫春者，春服既成。（11·26）

“希”同“稀”，稀少。例句：鼓瑟希，铿尔，舍瑟而作。（11·26）

（二）梳理活用词

名词用作形容词：

“德行”，指能实行忠恕仁爱孝悌的道德。例句：德行：颜渊，闵子骞，冉伯牛，仲弓。（11·3）

名词用作动词：

“妻”，嫁给。例句：南容三复“白圭”，孔子以其兄之子妻之。（11·6）

“才”，有才。例句：才、不才，亦各言其子也。（11·8）

“后”，后逃出。例句：子畏于匡，颜渊后。（11·23）

“瑟”，弹瑟。例句：由之瑟奚为于丘之门？（11·15）

动词的使动用法：

“进”“退”，使……进、使……退。例句：求也退，故进之；由也兼人，故退之。（11·22）

（三）梳理多义实词

“从”

①选用、主张。例句：如用之，则吾从先进。（11·1）

②跟随、从事。例句：以吾从大夫之后，不可徒行也。（11·8）

③顺从。例句：曰：“然则从之者与？”子曰：“弑父与君，亦不从也。”（11·24）

"如"

①或者。例句：方六七十，如五六十。(11·26)

②叠音词、形容词词缀，相当于"然"。例句：闵子侍侧，訚訚如也。(11·13)

"徒"

①步行。例句：以吾从大夫之后，不可徒行也。(11·8)

②同一类的人。例句：非吾徒也。(11·17)

"道"

①方法。例句：子张问善人之道。(11·20)

②仁义。例句：所谓大臣者，以道事君，不可则止。(11·24)

（四）梳理多义虚词

"于"

①介词，对于。例句：回也非助我者也，于吾言无所不说。(11·4)

②介词，在。例句：先进于礼乐，野人也。(11·1)；子畏于匡，颜渊后。(11·23)

③介词，到。例句：从我于陈、蔡者，皆不及门也。(11·2)；不践迹，亦不入于室。(11·20)

④介词，比。例句：季氏富于周公，而求也为之聚敛而附益之。(11·17)

"而"

①连词，表并列。例句：鲤也死，有棺而无椁。(11·8)

②连词，表转折。例句：季氏富于周公，而求也为之聚敛而附益之。(11·17)

③连词，表修饰。例句：子路率尔而对曰。(11·26)；小子鸣鼓而攻之可也。(11·17)

“之”

①助词，的。例句：贼夫人之子。（11·25）；子张问善人之道。（11·20）

②助词，动宾倒装的标志，不译。例句：吾以子为异之问，曾由与求之问。（11·24）

③代词，表人称“他”。例句：小子鸣鼓而攻之可也。（11·17）

④代词，代事物。例句：仍旧贯，如之何？（11·14）；闻斯行之。（11·22）

“乎”

①句末语气助词。例句：回也其庶乎，屡空。（11·19）

②句中介词，相当于“于”。例句：以吾一日长乎尔，毋吾以也。（11·26）

“其”

①语气副词，表揣测语气。例句：回也其庶乎，屡空。（11·19）

②代词，“他的”。例句：南容三复“白圭”，孔子以其兄之子妻之。（11·6）

③代词，自己。例句：才、不才，亦各言其子也。（11·8）

“焉”

①疑问代词。例句：未能事人，焉能事鬼？（11·12）；未知生，焉知死？（11·12）

②语气助词。例句：而货殖焉，亿则屡中。（11·19）；有民人焉，有社稷焉，何必读书然后为学？（11·25）

“以”

①介词，把。例句：南容三复“白圭”，孔子以其兄之子妻之。（11·6）

②介词，因为。例句：以吾从大夫之后，不可徒行也。（11·8）

③介词，用。例句：所谓大臣者，以道事君，不可则止。（11·24）

④连词，表目的“来”。例句：颜渊死，颜路请子之车以为之椁。（11·8）

⑤动词，认为。例句：吾以子为异之问，曾由与求之问。（11·24）

“与”

①疑问语气词，相当于“欤”。例句：然则师愈与？（11·16）；然则从之者与？（11·24）

②连词，和。例句：吾以子为异之问，曾由与求之问。（11·24）

③动词，同意，赞同。例句：夫子喟然叹曰：“吾与点也！”（11·26）；论笃是与，君子者乎？（11·21）

“为”

①动词，翻修。例句：鲁人为长府。（11·14）

②动词，治理。例句：由也为之，比及三年，可使有勇，且知方也。（11·26）

③介词，因为。例句：由之瑟奚为于丘之门？（11·15）

（五）梳理古今异义词

“先进”：今通常义，位于前列，可为表率；本文义，首先学习。例句：先进于礼乐，野人也。（11·1）

“野人”：是一种未被证实存在的高等灵长目动物，直立行走，比猿类高等，具有一定的智能；本文义，朴素、粗鲁的人或指乡野平民。例句：先进于礼乐，野人也。（11·1）

“文学”：今通常义，一种用口语或文字作为媒介，表达客观世界和主观认识的方式和手段；本文义，古代文献。例句：文学：子游，子夏。（11·3）

“夫人”：今通常义，男性的配偶；本文义，这样的人。例

句：非夫人之为恸而谁为？（11·10）

“小子”：今通常义，昵称年轻同辈或晚辈；本文义，学生。例句：小子鸣鼓而攻之可也。（11·17）

（六）梳理多词一义

“予”“吾”“我”：都含第一人称的意思。例句：天丧予！（11·9）；非吾徒也。（11·17）；非我也，夫二三子也。（11·11）

“奚”“焉”：都有相当于“何”的意思。例句：由之瑟奚为于丘之门？（11·15）；未能事人，焉能事鬼？（11·12）

（七）梳理特殊句式

倒装句

宾语前置：疑问句或否定句中代词（宾语）提到动词（谓语）之前。

“吾以子为异之问，曾由与求之问。”（11·24）：“吾以子为问异，曾问由与求”的意思。

“论笃是与，君子者乎？色庄者乎？”（11·21）：“与论笃”的意思，“是”为倒装标志。

“颜渊死，子哭之恸。从者曰：‘子恸矣！’曰：‘有恸乎？非夫人之为恸而谁为？’”（11·10）：“非为夫人恸而为谁”的意思。

状语后置：介宾短语放在被修饰或限制的谓语之后，一般用来指其处所、时间、物件、方式、程度等。

“子畏于匡，颜渊后。”（11·23）：“子于匡畏”的意思。

主谓倒装：将谓语置于主语之前。

“孝哉闵子骞！人不间于其父母昆弟之言。”（11·5）：“闵子骞孝哉”的意思。

省略句

省略主语：

子曰：“是故（吾）恶夫佞者。”（11·25）

（八）梳理文化常识

1. 称谓

闵子骞：闵子，名损，字子骞。春秋时期鲁国人。孔子的弟子，孔门七十二贤之一，孔门十哲之一。以孝闻名。（11・5）

人物故事：闵子骞少年丧母，父亲娶了后母，又生了两个弟弟。后母疼爱自己的两个儿子，对闵子骞不好，但闵子骞都忍了下来。有一年冬天，后母给闵子骞做棉袄，里面全是不值钱的芦苇花绒，看起来挺厚，其实一点都不暖和。她给自己的两个亲儿棉袄里填的是丝绵，看上去薄，其实非常暖和。一天，父亲坐车带他们兄弟三个外出，让闵子骞在前边执鞭赶车。闵子骞在寒风中冻得发抖，失手把缰绳掉到地上，马车失去了控制。父亲见到这种情形很生气，说："你这个孩子真没出息，穿得这么厚还打哆嗦！看你弟弟，棉袄比你的薄，也没像你冻成那个样子。"越说越上火，夺过马鞭子便向闵子骞身上抽去。这一鞭子一下把棉袄抽破了，里面飞出来的尽是芦花。再捏捏另两个儿子的棉衣，父亲心里明白了。父亲知道自己冤枉了闵子骞，大骂妻子不贤惠，决定休了她。闵子骞含着眼泪跪在父亲面前，哀求父亲不要休了后母，说："母在一子寒，母去三子单。"他的话感动了父母。于是父亲便不再休妻，后母也痛改前非。

季康子：即季孙肥，春秋时期鲁国的正卿。姬姓，季氏，名肥，谥号康，史称"季康子"。事鲁哀公，此时鲁国公室衰弱，以季氏为首的三桓强盛，季氏宗主季康子位高权重，是当时鲁国的权臣。（11・7）

颜路：姓颜，名无繇（yóu），字路。娶齐姜氏，生子颜回（颜渊）。孔子的弟子，生于公元前545年，卒年不详。（11・8）

鲤：孔鲤，孔子的儿子，字伯鱼。孔鲤五十岁死时，孔子

七十岁。（11・8）

师与商：师，颛孙师，即子张。商，卜商，即子夏。（11・16）

柴：姓高，名柴，字子羔，孔子的弟子，比孔子小三十岁，生于公元前521年，卒年不详。（11・18）

子张：即颛孙师，字子张，孔门弟子之一。春秋末陈国阳城（今河南登封）人。出身微贱，且犯过罪行，经孔子教育成为“显士”。（11・20）

季子然：姓季孙，名平子，字子然，乃季孙意如之子。鲁国季氏的同族人。（11・24）

曾皙：姓曾，名点，字子皙，曾参的父亲，也是孔子的弟子。春秋末年鲁国南武城人。（11・26）

2. 礼俗

白圭：指《诗经・大雅・抑》篇。其中有云：“白圭之玷，尚可磨也；斯言之玷，不可为也。”意思是白玉上的污点还可以磨掉，我们言论中有毛病，就无法挽回了。这是告诫人们要谨慎自己的言语，说话一定要小心谨慎。（11・6）

椁：有身份的人下葬内棺外椁，身份地位低的人下葬有棺无椁（此处的椁可能指出殡用的礼车）。依礼做过大夫的人不可步行送葬，孔鲤和颜渊都是士出殡不得用礼车。（11・8）

天：一种意义指物质的天，一种意义指管理和支配这个物质的天的神明。（11・9）

厚葬：根据《檀弓》所记载的孔子的话，丧葬应该“称家之有亡。有，毋过礼。苟亡矣，敛首足形，还葬，县棺而封”。颜子家中本穷，而用厚葬，从孔子看来，是不应该的。（11・11）

长府：藏财货、兵器等的仓库叫“府”，“长府”是鲁国的国库名。（11・14）

社稷：“社”，土地神；“稷”，谷神。这里“社稷”指祭祀土地神和谷神的地方，即社稷坛。古代国都及各地都设立社稷

坛，分别由国君和地方长官主祭，故社稷成为国家政权的象征。（11 · 25）

会同：诸侯会盟。两诸侯相见，叫“会”；许多诸侯一起相见，叫“同”。（11 · 26）

端章甫：“端”，也写作“褍”，周代的一种礼服。“章甫”，一种礼帽。这里泛指穿着礼服。（11 · 26）

冠者：成年人。古代男子到 20 岁时行冠礼，束发加冠，表示已经成年。（11 · 26）

浴乎沂：“沂”，水名，发源于山东南部，流经江苏北部入海。在水边洗头面手足。（11 · 26）

舞雩：“雩”，音 yú，地名，原是祭天求雨的地方。因人们祈雨必舞，故称“舞雩”。这里指鲁国祭天求雨的台子，在今山东曲阜南，有坛有树。（11 · 26）

（九）提炼相关成语

【无所不悦】没有不心悦诚服的。转义样样满意。**（11 · 4）**：子曰：“回也非助我者也，于吾言无所不说。”

【白圭之玷】“圭”，古代行礼时用的玉器；“玷”，白玉上的一个斑点。白玉圭上的一个斑点。比喻人或物大体很好，只是有些小缺点。“白圭”出自《诗经 · 大雅 · 抑》。**（11 · 6）**：南容三复“白圭”，孔子以其兄之子妻之。

【未知生，焉知死】俗语，对生都知道得不清楚，哪里能知道死呢。**（11 · 12）**：季路问事鬼神。子曰：“未能事人，焉能事鬼？”曰：“敢问死。”曰：“未知生，焉知死？”

【不得其死】指人不得好死，无法善终。有咒骂之意。**（11 · 13）**：闵子侍侧，訚訚如也；子路，行行如也；冉有、子贡，侃侃如也。子乐。“若由也，不得其死然。”

【言必有中】一句话就说到点子上去了。**（11 · 14）**：鲁人为长府。闵子骞曰：“仍旧贯，如之何？何必改作？”子曰：

"夫人不言，言必有中。"

【升堂入室】【登堂入室】表示做学问的几个阶段，"入室"表示学问极好。古代学生分为在籍弟子和入门弟子两类，只有入门弟子才可以进入老师的院落大门。入门弟子又分三层，入门、等堂、入室，最高一层是入室弟子。只有入室弟子才可以随意进入老师的家中。比喻学问、技艺较高深了。（11·15）：子曰："由之瑟奚为于丘之门？"门人不敬子路。子曰："由也升堂矣，未入于室也。"

【过犹不及】做过分了和做得不够同样不好。（11·16）：子贡问："师与商也孰贤？"子曰："师也过，商也不及。"曰："然则师愈与？"子曰："过犹不及。"

【鸣鼓而攻之】宣布罪状，加以声讨。（11·17）：季氏富于周公，而求也为之聚敛而附益之。子曰："非吾徒也。小子鸣鼓而攻之可也。"

【亿则屡中】猜测（市场行情）却常常能猜中。（11·19）：子曰："回也其庶乎，屡空。赐不受命，而货殖焉，亿则屡中。"

【闻斯行诸】听见某种理论或某件事的解决方法，便立即付诸行动。（11·22）：子路问："闻斯行诸？"子曰："有父兄在，如之何其闻斯行之？"冉有问："闻斯行诸？"子曰："闻斯行之。"公西华曰："由也问'闻斯行诸'，子曰'有父兄在'；求也问'闻斯行诸'，子曰'闻斯行之'。赤也惑，敢问。"子曰："求也退，故进之；由也兼人，故退之。"

【不可则止】如果不能这样，就宁可辞职不干。转义不可行不强行。（11·24）：季子然问："仲由、冉求可谓大臣与？"子曰："吾以子为异之问，曾由与求之问。所谓大臣者，以道事君，不可则止。今由与求也，可谓具臣矣。"曰："然则从之者与？"子曰："弑父与君，亦不从也。"

三、文意探究

（一）梳理内容：完成该“篇”内容分类。要求概括该篇中重点话题（该篇中占有章句较多的一至二个话题），给该篇拟一个“章回式题目”，写一个说明性“序言”。

本篇回目示例：

言私情皆合周礼，评人事亦属中庸（11·8~11·11谈颜渊时之语，11·16评颛孙师和卜商之语）

论礼乐循规蹈矩，教门徒因材施言

丧爱徒悲伤不逾礼，事君父忠孝仍爱民

序言示例：

（1）

本篇共有二十六章，其中著名的文句有：“未能事人，焉能事鬼？”“未知生，焉知死”“过犹不及”等。这一篇中包括孔子对弟子们的评价，并以此为例说明“过犹不及”的中庸思想；学习各种知识与日后做官的关系；以及孔子对待鬼神、生死问题的态度。最后一章里，孔子和他的学生们各述其志向，反映出孔子政治思想上的倾向。

在先进篇中，孔子对教育与教学方法做了进一步论述。在春秋战国时期，血缘政治的大背景下，官员先当官再学习礼乐，孔子看来，这种先后顺序的颠倒有碍于忠实臣子的形成。他将这种理念融入自己的教育中，加上因材施教的独到方法，为社会与国家培养有用人才。

本篇内容分类为：

①关于“为官之道”：11·1（为官标准）；11·25（反面）

②关于“孔子与学生”：11·2（对学生的想念）；11·3（赞扬不同优点）；11·4（赞扬恭敬）；11·5（赞扬孝）；11·6（赞扬慎言）11·7（赞扬好学）；11·9、11·10（对颜

渊的哀悼)；11·13(客观评价)；11·19(客观评价)

③关于“道德修养”：11·15(品德)；11·20(效法前人)；11·21(诚信)；11·16(中庸)；11·17(谈财富)；11·18(中庸)

④关于“做人与礼”：11·8(丧葬之礼)；11·11(丧葬之礼)；11·12(生死观)；11·20(为善)；11·23(对师长尊重)

⑤关于“国家治理”：11·14(破旧立新)；11·26(结合个人志向谈国家治理)；11·22(人才选拔)

(2)

本篇共有二十六章，主要围绕孔子和众弟子之间的对话展开。其中主要包含两个主题：一是孔子对弟子的深厚感情，二是对于统治者剥削人民的行为的反对。

对于前一个主题，本篇用(11·2，11·7，11·8，11·9，11·10，11·11)记录了颜回死后孔子的态度，颜回是孔子最得意的弟子之一，德行出众，却英年早逝，从(11·9)“噫！天丧予！天丧予！”一句足以看出孔子的悲痛。然而在(11·8，11·11)中，孔子却不同意卖掉自己的马车厚葬颜回，孔子作为士大夫，乘坐马车出门也是礼制的一部分，孔子不会违背礼制而厚葬爱徒。况且在周礼中，葬礼的级别和死者身份的高低相匹配，但颜回出身贫寒，不应该逾礼厚葬。

在(11·14，11·17)中，孔子表达了崇尚节俭，反对铺张浪费的主张。在儒家思想中，虽然以维护封建统治为主要目的，但孔子同时也重视民生，反对统治者对人民的过分剥削。

(二)每“篇”一辩：本项任务为选择该篇中可供思辨的章句，设计一组辩题(含正方、反方观点)，并分别撰写辩词。

示例1：

论题一：先专门学习再上岗，还是上岗后再专门学习？

依据：子曰：“先进于礼乐，野人也；后进于礼乐，君子

也。如用之，则吾从先进。”（11·1）

辩题一：先专门学习再上岗对社会贡献大（正方观点）；上岗后再专门学习对社会贡献大（反方观点）

正方观点申述选例：

我方认为“先进”对社会贡献大。就古代为官的角度来说，“先进”的人在还是平民阶级时是百姓中的一员，他们对百姓的了解更加丰富与深入，也更能与平民阶级感同身受，他们所习得的礼乐也更具人文性。在为官之前，他们能一直坚持学习对日常生活看起来帮助不大的礼乐，说明他们对礼乐足够热爱。

放眼现代，有许多人在学术上钻研了很久，有了很深的造诣后，才去任一些职务，发挥社会影响力，这样的人才往往对社会贡献很大。原因是，他们在任职之前的学术研究是出于热爱，也足够深入，他们已经有了一定的积累，也对专业有一定的了解，所以在有了社会职位后，他们可以借助权利，将自己的知识传播出去，让更多人了解到并开始研究，这是在已经学有所成的基础上扩大影响力的方式。

辩证：“为官”与“做学问”并不相同

论据：钟南山院士从基层做起，对呼吸病学进行深入的研究，最终在抗击疫情战役中做出重大贡献。

引用数据：据联合国教科文组织研究表明，不同层次受教育者提高劳动生产率的水平不同：大学本科300%，初高中108%，小学43%。

反方观点申述选例

我方认为“后进”对社会贡献大。从古代为官的角度出发，有许多卿大夫、士家族的孩子，从小就耳濡目染为官之道，接触到官场的繁杂，长大后成为官员，更能熟练应对官场。星二代，他们从小就有机会接触到片场的氛围，也从小便会学着演戏，有更多机会接触这方面，即使不参加专门学习，长大后也会更游刃有余。同理，商二代、老师的孩子都会受到相应职业的熏陶，掌握一些相关的常识。

论据：大学生村官，搁置学习下基层，投身基层治理，为国家做出重大贡献。

反例：赵括“纸上谈兵”。

示例2：

论题二：良好的道德与财富有怎样的关系？

依据：颜回终生追求道德，但生活常常非常艰苦。（本篇各章）

辩题二：良好的道德体现在缺少财富之中（正方观点）；良好的道德体现在取得财富之后（反方观点）

正方观点申述选例：

我方认为良好的道德体现在缺少财富之中。一心追求道德、不畏惧困难的处境可以坚定自己的意志，让自己心无旁骛、专注和明确目标的同时也可以磨炼自己的意志，在不断克服困难中进一步向目标前行。

同样，当我们自身的精神境界达到一定的高度时，我们可以将想法、思想传递给身边的人，提高身边人的素养。

反例：有人在追求金钱的路上迷失，最后不再想要帮助他人，而自己贪图享乐。

反方观点申述选例：

我方认为良好的道德体现在取得财富之后。人们想要获得财富，改善现有生活，而在生活获得了一定改善、经济也有一定富裕之后，我们不仅可以用这些金钱来投资自己的学习，获得自身的提高、修身养性，也可以帮助别人，让更多人有学习的机会，为他人与社会做出贡献。获得财富后不仅能提升自我，更能改变身边的事物。只有我们具有了物质的积累，才能用实质性的行为改善旁人生活，帮助他人有获取知识的途径。

反例：通过思想影响改变旁人太困难，影响也太微弱。

正方例子：一位科学家，抑或是一位人民教师，他们专心钻研于自己的专业知识，为社会贡献自己的力量。虽然他们只拿着普通阶层的薪资，生活并不像生意人那样富裕，但他们对于社会的贡献是莫大的，这是金钱所买不来的。中国核潜艇之父黄旭华为国家复兴坚守岗位几十余载，与外界断绝联系，甚至家人也不能问候，仅仅拿着保障工资，研发出了中国第一艘核潜艇，大大提高了中国国防实力与国际地位，为中国复兴提供了强有力的军事基础。共和国勋章获得者钟南山院士，疫情当头，逆行而上。从 2003 年非典疫情时的那句“把重症病人都送到我这里来”，再到 2020 年新冠疫情时深入武汉，他用自己出色的医学知识制定了目前为止最完善的疫情防控机制，他的行动诠释了自己为德而行的初衷，并非网络之前所谈的出风头，赚大钱。2011 年度感动中国人物坚守藏区 12 年支教：胡忠、谢晓君，每月仅仅获得 300 元的支教报酬，却用他们日复一日、年复一年的工作与努力为孩子们播种希望的种子。

反方例子：一位商人，一位创业者可以通过自己亲手所创造的财富，给自己的生活带来更多的方便，同时也可以对社会做出贡献。马云，中国首富，打拼几十年得到了几千亿元的财产，给自己的生活带来巨大的便利。同时马云也致力于社会慈善事业，比如支付宝的蚂蚁森林，是一项旨在带动公众低碳减排的公益项目。2020 年 9 月 26 日，在上海举行的“外滩大会”科技公益论坛上，世界自然保护联盟 IUCN 公布了《蚂蚁森林造林项目生态价值评估》的中期结果：截至 2020 年 9 月 26 日，蚂蚁森林项目种植树木超过 2.23 亿棵，造林面积超过 306 万亩，当所属区域植被达到成熟状态时，GEP（生态系统生产总值）可达 111.8 亿元人民币，评价指标里包括防风固沙、气候调节、固碳释氧、水源涵养等方面。众多益处，证明了道德体现在具有了财富之后，因为整片森林耗资近百亿元，这不是一个平常人能做到的。

（三）孔说面面观：选择“篇”中一章，用其中的观点与现实生活不同领域相联系，指出其是否适用的情况，并说明理由。结合该章句写一则“从业训诫”。体现儒家思想与当代社会现实的融合与碰撞，激发学生的思辨意识，培养批判思维能力。

示例：

子曰：“回也非助我者也，于吾言无所不说。”（11·4）

翻译：孔子说：“颜回不是对我有帮助的人，他对我说的话没有不喜欢的。”

从这句话来看，孔子既赞美了颜回的聪敏秀慧、好学深思（即颜回可以很快理解老师的话语，并且一丝不苟地去实践，甚至有时令他也自叹不如），又遗憾颜回对自己没有多少帮助（即由于颜回太聪明，对于老师的话一听就能领会，而心中却无所疑问），而颜回这种方式使孔子无法与弟子产生思维的碰撞，获得不同的见解，进而完善自己的学说体系，只能让其他弟子浅尝辄止，无法再继续深入的探讨和研究。

现世意义：

在学习上：颜回这般“全盘接受”的方式方法不适用于学习知识。李四光曾说过这样一句话：“不怀疑不能见真理”，可见学习重在思考，仅仅一味地接受和消化知识只能成为老师的“克隆”，况且老师也会出现错误，一味接受、盲目崇拜也可能致使你走上错误的道路。因此，只有辩证地看待老师所传授的知识，多疑、善疑、质疑、探疑，举一反三，才能更好地学习知识，获得更多的、更高深的知识。

在为人处世上：我们不应学习颜回的方式方法，而应当做到“兼听”并择善而从。孔子曾提到过颜回对于他所讲的话“不违如愚”，从来不违背他的话。但实际上颜回可以予以发挥，由此看来颜回并非愚蠢之人。而孔子之所以成为圣人就在于他有这种“兼听”、择善而从的气度。他能对自己的话反省，纵然别人都认同他，他还是会反省自己的所思所讲是不是正确的。

孔子说："非助我者也。"这样对他没有帮助。真正对自己有帮助的，往往是那些与自己想法不一样的好意见。所以，我们应当做到"兼听"，有选择地听取正确的意见和想法。

在交友上：我们不应以颜回这种一味认同的方式与朋友相处。一旦如此，与朋友相处时反倒会失去自己的想法，带给朋友一种"说什么是什么"的感觉，最终使得在与朋友相处的时候失去自我。故此，在与朋友相处的过程中，我们应当不断地回应对方，与对方进行沟通交流，不断磨合、寻找共同语言，才能够促进友谊的升温，坚固友谊。

在工作中：从员工对上司的角度来看，如果员工们都像颜回这样能够快速并且深入地领悟上司所表达的意思，却没有提出任何的质疑，只是一味遵循着要求办事，员工们就难以在共同完成任务的时候有更大的发挥空间，难以有所突破，不利于企业的创新，从而削弱企业在市场上的竞争力。由此来看，员工在工作时应当抱有质疑精神，但却不能事事质疑上司给的工作或要求。在同事之间的相处上，也应如此。

在外交上：赞成颜回的这种做法。如同颜回对孔子所讲的话都没有不喜欢的、没有质疑、没有表露出任何的想法一样，在外交过程中，得到夸奖后不多做表现，可以防止出现"卖乖"的嫌疑，避免出现言多语失的状况。

（四）合并分析：在该篇中找出可以放到一起比较的章句（可以联系以前的篇章），分析这些章句共同体现了孔子怎样的思想，以此写一段述评。

示例：

教师孔子

子曰："从我于陈、蔡者，皆不及门也。"（11·2）

季康子问："弟子孰为好学？"孔子对曰："有颜回者好学，不幸短命死矣，今也则亡。"（11·7）

颜渊死。子曰："噫！天丧予！天丧予！"（11·9）

颜渊死，子哭之恸。从者曰：“子恸矣！”曰：“有恸乎？非夫人之为恸而谁为？”（11·10）

子曰：“由之瑟奚为于丘之门？”门人不敬子路。子曰：“由也升堂矣，未入于室也。”（11·15）

子畏于匡，颜渊后。子曰：“吾以女为死矣。”曰：“子在，回何敢死！”（11·23）

以上几章主要写孔子对于弟子的感情而并非教育方法，可以看出孔子对于自己弟子的感情是极为深厚的，尤其是对于颜渊的感情，二人亦师亦友，这一点可以从颜渊死后孔子的态度，以及颜渊“子在，回何敢死”这句话中看出来。

子曰：“回也非助我者也，于吾言无所不说。”（11·4）

这一章可以看出孔子在评价人的时候是十分客观而且全面的。颜回虽然是孔子最得意的弟子之一，但孔子仍对其有不满，因为颜回没有什么疑问，从这句话中也可以看出孔子有早期的矛盾思想。

柴也愚，参也鲁，师也辟，由也喭。（11·18）

闵子侍侧，訚訚如也；子路，行行如也；冉有、子贡，侃侃如也。子乐。“若由也，不得其死然。”（11·13）

这两章可以看出孔子的“因材施教”中的“因材”并不像现代学习中“选科”一样，仅是通过造诣与热情来评判“材”，而是直接深入到性格特征与行为习惯，而且不难看出孔子对于自己学生的了解是相当正确且深刻的，子路最后确实在内乱中被杀死。

颜渊死，颜路请子之车以为之椁。子曰：“才、不才，亦各言其子也。鲤也死，有棺而无椁。吾不徒行以为之椁。以吾从大夫之后，不可徒行也。”（11·8）

季氏富于周公，而求也为之聚敛而附益之。子曰：“非吾徒也。小子鸣鼓而攻之可也。”（11·17）

以上两章可以看出孔子即便在颜渊死后，面对巨大的悲伤，也没有放弃对于“礼”的坚守，而冉求身为孔子的爱徒，违背了“礼”，孔子也没有任何的私情。可以看出孔子对于“礼”的极度重视。

因此可以推断出孔子的教育方法。首先是做到了极强的因材施教，深刻剖析每一个弟子的特点，并且与弟子达到亦师亦友的关系，最后是将“礼”这一儒家核心摆在了不可动摇的地位上。

而孔子对于自己的私情也是控制得极为妥当的，无论如何，孔子也完全没有逾越“礼”，无论弟子的造诣多么精深，孔子也仍能找出弟子的不足之处，因此也可以说孔子的教育理念是一种对于“礼”高于一切的无限追求。

言行之配

鲁人为长府。闵子骞曰：“仍旧贯，如之何？何必改作？”子曰：“夫人不言，言必有中。”（11·14）

子曰：“君子食无求饱，居无求安，敏于事而慎于言，就有道而正焉，可谓好学也已。”（1·14）

子曰：“君子欲讷于言，而敏于行。”（4·24）

在先进篇的第十四章中，孔子被问及鲁国翻修金库的原因，他答道“夫人不言，言必有中”。这句话的意思是，这个人平日不大开口，一开口必定中肯。这句话可以与孔子在前面所提到的“敏于事而慎于言”进行整合。

这两句话都在强调儒家对说话的讲究，虽然“言必有中”更偏向于对言语诚信的重视，“慎于言”更强调说话的谨慎，但两者都体现了儒家说话的艺术，即低调，重视礼节，却不失力度。

同样，除了对说话的看重，孔子也很关注做事，“敏于事”的表达便很好地说明了这一点。其次，两句中孔子对“做事”的说法也可能隐含了“行胜于言”的观点。慎重言行，却要“敏于事”，多付出，多行动；“夫人不言”，却依然能够修筑金库，致力于国家的里里外外，我想，这也大概是孔子设想中“行”与“说”的最佳配合了吧。

入仕与入世

子曰：“先进于礼乐，野人也；后进于礼乐，君子也。如用之，则吾从先进。”（11·1）

季路问事鬼神。子曰：“未能事人，焉能事鬼？”曰：“敢问死。”曰：“未知生，焉知死？”（11·12）

子路使子羔为费宰。子曰：“贼夫人之子。”子路曰：“有民人焉，有社稷焉，何必读书然后为学？”子曰：“是故恶夫佞者。”（11·25）

先进篇第一章与第二十五章都反映了孔子“学而优则仕”的思想。这种思想不但表达出个人完善自身后为君主治国平天下的担当，也显露出对为官入仕者“学而优”的要求。开篇第一章孔子以“则吾从先进”一句，宁可放弃合礼世袭官位，但无才能傍身的卿大夫子弟，而选择先习得礼乐之人为士，足以体现“学而优”是走入仕途的前提。第二十五章中孔子坚决反对子路让尚未学成的子羔担任县长，全然不顾其品德学识未到入仕标准的行为，于是发出“贼夫人之子”的感叹，也从反面印证了上述观点。

春秋战国诸侯纷争之时，孔子主张积极进取，改变乱象，以求回到周朝礼乐盛世。“学而优则仕”就是实现这一目的所必需的思想，因此其也体现了孔子“入世”的人生观。第十二章中子路先后向孔子询问鬼神与死亡，被孔子以需先服侍活人、弄懂“生”的道理驳回。可见较之于死，生是更有意义的课题，入世是更有价值的选择，这也与孔子想要实现的政治目的相符。

“学而优则仕”是对士子与为官者的要求，其“入仕”理念更是孔子“入世”人生观的体现。

（五）雅意今思：选择该篇中能体现客观、进步思想的章句，以社会生活事例作为依据，给该“篇”拟写“后记”，为首次阅读者推荐该篇。这一设计，意在引导学生发现、提炼经典著作中的价值和精髓，培养类比思维能力。

示例：

先进篇主要是评价类语录，通过孔子对弟子性格、行为、品性，以及一些实事的评价反映了儒家的核心思想，是一次对于思想的实践。其中弟子颜渊死后的办丧买棺送葬占了几章语录，让我们印象尤为深刻。

其中，孔子否定了其他弟子厚葬颜渊有违礼仪的做法，即便这是他最疼爱的弟子。这其实反映了“礼”在儒家学说中为人基本准则和社会核心价值观的地位，无论是谁都必须要遵守，不能有丝毫动摇。而对于学说的发起者孔子，他已经到了将“礼”作为理所当然的地步，做事甚至不会考虑关于是否守礼的问题，因为他已经将“礼”当作了一种习惯，一种人的安身立命之本。

这其实反映了一种超前的思想，即用“礼”去慢慢渗透人，而非像当时受追捧的法家思想那样直接用强硬的上层建筑约束人。法家看似所向披靡，但秦朝二世而亡的教训揭示了其缺陷，需要软性上层建筑“礼”的辅助才能更好地治国。于是汉朝及以后就采用了“罢黜百家，独尊儒术”的方略。

其实到当今社会，这个道理也依然适用，只是渗透的来源不再只限于“礼”，而扩展到了文化的方方面面。近几年港独、港乱问题尤其严重。究其根本，一大重要原因就是国家因为协议等缘故只对于香港的政治、经济有一定的管理，但在文化层面，尤其是在教育方面的监管几乎空白，被不法分子利用，导致香港的青少年自幼就很少接受爱国主义教育，反而受到当地不良舆论的影响，自然就对内地缺少归属感，在文化上就产生了隔阂。由此可见文化渗透对于人的重要影响，其重要性完全不亚于如法律的强硬的上层建筑，因为渗透是一种缓慢的难以感知却持续不断的过程，它会逐渐成为人的习惯而被当作理所当然之事；而强硬的制度约束却是被迫的，会潜在地增加人的对抗意识，难以做到真正深入人心。

而这一观点孔子在两千年前提出用礼教化人时就已经有了原型，令人佩服。

四、每篇一练

下面几章体现了孔子怎样的思想感情？

子曰："从我于陈、蔡者，皆不及门也。"（11·2）

季康子问："弟子孰为好学？"孔子对曰："有颜回者好学，不幸短命死矣，今也则亡。"（11·7）

颜渊死。子曰："噫！天丧予！天丧予！"（11·9）

颜渊死，子哭之恸。从者曰："子恸矣！"曰："有恸乎？非夫人之为恸而谁为？"（11·10）

子曰："由之瑟奚为于丘之门？"门人不敬子路。子曰："由也升堂矣，未入于室也。"（11·15）

子畏于匡，颜渊后。子曰："吾以女为死矣。"曰："子在，回何敢死！"（11·23）

颜渊篇第十二

一、重温原文

12·1　颜渊问仁。子曰："克己复礼为仁，一日克己复礼，天下归仁焉。为仁由己，而由人乎哉？"颜渊曰："请问其目。"子曰："非礼勿视，非礼勿听，非礼勿言，非礼勿动。"颜渊曰："回虽不敏，请事斯语矣。"

12·2　仲弓问仁。子曰："出门如见大宾，使民如承大祭。己所不欲，勿施于人。在邦无怨，在家无怨。"仲弓曰："雍虽不敏，请事斯语矣。"

12·3　司马牛问仁。子曰："仁者，其言也讱。"曰："其言也讱，斯谓之仁已乎？"子曰："为之难，言之得无讱乎？"

12·4　司马牛问君子。子曰："君子不忧不惧。"曰："不忧不惧，斯谓之君子已乎？"子曰："内省不疚，夫何忧何惧？"

12·5　司马牛忧曰："人皆有兄弟，我独亡。"子夏曰："商闻之矣：'死生有命，富贵在天。'君子敬而无失，与人恭而有礼，四海之内，皆兄弟也。君子何患乎无兄弟也？"

12·6　子张问明。子曰："浸润之谮，肤受之愬，不行焉，可谓明也已矣。浸润之谮，肤受之愬，不行焉，可谓远也已矣。"

12·7　子贡问政。子曰："足食，足兵，民信之矣。"子贡曰："必不得已而去，于斯三者何先？"曰："去兵。"子贡曰："必不得已而去，于斯二者何先？"曰："去食。自古皆有死，民无信不立。"

12·8　棘子成曰："君子质而已矣，何以文为？"子贡曰：

“惜乎，夫子之说君子也！驷不及舌。文犹质也，质犹文也。虎豹之鞟犹犬羊之鞟。”

12·9　哀公问于有若曰：“年饥，用不足，如之何？”有若对曰：“盍彻乎？”曰：“二，吾犹不足，如之何其彻也？”对曰：“百姓足，君孰与不足？百姓不足，君孰与足？”

12·10　子张问崇德辨惑。子曰：“主忠信，徙义，崇德也。爱之欲其生，恶之欲其死。既欲其生，又欲其死，是惑也。‘诚不以富，亦只以异。’”

12·11　齐景公问政于孔子。孔子对曰：“君君，臣臣，父父，子子。”公曰：“善哉！信如君不君，臣不臣，父不父，子不子，虽有粟，吾得而食诸？”

12·12　子曰：“片言可以折狱者，其由也与！”子路无宿诺。

12·13　子曰：“听讼，吾犹人也，必也使无讼乎！”

12·14　子张问政。子曰：“居之无倦，行之以忠。”

12·15　子曰：“博学于文，约之以礼，亦可以弗畔矣夫！”

12·16　子曰：“君子成人之美，不成人之恶。小人反是。”

12·17　季康子问政于孔子。孔子对曰：“政者，正也。子帅以正，孰敢不正？”

12·18　季康子患盗，问于孔子。孔子对曰：“苟子之不欲，虽赏之不窃。”

12·19　季康子问政于孔子曰：“如杀无道，以就有道，何如？”孔子对曰：“子为政，焉用杀？子欲善而民善矣。君子之德风，小人之德草，草上之风，必偃。”

12·20　子张问：“士何如斯可谓之达矣？”子曰：“何哉，尔所谓达者？”子张对曰：“在邦必闻，在家必闻。”子曰：“是闻也，非达也。夫达也者，质直而好义，察言而观色，虑以下人。在邦必达，在家必达。夫闻也者，色取仁而行违，居之不疑。在邦必闻，在家必闻。”

12·21　樊迟从游于舞雩之下，曰："敢问崇德，修慝，辨惑。"子曰："善哉问！先事后得，非崇德与？攻其恶，无攻人之恶，非修慝与？一朝之忿，忘其身，以及其亲，非惑与？"

12·22　樊迟问仁。子曰："爱人。"问知。子曰："知人。"樊迟未达。子曰："举直错诸枉，能使枉者直。"樊迟退，见子夏曰："乡也，吾见于夫子而问知，子曰：'举直错诸枉，能使枉者直'，何谓也？"子夏曰："富哉言乎！舜有天下，选于众，举皋陶，不仁者远矣。汤有天下，选于众，举伊尹，不仁者远矣。"

12·23　子贡问友。子曰："忠告而善道之，不可则止，毋自辱焉。"

12·24　曾子曰："君子以文会友，以友辅仁。"

二、基础知识梳理

（一）梳理特殊用字现象

"亡"同"无"，没有。例句：司马牛忧曰："人皆有兄弟，我独亡。"（12·5）

"畔"同"判"，没有。例句：子曰："博学于文，约之以礼，亦可以弗畔矣夫！"（12·15）

"错"同"措"，放置。例句：举直错诸枉，能使枉者直。（12·22）

"乡"同"向"，刚才。例句：乡也，吾见于夫子而问知。（12·22）

（二）梳理活用词

形容词用作名词：

"直"，正直的人。例句：举直错诸枉，能使枉者直。

(12·22)

名词用作动词：

“礼”，符合礼教。例句：非礼勿视，非礼勿听，非礼勿言，非礼勿动。(12·1)

“君”“臣”“父”“子”，像国君、像臣子、像父亲、像儿子。例句：君君，臣臣，父父，子子。(12·11)

名词用作状语：

“色”，表面上。例句：夫闻也者，色取仁而行违，居之不疑。(12·20)

动词的使动用法：

“足”，使……充足。例句：足食，足兵，民信之矣。(12·7)

名词的意动用法：

“主”，以……为主。例句：主忠信，徙义，崇德也。(12·10)

(三)梳理多义实词

“远”

①看得远。例句：浸润之谮，肤受之愬，不行焉，可谓远也已矣。(12·6)

②远离、不存在。例句：舜有天下，选于众，举皋陶，不仁者远矣。(12·22)

“如”

①好像。例句：出门如见大宾，使民如承大祭。(12·2)

②假如。例句：信如君不君，臣不臣，父不父，子不子，虽有粟，吾得而食诸？(12·11)

“道”

①道义。例句：如杀无道，以就有道，何如？(12·19)

②引导。例句：忠告而善道之，不可则止，毋自辱焉。

（12·23）

（四）梳理多义虚词

“为”

①动词，表判断。例句：克己复礼为仁。（12·1）

②动词，实践。例句：为仁由己，而由人乎哉？（12·1）

③语气助词，用于句末。例句：君子质而已矣，何以文为？（12·8）

“而”

①连词，表并列。例句：君子敬而无失，与人恭而有礼。（12·5）

②连词，表转折。例句：夫闻也者，色取仁而行违，居之不疑。（12·20）

③连词，表修饰。例句：必不得已而去，于斯三者何先？（12·7）

“之”

①助词，的。例句：浸润之谮，肤受之愬，不行焉，可谓明也已矣。（12·6）

②助词，取消句子独立性的标志，不译。例句：惜乎，夫子之说君子也！（12·8）

③代词，代事物。例句：为之难，言之得无讱乎？（12·3）

“乎”

①句末语气助词。例句：为之难，言之得无讱乎？（12·3）

②句中介词，相当于“于”。例句：君子何患乎无兄弟也？（12·5）

“其”

①代词，“他的”。例句：仁者，其言也讱。（12·3）

②代词，“他”。例句：既欲其生，又欲其死，是惑也。（12·10）

③副词，表疑问语气。例句：二，吾犹不足，如之何其彻也？（12·9）

“焉”

①疑问代词。例句：子为政，焉用杀？（12·19）

②语气助词。例句：忠告而善道之，不可则止，毋自辱焉。（12·23）

“以”

①介词，凭借。例句：居之无倦，行之以忠。（12·14）

②介词，用。例句：博学于文，约之以礼，亦可以弗畔矣夫！（12·15）；君子以文会友，以友辅仁。（12·24）

③连词，表目的“来”。例句：夫达也者，质直而好义，察言而观色，虑以下人。（12·20）

④固定搭配，“可以”。例句：片言可以折狱者，其由也与！（12·12）

“与”

①疑问语气词，相当于“欤”。例句：片言可以折狱者，其由也与！（12·12）

②连词，和，结交。例句：君子敬而无失，与人恭而有礼。（12·5）

（五）梳理古今异义词

“成人”：今通常义，超过十八岁可以独立的人；本文义，成全他人。例句：君子成人之美，不成人之恶。小人反是。（12·16）

“小人”：今通常义，人格卑鄙的人；本文义，老百姓。例句：君子之德风，小人之德草。（12·19）

（六）梳理多词一义

“勿”“不”“毋”：都含“不、不要”的意思。例句：非礼勿视，非礼勿听，非礼勿言，非礼勿动。（12·1）；君子不忧不惧。（12·4）；忠告而善道之，不可则止，毋自辱焉。（12·23）

（七）梳理特殊句式

倒装句

状语后置：介宾短语放在被修饰或限制的谓语之后，一般用来指其处所、时间、物件、方式、程度等。

“齐景公问政于孔子”（12·11）：“齐景公于孔子问政”的意思；“居之无倦，行之以忠。”（12·14）：“以忠行之”的意思；“博学于文，约之以礼，亦可以弗畔矣夫！”（12·15）：“以礼约之”的意思；“季康子问政于孔子”（12·19）：“季康子于孔子问政”的意思。

主谓倒装：将谓语置于主语之前。

“惜乎，夫子之说君子也！”（12·8）：“夫子之说君子也，惜乎”的意思；“何哉，尔所谓达者？”（12·20）：“尔所谓达者，何哉？”的意思；“富哉言乎！”（12·22）：“言乎富哉”的意思。

宾语前置：疑问句或否定句中代词（宾语）提到动词（谓语）之前。

“君子质而已矣，何以文为？”（12·8）：“以何文为”的意思。

（八）梳理文化常识

1. 称谓

司马牛：姓司马，名耕，一名犁，字子牛。宋国人。孔子的弟子。（12·3）

棘子成：卫国的大夫。古代大夫都可以被尊称为夫子，所以子贡这样称呼他。（12·8）

齐景公：姓姜，名杵臼，齐国国君，公元前 547 年至公元前 490 年在位。（12・11）

皋（gāo）陶（yáo）：传说中舜时掌管刑法的大臣。（12・22）

伊尹：名挚，商汤时的辅相。商汤三聘之后，伊尹辅助商汤打败夏桀，为商朝的建立做出了不朽功勋，拜为尹。除此之外，他还是道家学派创始人之一、中华厨祖。（12・22）

2. 礼俗

彻：西周的一种田税制度，就是国家从耕地的收获中抽取十分之一作为田税。本篇中有若认为薄赋则民足，民足则君亦足。后世因以“盍彻”指施行仁政。苏轼也曾说过：“爰自秩宗擢贰邦计，将使四方之人知予以耆老旧德居此官者，盖有盍彻之意焉。”（12・9）

二：指国家从耕地的收获中抽取十分之二作为田税。鲁国自宣公十五年（公元前 594 年）起，不再实行“彻”法，而是以“二”抽税。

家：卿大夫统治的地方（邦：诸侯的封地）。（12・20）

在家：在卿大夫的土地上工作。在西周的分封制中，天子分封土地给诸侯治理，诸侯再将自己的土地分成小块交给卿大夫治理。卿大夫在自己的领地内具有世袭统治权。东周时期，在诸侯王脱离周天子控制崛起的同时，卿大夫阶层也开始崛起，许多诸侯国也出现卿大夫控制诸侯国政治的现象。比如孔子时期的鲁国朝政便是在季氏三家卿大夫的把持之下。孔子对此持反对态度。（12・20）

（九）提炼相关成语

【克己复礼】“克”，克制。儒家要求约束自己，使每件事都归于“礼”。（12・1）：子曰：“克己复礼为仁，一日克己复礼，天下归仁焉。为仁由己，而由人乎哉？”

【己所不欲，勿施于人】自己不喜欢的事物，就不要施加到别人身上。(12·2):己所不欲,勿施于人。在邦无怨,在家无怨。

【内省不疚】自我反省,内心并不感到惭愧不安,即没有做有愧于心的事。(12·4):子曰:"内省不疚,夫何忧何惧?"

【死生有命,富贵在天】旧时指人的生死等一切遭际皆由天命决定。常用作事势所至,人力不可挽回之意。释义,我们不能完全控制自己的生死富贵,只能尽力而为。(12·5):子夏曰:"商闻之矣:'死生有命,富贵在天。'"

【四海之内皆兄弟】世界各国的人民都像兄弟一样。(12·5):四海之内,皆兄弟也。君子何患乎无兄弟也?

【成人之美】成全别人的好事。(12·16):子曰:"君子成人之美,不成人之恶。小人反是。"

【举直错诸枉,能使枉者直】把正直人提拔出来,位置在邪恶人之上,能够使邪恶人正直。(12·22):樊迟未达。子曰:"举直错诸枉,能使枉者直。"

【片言折狱】"片言",指原告被告双方中一方的言辞;"片",单方面的;"折",断,判断;"狱",案件。指能用几句话就断定双方争论的是非。(12·12):子曰:"片言可以折狱者,其由也与!"

三、文意探究

(一)梳理内容:完成该"篇"内容分类。要求概括该篇中重点话题(该篇中占有章句较多的一至二个话题),给该篇拟一个"章回式题目",写一个说明性"序言"。

本篇回目示例:

克己复礼成人之美,问政辨惑徙义而仁(12·1、12·10、12·16)

弟子求仁问政言君子,先生论信谈德讲弟兄

序言示例：

（1）

本篇共计二十四章。其中著名的文句有："克己复礼为仁，一日克己复礼，天下归仁焉""非礼勿视，非礼勿听，非礼勿言，非礼勿动""己所不欲，勿施于人""死生有命，富贵在天""四海之内，皆兄弟也""君子成人之美，不成人之恶""君子以文会友，以友辅仁"。本篇中，孔子的几位弟子向他问怎样才是仁。这几段，是研究者们经常引用的。孔子还谈到怎样算是君子等问题。本篇内容分类为：

①关于"仁"：12·1（仁的标准）；12·2（恭敬）；12·3（慎言）

②关于"交友"：12·23（信）；12·24（方式）

③关于"学习"：12·15（知礼）；12·22（仁和智的标准）

④关于"国家治理"：12·7（谈信）；12·9（富民）；12·11（秩序）；12·13（防范）；12·14（忠信）；12·17（示范作用）；12·18（德治）；12·19（德政）

⑤关于"做人与礼"：12·4（问心无愧）；12·16（先人后己）；12·20（表里如一）

⑥关于"道德修养"：12·6（道德修养）；12·8（形式与内容）；12·10（忠信）；12·12（信）；12·21（君子应为）

（2）

在颜渊篇中，颜渊、仲弓（冉雍）、司马牛、子张、子贡、棘子成、季康子、樊迟等人，以及鲁哀公、齐景公等诸侯纷纷来向孔子请教，孔子针对不同阶层、不同人的性格特点，一一作了独特的解答。例如一个"仁"字，孔子就有"克己复礼""出门如见大宾"以及"其言也讱"的不同解释。这充分体现了孔子因材施教的教育特点，让每个人都能得到对"仁"的最佳解答。同时本篇提到了礼、仁、君子、明、政等多个方面，也充分体现了孔子的学识渊博与自己的独特见解。

（3）

颜渊篇包括二十四章，主要以弟子问、孔子答的形式讲述了孔子的“仁”的思想、如何去做一个君子、为政治国的方法、与朋友相处之道、提高品德的方法、怎样才能目光长远等问题，着重讲了“仁”（含君子）的思想、为政之道。通过此章我们可以学习到为人处世的方法，并提高自身的道德修养和水平。

其中重点话题：

“仁”（含君子）：

把君子归到“仁”的原因：“仁”是孔子思想的核心，君子是孔子推崇的理想人格，所以在《论语》中的君子形象被赋予了很多“仁”的品质。实现“仁”，要遵循忠恕之道，先修己再治人；成为君子，则要先内修自己的品德，然后才可以治国安民，二者都有着由己及人的相似过程。但是“仁”的广博高深未必是君子能够完全达到的，所以“仁”包含君子所具备的好品德，但君子未必做得到“仁”所包含的好品质。因此，将君子归到“仁”一类来说。

含“仁”的重点话题内容：12·1“克己复礼为仁”“非礼勿视，非礼勿听，非礼勿言，非礼勿动”；12·2“己所不欲，勿施于人”；12·4“君子不忧不惧”；12·16“君子成人之美，不成人之恶。小人反是。”；12·24“君子以文会友，以友辅仁。”

为政之道的重点话题内容：12·7“自古皆有死，民无信不立”；12·9“百姓足，君孰与不足？百姓不足，君孰与足？”；12·22“举止错诸枉，能使枉者直。”

以上重点，丰富了我们的思想，提升了我们的认识。

（二）每“篇”一辩：本项任务为选择该篇中可供思辨的章句，设计一组辩题（含正方、反方观点），并分别撰写辩词。

示例：

论题：一个人具备了良好的品质是否需要外在的表现形式？

依据：棘子成曰："君子质而已矣，何以文为？"子贡曰："惜乎，夫子之说君子也！驷不及舌。文犹质也，质犹文也。虎豹之鞟犹犬羊之鞟。"（12·8）

辩题：一个人具备了良好的品质，不需要外在的表现形式（正方观点）；一个人具备了良好的品质，还需要外在的表现形式（反方观点）

正方观点申述选例：

我方认为，一个人具备了良好的品质就足够了，不需要其他的外在形式来表现。因为一个人一旦拥有了优秀的品质，自然就会体现在他的言谈举止之中，不用借助任何形式来刻意表现，人们会通过观察以及与其交往，了解到他的素养和人格，公众的口碑无形中就成了宣传渠道。古圣先贤生活的时代，没有现代化的表现条件和表现方式，但是几千年的时间流逝没能埋没他们的崇高品德，依然成为我们后代人追慕的楷模；现当代的英模人物，也不是靠着现代化的表现形式来传名的，倒是他们发自内心的善言善行彰显了道德的力量。杜富国正是具有了把危险留给自己的强大内心，才使他在危急时刻推开战友；钟南山院士正是心中装有为民除病的公心，才使他能在耄耋之年转战各个疫区指导抗疫。因此，具备了良好的品质，不需要外在形式来表现，照样可以让良好的品质得到弘扬。

反方观点申述选例：

我方认为，一个人具备了良好的品质，还需要外在的表现形式来辅助。在现实生活中，拥有良好品质的人未必都是名人，普通人中也有众多较高素养的人，特别是不少人低调行事，不事张扬。要想让这些人的良好品质得到弘扬，就需要借助一定的外在形式来帮忙。张富清的英雄事迹埋没几十年，在退役军人信息采集时才被发现，通过现代新闻传播媒介被广泛宣传，使得这红色精神财富教育了国人；共产党员的先驱，为民族独立和解放，付出了生命代价，其中详情如果没有现代化的表现形式，国人就不足以知晓，这一段国史、党史就不足以传播育人。因此，良好的品质必须要借助适当的外在形式来彰显，以期获得更大的宣传作用，产生更大的精神效益。

（三）孔说面面观：选择“篇”中一章，用其中的观点与现实生活不同领域相联系，指出其是否适用的情况，并说明理由。结合该章句写一则“从业训诫”，体现儒家思想与当代社会现实的融合与碰撞，激发学生的思辨意识，培养批判思维能力。

示例 1：

樊迟问仁。子曰：“爱人。”问知。子曰：“知人。”樊迟未达。子曰：“举直错诸枉，能使枉者直。”樊迟退，见子夏曰：“乡也，吾见于夫子而问知，子曰：‘举直错诸枉，能使枉者直’，何谓也？”子夏曰：“富哉言乎！舜有天下，选于众，举皋陶，不仁者远矣。汤有天下，选于众，举伊尹，不仁者远矣。”（12·22）

在第二十二章中，孔子被问及何为“智”，他答道“知人”，即善于鉴别人物，在后面孔子也做出了更多的解释，他说道“把正直的人提拔出来，放置在邪恶人之上，能够使邪恶人正直”。这句话体现了孔子一直所重视的“察言观色”的能力，是孔子心目中智慧的表现。而且这句话放在今天也依然有它的正确性，无论是大到国家，还是小到公司、组织，若想要正确之风得以树立，那必须使“位置”提高，领导力强的个人具有较高的素养，从而影响内部的各级成员。若“位置”高的人是邪恶的，那么整个组织由上而下的品质也便是邪恶的。相似的道理可以在本篇第十九章找到。上正下便正，上歪下便歪，这就是这句话想告诉我们的道理，它强调了知人的重要性，为各种组织的管理提供了思路。然而，不可否认的是，知人的过程是要根据自身价值取向，对他人的正直或邪恶进行评估，是一个较为主观的行为，在一些例子当中，对正直或邪恶的判断可能出现偏差，导致事与愿违。

还需要强调的是，在后面樊迟与子夏的对话中，子夏举例说明了若将正直的人置于邪恶的人之上，邪恶的人就难以存在。其实不然，邪恶的风气是会得到改善，但邪恶的人无法被消除，而且在一些主观判断的例子当中，若有人被误判为“邪恶”，或者被判为“邪恶”的人自身不觉得自己邪恶，那么他们心里就会对不公平的待遇感到愤慨，反而激起了内部的反抗情绪，使组织的运转变得更加难以操控，风气更难调整。

示例2：

子贡问政。子曰：“足食，足兵，民信之矣。”子贡曰：“必不得已而去，于斯三者何先？”曰：“去兵。”子贡曰：“必不得已而去，于斯二者何先？”曰：“去食。自古皆有死，民无信不立。”（12·7）

在第七章中，孔子表明国家的治理首先要求是人民对政府有信心。军备或粮食可以短缺，人终有一死，但若人民对政府缺乏信心，哪怕有再强的军事实力或粮食储备，那也只是空有一层坚硬的外壳而无坚韧的内心，国家更无法立足。

这一理念在距今不远的时代仍能得到充分印证。二十世纪，苏联与美国的军备竞赛虽使其拥有毁灭世界的能力，却在西方话语的洗脑下，逐渐放弃了对共产党及社会主义制度的信任，以致最终解体，苏联人民数十年所积累的财富被西方资本席卷一空，这就是其人民对政府失去信心，政治精英对国家道路失去信心的恶果。反观中国抗日战争时期，中国革命者既没有强大的军事实力，也面临物资紧缺的危机，却凭着对党与国家的信任实现了民族独立与人民解放。这些都与人民对政府的信任而产生的精神力量密不可分。

而这便是如今国家一直强调道路自信、理论自信、制度自信、文化自信的意义与原因所在。这些软实力是一个国家相比军事等外在实力更核心的力量，是一个国家与文明的根基。提高人民对党和国家的信任，对个人可增强民族认同感，对社会可促进和谐，更可助中华民族鲜明的旗帜飘扬于世界舞台之上。作为新时代青年，我们有责任在精进学业的同时培养自己的家国情怀，为国家未来的发展贡献自己的光和热。

示例 3：

季康子患盗，问于孔子。孔子对曰："苟子之不欲，虽赏之不窃。"（12 · 18）

季康子因为盗窃事件多发而苦恼，向孔子求助。孔子回答道："你如果不贪恋财物，就算奖励别人去盗窃，别人也不会去盗窃。"

本章展现出孔子儒家思想中"上行下效"的理念，强调上位者应当以身作则。当今社会中，领导者与官员也应当先以身作则，起到榜样作用，来引领社会风尚向正确的方向发展。但孔子说的话也有适用条件，这句话主要适用于管理阶层，职位较高的官员两袖清风，往往能带动下属；反之，如果贪污受贿，则其下属也很容易效仿。而放眼整个社会，榜样作用并没有在官场这一特定领域中那么明显，一些人往往因为个人的私利而违背道德与法律，例如虚假宣传、电信诈骗等，但这并不意味榜样是无用的，只能说明光有礼治是不够的。礼治并不如法治有强制实施的能力，礼治固然有其不可动摇的影响，但我们也应当注重法律建设，让法律的意志与道德不断契合，法治与德治并行。

（四）合并分析：在该篇中找出可以放到一起比较的章句（可以联系以前的篇章），分析这些章句共同体现了孔子怎样的思想，以此写一段述评。

示例 1：

颜渊问仁。子曰："克己复礼为仁，一日克己复礼，天下归仁焉。为仁由己，而由人乎哉？”颜渊曰：“请问其目。”子曰：“非礼勿视，非礼勿听，非礼勿言，非礼勿动。”颜渊曰：“回虽不敏，请事斯语矣。”（12·1）

仲弓问仁。子曰：“出门如见大宾，使民如承大祭。己所不欲，勿施于人。在邦无怨，在家无怨。”仲弓曰：“雍虽不敏，请事斯语矣。”（12·2）

子曰：“博学于文，约之以礼，亦可以弗畔矣夫!”（12·15）

以上三条均表达了孔子对遵循“礼”的重视，分别强调了君子应该做到敬畏“礼”，并以“礼”来束缚自身的言行，而不是由严苛的刑罚来束缚自身的行为。

子贡问政。子曰：“足食，足兵，民信之矣。”子贡曰：“必不得已而去，于斯三者何先？”曰：“去兵。”子贡曰：“必不得已而去，于斯二者何先？”曰：“去食。自古皆有死，民无信不立。”（12·7）

哀公问于有若曰：“年饥，用不足，如之何？”有若对曰：“盍彻乎？”曰：“二，吾犹不足，如之何其彻也？”对曰：“百姓足，君孰与不足？百姓不足，君孰与足？”（12·9）

以上两条阐述了百姓与国家的关系，表达了国家应将民生置于最重要的地位而不是依靠穷兵黩武、严刑酷法来巩固国家统治。

季康子问政于孔子。孔子对曰：“政者，正也。子帅以正，孰敢不正？”（12·17）

季康子患盗，问于孔子。孔子对曰：“苟子之不欲，虽赏之不窃。”（12·18）

季康子问政于孔子曰：“如杀无道，以就有道，何如？”孔子对曰：“子为政，焉用杀？子欲善而民善矣。君子之德风，小人之德草，草上之风，必偃。”（12·19）

以上三条，在季康子与孔子的对话之中，孔子阐述了作为统治者，不应用严刑惩罚百姓而应以身作则从内心感化百姓，树立向仁向善的社会风气，从而达到治理效果。

综上，不难看出，孔子为代表的儒家思想在治国理政方面与法家的法治思想不同，其倡导“礼治”。“礼治”对于统治阶级，便是鼓励百姓向仁向善，弘扬君子品性精神，树立阶级观念和礼教观念，使百姓自发向善，安居乐业。相较于法治思想通过严刑酷法由外而内束缚人的行为，礼治则倾向于教化人的思想由内而外规范人的品行。后者则更为平和，虽在短期内效果并不如法治那般立竿见影。但其从长远发展来看，对巩固封建统治具有极佳的效果。

示例 2：

颜渊问仁。子曰：“克己复礼为仁，一日克己复礼，天下归仁焉。为仁由己，而由人乎哉？”颜渊曰：“请问其目。”子曰：“非礼勿视，非礼勿听，非礼勿言，非礼勿动。”颜渊曰：“回虽不敏，请事斯语矣。”（12·1）

仲弓问仁。子曰：“出门如见大宾，使民如承大祭。己所不欲，勿施于人。在邦无怨，在家无怨。”仲弓曰：“雍虽不敏，请事斯语矣。”（12·2）

司马牛问仁。子曰：“仁者，其言也讱。”曰：“其言也讱，斯谓之仁已乎？”子曰：“为之难，言之得无讱乎？”（12·3）

樊迟问仁。子曰：“爱人。”问知。子曰：“知人。”樊迟未达。子曰：“举直错诸枉，能使枉者直。”樊迟退，见子夏曰：“乡也，吾见于夫子而问知，子曰：‘举直错诸枉，能使枉者直’，何谓也？”子夏曰：“富哉言乎！舜有天下，选于众，举皋陶，不仁者远矣。汤有天下，选于众，举伊尹，不仁者远矣。”（12·22）

看弟子：追问

颜渊曰：“请问其目。”

司马牛曰：“其言也讱，斯谓之仁已乎？”

樊迟：问知。樊迟未达。樊迟退，见子夏曰："乡也，吾见于夫子而问知，子曰：'举直错诸枉，能使枉者直'，何谓也？"

这几章表明：①好学的态度；②同门之间良好的学习氛围。

看孔子：因材施教

司马牛问仁

司马牛问仁，孔子答，仁者的言语也会迟钝。司马牛又问，言语迟钝算是仁了吗？孔子又答道，事情做起来不容易，说话能够不迟钝吗？

《史记·仲尼弟子列传》云："司马耕，字子牛。牛多言而躁。"

孔子是针对司马牛的性格缺陷进行教育的，希望他规避自身缺陷，从而趋近于仁。

子贡问仁

子贡问为仁。子曰："工欲善其事，必先利其器。居是邦也，事其大夫之贤者，友其士之仁者。"（15·10）

在子贡问仁时，孔子将答复放到一个具体的邦国，希望子贡可以结交邦国贤德大夫和具备仁者德行的士人。

孔子认为子贡在"言语"方面优异，在经商管理上有才干，并且认为他有非凡的政治才能。他认为子贡从政的优点是"达"——通达事理。子贡被鲁国聘为相辅，在外交活动中得心应手。

看孔子：孔子的治学思路

孔子的回答并非"a=a"的定义性判断式，都构不成"仁"的确切定义。

孔子只指出如何做到仁德，而并没有正面回答"仁"到底是什么。

"为仁之本""仁之方""圣与仁""仁者……"这些内容从

多个侧面丰富了我们对“仁”的领会。

对于儒家核心观念“仁”，孔子没有选择去规定，没有泛泛而谈，而是重在运用，把“仁”落在生活的实处。“仁”核心相同，但表现形式多样。孔子的教学是灵活而不死板的。（因材施教也可体现）

看孔子：孔子的态度（实例 1）

樊迟问仁。子曰：“爱人。”问知。子曰：“知人。”樊迟未达。子曰：“举直错诸枉，能使枉者直。”（12 · 22）

回答特点：

①简略。

②孔子的每一句回答内只含有一个层次。

③耐心。

樊迟天资较弱，孔子用最简单的话去教导他。

看孔子：孔子的态度（实例 2）

司马牛问仁。子曰：“仁者，其言也讱。”曰：“其言也讱，斯谓之仁已乎？”子曰：“为之难，言之得无讱乎？”（12 · 3）

司马牛问君子。子曰：“君子不忧不惧。”曰：“不忧不惧，斯谓之君子已乎？”子曰：“内省不疚，夫何忧何惧？（12 · 4）

回答特点：

①有针对性，犀利。

②帮他救他，不让他走偏。

看孔子：孔子的态度（实例 3）

颜渊问仁。子曰：“克己复礼为仁，一日克己复礼，天下归仁焉。为仁由己，而由人乎哉？”颜渊曰：“请问其目。”子曰：“非礼勿视，非礼勿听，非礼勿言，非礼勿动。”颜渊曰：“回虽

不敏，请事斯语矣。”（12·1）

回答特点：

①有层次：总起，将较虚无的“仁”寄托在较实质的“礼”上。升华，强调天下人对于仁的认同，意在将“仁”发挥到极致。限定，强调自己的意志，正反说明。实践，具体落实到怎么做。

②有虚实。

③厚望与期许。

由此证明了颜回是孔子十分推崇的弟子。对樊迟：简单答应，点到即止；对司马牛：补偏扶正，弃旧从新；对颜回：提升拔高，寄予厚望。

合并分析：如果仅仅碎片化地阅读，可能会让人觉得《论语》是一个语录的大杂烩，但其实不然。《论语》是一个整体，章目之间有联系，合并分析、比较思考才能更好地体会儒家的智慧与逻辑，应做到：①了解背景：了解背景有助于我们理解孔子为什么这么说，可以帮助我们找到句子里的因果逻辑，方便更深入地探究。②细致阅读：体会《论语》的“微言大义”，不泛泛思考，任何见解都需要有依据。

（五）雅意今思：选择该篇中能体现客观、进步思想的章句，以社会生活事例作为依据，给该“篇”拟写“后记”，为首次阅读者推荐该篇。这一设计，意在引导学生发现、提炼经典著作中的价值和精髓，培养类比思维能力。

示例：

“为仁由己，而由人乎哉？”（12·1）这句话强调实践礼应是自愿自动的，这说明了，在现实生活中，化被动为主动才是推广仁道的价值所在。例如，乘公交为老弱病残乘客让座时，我们应抱有一种发自内心地对他人的关怀；相反，如果我们迫于他人的压力或出于别人的要求而行礼，那么所谓的“仁道”

与“礼”便成了博得他人称赞的工具。因此，只有人们有了自我要求的力量，“天下归仁”才会成为可能。

齐景公问政于孔子。孔子对曰：“君君，臣臣，父父，子子。”（12·11）这一章强调了不同职位、不同地位以及不同辈分的人，应当做好自己分内的事，不应越界，更不应以下犯上。这在我们当今的生活中同样适用。在外作为学生，要尊敬师长，认真学习，而不是整天打游戏，要做好学生分内的事。在内作为一介后辈，要尊敬长辈，不顶撞，更不应对长辈不敬，做好一个后辈的本分。如此才算是以“仁”做事，以“礼”待人。

颜渊篇最突出的特点便是记录了学生向孔子对于做人、执政的追问。用更生动的对话体现了孔子和学生之间思想上的碰撞和儒家学说在为人处世上通俗易懂的道理。不论是执政时重视百姓，还是儒家学说所崇尚的“克己”，局部的作用和个体的影响这一思想都贯穿始终。克己复礼才能实现仁德的思想，与乡土中国里推己及人的社会关系不谋而合，用简练的语言概括了儒家学说以个体为中心的理论精髓。在治国时，孔子将人民对政府的信心看得最为重要，足以表明最基层的百姓才是国家兴亡的根本。这完全是一种先进的思想。办成大事是因为着手于眼前的每一步；造就成功在于注重每一个细节。这样看似简单的道理在何时都是不会过时的。这样的例子在如今依旧无处不在。不论是“天问一号”的成功发射，还是“嫦娥五号”第一次的探索月背，除了快速发展的经济的支撑外，是每一个零件精细的打磨，是每一个科研团队中每个人的精确计算所创造出的奇迹。

颜渊篇的第三章和第四章讲述了孔子教导司马牛的言论。司马牛两次问孔子，一次问仁，一次问君子。这两次问话，应该发生在桓魋作乱之前，桓魋被宋景公宠信，但却有意谋害宋景公。司马牛深深恐惧，如果他谋反成功，便是弑君祸国，不容于天下；如果谋反失败，也必然招来灭族之祸。因而司马牛忧国忧兄，陷于两难的境地，实在万般苦恼，不知如何是好，于是向孔子求教，孔子知道了他的处境和心理状态，于是就以仁道来开导他。对于司马牛，孔子的讲述和对颜回等其他弟子所说的“仁”不尽相同，这展示了孔子因材施教的教育理念。孔子说：“仁者，其言也讱”，意为仁者要说话谨慎。司马牛进一步追问：“其言也讱，斯谓之仁已乎？”孔子回答：“（仁）做起来很难，说起来能不谨慎吗？”结合孔子在其他几章中的言论，不难发现，孔子多次强调“讷”和“讱”是“仁”的要求，并不是赞赏形式上的说话迟钝，而是强调仁者必须言行一致，为了避免说出而做不到，说得多却做得少，才要求说话谨慎，是谓谨言慎行。孔子还说：君子要“先行其言而后从之”（《论语·为政》），“古者言之不出，耻躬之不逮也”（《论语·里仁》），讲的都是这个道理。

在第四章里，司马牛又提出关于君子的问题。知道了什么是“仁”，下一步就是如何行“仁”，君子就是知道“仁”以后，向着“仁”的目标不懈追求的人。

孔子知道司马牛因为与哥哥断绝关系而感到忧愁和恐惧，所以他说：“君子不忧不惧。”司马牛并没有理解，孔子又进一步阐释道：“内省不疚，夫何忧何惧？”在自我反省时不感到愧疚，做到问心无愧，自然就不忧不惧，这便是君子的思想境界。一个人的思想行为端正，心地就会坦然，心胸就会豁达，心境也会祥和、清净，也就没有什么可忧愁可恐惧的了。这就是君子应有的人生态度。孔子还曾说过“君子坦荡荡”（《论语·述而》）和“知者不惑，仁者不忧，勇者不惧”（《论语·子罕》），表达的也是类似的道理。

颜渊篇的这两个章目体现了孔子因材施教的教育理念和对于道德修养境界的认知，在当今社会仍有着重要的指导意义。

四、每篇一练

勇者何以不惧？有人用孔子答司马牛的“内省不疚”为答案，你同意吗？请说明。

司马牛问君子。子曰：“君子不忧不惧。”曰：“不忧不惧，斯谓之君子已乎？”子曰：“内省不疚，夫何忧何惧？”（《论语·颜渊》）

子路篇第十三

一、重温原文

13·1　子路问政。子曰："先之，劳之。"请益。曰："无倦。"

13·2　仲弓为季氏宰，问政。子曰："先有司，赦小过，举贤才。"曰："焉知贤才而举之？"子曰："举尔所知；尔所不知，人其舍诸？"

13·3　子路曰："卫君待子而为政，子将奚先？"子曰："必也正名乎！"子路曰："有是哉，子之迂也，奚其正？"子曰："野哉，由也！君子于其所不知，盖阙如也。名不正则言不顺，言不顺则事不成，事不成则礼乐不兴，礼乐不兴则刑罚不中，刑罚不中则民无所错手足。故君子名之必可言也，言之必可行也。君子于其言，无所苟而已矣。"

13·4　樊迟请学稼。子曰："吾不如老农。"请学为圃。曰："吾不如老圃。"樊迟出。子曰："小人哉，樊须也！上好礼，则民莫敢不敬；上好义，则民莫敢不服；上好信，则民莫敢不用情。夫如是，则四方之民襁负其子而至矣，焉用稼？"

13·5　子曰："诵《诗》三百，授之以政，不达；使于四方，不能专对；虽多，亦奚以为？"

13·6　子曰："其身正，不令而行；其身不正，虽令不从。"

13·7　子曰："鲁卫之政，兄弟也。"

13·8　子谓卫公子荆善居室。始有，曰："苟合矣。"少有，曰："苟完矣。"富有，曰："苟美矣。"

13·9　子适卫，冉有仆。子曰："庶矣哉！"冉有曰："既庶矣，又何加焉？"曰："富之。"曰："既富矣，又何加焉？"曰："教之。"

13·10　子曰："苟有用我者，期月而已可也，三年有成。"

13·11　子曰："'善人为邦百年，亦可以胜残去杀矣。'诚哉是言也！"

13·12　子曰："如有王者，必世而后仁。"

13·13　子曰："苟正其身矣，于从政乎何有？不能正其身，如正人何？"

13·14　冉子退朝。子曰："何晏也？"对曰："有政。"子曰："其事也。如有政，虽不吾以，吾其与闻之。"

13·15　定公问："一言而可以兴邦，有诸？"孔子对曰："言不可以若是，其几也，人之言曰：'为君难，为臣不易。'如知为君之难也，不几乎一言而兴邦乎？"曰："一言而丧邦，有诸？"孔子对曰："言不可以若是，其几也，人之言曰：'予无乐乎为君，唯其言而莫予违也。'如其善而莫之违也，不亦善乎？如不善而莫之违也，不几乎一言而丧邦乎？"

13·16　叶公问政。子曰："近者说，远者来。"

13·17　子夏为莒父宰，问政。子曰："无欲速，无见小利。欲速则不达，见小利则大事不成。"

13·18　叶公语孔子曰："吾党有直躬者，其父攘羊而子证之。"孔子曰："吾党之直者异于是，父为子隐，子为父隐，直在其中矣。"

13·19　樊迟问仁。子曰："居处恭，执事敬，与人忠。虽之夷狄，不可弃也。"

13·20　子贡问曰："何如斯可谓之士矣？"子曰："行己有耻，使于四方，不辱君命，可谓士矣。"曰："敢问其次。"曰："宗族称孝焉，乡党称弟焉。"曰："敢问其次。"曰："言必信，行必果。硁硁然小人哉，抑亦可以为次矣。"曰："今之从政者何如？”子曰：“噫！斗筲之人，何足算也！”

13·21　子曰：“不得中行而与之，必也狂狷乎！狂者进取，狷者有所不为也。”

13·22　子曰：“南人有言曰：‘人而无恒，不可以作巫医。’善夫！‘不恒其德，或承之羞。’”子曰：“不占而已矣。”

13·23　子曰：“君子和而不同，小人同而不和。”

13·24　子贡问曰：“乡人皆好之，何如？”子曰：“未可也。”“乡人皆恶之，何如？”子曰：“未可也。不如乡人之善者好之，其不善者恶之。”

13·25　子曰：“君子易事而难说也。说之不以道，不说也。及其使人也，器之。小人难事而易说也。说之虽不以道，说也。及其使人也，求备焉。”

13·26　子曰：“君子泰而不骄，小人骄而不泰。”

13·27　子曰：“刚，毅，木，讷，近仁。”

13·28　子路问曰：“何如斯可谓之士矣？”子曰：“切切偲偲，怡怡如也，可谓士矣。朋友切切偲偲，兄弟怡怡。”

13·29　子曰：“善人教民七年，亦可以即戎矣。”

13·30　子曰：“以不教民战，是谓弃之。”

二、基础知识梳理

（一）梳理特殊用字现象

“错”同“措”，安置。例句：刑罚不中则民无所错手足。（13·3）

“阙”同“缺”，存疑。例句：君子于其所不知，盖阙如也。（13·3）

“期”同“朞”，朞（jī）月，一年。例句：苟有用我者，期月而已可也，三年有成。（13·10）

“说”同“悦”，高兴。例句：近者说，远者来。(13·16)；君子易事而难说也。说之不以道，不说也。(13·25)

“弟”同“悌”，尊敬兄长。例句：宗族称孝焉，乡党称弟焉。(13·20)

(二) 梳理活用词

形容词用作动词：

“正”，纠正。例句：必也正名乎！(13·3)

“正”，端正。例句：苟正其身矣，于从政乎何有？(13·13)

形容词的使动用法：

“富”，使……富裕起来。例句：冉有曰：“既庶矣，又何加焉？”曰：“富之。”(13·9)

“恒”，使……恒定。例句：不恒其德，或承之羞。(13·22)

“说(同‘悦’)”，使……高兴。例句：说之不以道，不说也。(13·25)

名词用作动词：

“器”，量才使用。例句：及其使人也，器之。(13·25)

“王”，称王。例句：如有王者，必世而后仁。(13·12)

动词的使动用法：

“劳”，使……勤劳地工作。例句：子曰：“先之，劳之。”(13·1)

(三) 梳理多义实词

“知”

①识别。例句：焉知贤才而举之？(13·2)

②知道、懂得。例句：举尔所知；尔所不知，人其舍诸？(13·2)

“富”

①多。例句：富有，曰：“苟美矣。”（13·8）

②使……富裕。例句：冉有曰：“既庶矣，又何加焉？”曰：“富之。”（13·9）

“苟”

①暂且，差不多。例句：少有，曰：“苟完矣。”（13·8）

②如果。例句：苟有用我者，期月而已可也，三年有成。（13·10）

“事”

①事务。例句：其事也。如有政，虽不吾以，吾其与闻之。（13·14）

②做事，工作。例句：君子易事而难说也。（13·25）

“如”

①作词缀，相当于“……的样子”。例句：君子于其所不知，盖阙如也。（13·3）；切切偲偲，怡怡如也，可谓士矣。（13·28）

②比得上。例句：樊迟请学稼。子曰：“吾不如老农。”（13·4）

（四）梳理多义虚词

“为”

①动词，表判断。例句：抑亦可以为次矣。（13·20）

②动词，做。例句：为君难，为臣不易。（13·15）；狂者进取，狷者有所不为也。（13·21）

③动词，治理。例句：卫君待子而为政，子将奚先？（13·3）；善人为邦百年，亦可以胜残去杀矣。（13·11）

④语气助词，用于句末。例句：虽多，亦奚以为？（13·5）

“而”

①连词，表承接。例句：焉知贤才而举之？（13·2）

②连词，表修饰。例句：卫君待子而为政，子将奚先？（13·3）；如有王者，必世而后仁。（13·12）

③连词，表假设。例句：人而无恒，不可以作巫医。（13·22）

④连词，表转折。例句：君子和而不同，小人同而不和。（13·23）；君子易事而难说也。说之不以道，不说也。（13·25）；君子泰而不骄，小人骄而不泰。（13·26）

“之”

①助词，的。例句：有是哉，子之迂也，奚其正？（13·3）；夫如是，则四方之民襁负其子而至矣，焉用稼？（13·4）；鲁卫之政，兄弟也。（13·7）

②动词，到，往。例句：虽之夷狄，不可弃也。（13·19）

③代词，代人，代事物。例句：先之，劳之。（13·1）；故君子名之必可言也，言之必可行也。（13·3）；如不善而莫之违也，不几乎一言而丧邦乎？（13·15）

“乎”

①句末语气助词。例句：必也正名乎！（13·3）

②作词缀，与“几”组合为“几乎”。例句：如知为君之难也，不几乎一言而兴邦乎？（13·15）；予无乐乎为君，唯其言而莫予违也。（13·15）

“其”

①代词，“他的”。例句：其身正，不令而行；其身不正，虽令不从。（13·6）

②代词，“他”。例句：君子于其所不知，盖阙如也。（13·3）；及其使人也，求备焉。（13·25）

③代词，指自己，我的。例句：予无乐乎为君，唯其言而莫予违也。（13·15）

④指示代词，那。例句：其事也。如有政，虽不吾以，吾其与闻之。（13·14）

⑤副词，表疑问语气。例句：尔所不知，人其舍诸？（13·2）

⑥副词，表揣测语气。例句：如有政，虽不吾以，吾其与闻之。（13·14）

⑦固定搭配，“其中”。例句：父为子隐，子为父隐，直在其中矣。（13·18）

“焉”

①疑问代词。例句：夫如是，则四方之民襁负其子而至矣，焉用稼？（13·4）；焉知贤才而举之？（13·2）

②语气助词。例句：既庶矣，又何加焉？（13·9）；宗族称孝焉，乡党称弟焉。（13·20）

“以”

①介词，把。例句：诵《诗》三百，授之以政，不达。（13·5）

②介词，用。例句：虽多，亦奚以为？（13·5）；说之虽不以道，说也。（13·25）；以不教民战，是谓弃之。（13·30）

③固定搭配，“可以”。例句：一言而可以兴邦，有诸？（13·15）；善人教民七年，亦可以即戎矣。（13·29）

“于”

①介词，对于。例句：君子于其所不知，盖阙如也……君子于其言，无所苟而已矣。（13·3）

②介词，到。例句：使于四方，不能专对。（13·5）

③介词，表比较，与，和。例句：吾党之直者异于是。（13·18）

“与”

①介词，为。例句：居处恭，执事敬，与人忠。（13·19）

②连词，和，结交。例句：不得中行而与之，必也狂狷乎！（13·21）

③动词，参与。例句：如有政，虽不吾以，吾其与闻之。（13・14）

（五）梳理古今异义词

“四方”：今通常义，四个方向或各个方面；本文义，本国之外的各个诸侯国。例句：使于四方，不能专对。（13・5）

“居室”：今通常义，居住的房屋；本文义，居家过日子。例句：子谓卫公子荆善居室。（13・8）

“于是”：今通常义，连词，紧接上事之后并由于上事而出现某种结果；本文义，固定搭配，和这个。例句：吾党之直者异于是。（13・18）

（六）梳理多词一义

“适”“之”“至”：都含“到达、前往”的意思。例句：子适卫，冉有仆。（13・9）；虽之夷狄，不可弃也。（13・19）；则四方之民襁负其子而至矣，焉用稼？（13・4）

“舍”“弃”：都含有“埋没、废弃”的意思。例句：尔所不知，人其舍诸？（13・2）；虽之夷狄，不可弃也。（13・19）

“奚”“焉”：都含有疑问代词“何必、为何”的意思。例句：有是哉，子之迂也，奚其正？（13・3）；则四方之民襁负其子而至矣，焉用稼？（13・4）

“苟”“如”：都含有“如果、假若”的意思。例句：苟有用我者，期月而已可也，三年有成。（13・10）；如有政，虽不吾以，吾其与闻之。（13・14）

（七）梳理特殊句式

倒装句

状语后置：介宾短语放在被修饰或限制的谓语之后，一般用来指其处所、时间、物件、方式、程度等。

“诵《诗》三百，授之以政，不达。”（13·5）：“以政授之”的意思；“说之虽不以道，说也。”（13·25）：“虽不以道说之”的意思。

主谓倒装：

“予无乐乎为君，唯其言而莫予违也。”（13·15）：“予为君无乐乎”的意思；“诚哉是言也！”（13·11）：“是言也诚哉”的意思。

宾语前置：

“卫君待子而为政，子将奚先？”（13·3）：“子将先奚”的意思；“虽多，亦奚以为？”（13·5）：“亦以奚为”的意思；“既庶矣，又何加焉？”（13·9）：“又加何焉”的意思；“苟正其身矣，于从政乎何有？”（13·13）：“于从政有何乎”的意思；“其事也。如有政，虽不吾以，吾其与闻之。”（13·14）：“虽不以吾”的意思。

（八）梳理文化常识

1. 称谓

卫君：卫出公蒯辄，卫灵公之孙。其父蒯聩被卫灵公驱逐出国，卫灵公死后，蒯辄继位。蒯聩要回国争夺君位，遭到蒯辄拒绝。这里，孔子对此事提出了自己的看法。（13·3）

公子荆：卫国的大夫，字南楚，卫献公的儿子，故称公子荆。（13·8）

2. 礼俗

鲁卫之政：鲁国是周公旦的封地，卫国是康叔的封地，都是周朝的两个姬姓诸侯国。因此说鲁、卫两国无论从亲属关系到政治情况都是兄弟之国，而当时两国的政治情况都趋向于衰败，故而孔子有此感叹。（13·7）

世：三十年是一世。

每天有十二个时辰（一个时辰是 2 小时）

子时，是午夜十一点到一点，以零点为正点；

午时，是十一点到一点，以十二点为正点；

…………

把夜间分为五更：

一更：19 点到 21 点

二更：21 点到 23 点

三更：23 点到 1 点

四更：1 点到 3 点

五更：3 点到 5 点

一个时辰分作八刻（一刻是 15 分钟）

点：古代使用铜壶滴漏计时。

以下漏击点为名（一点的长度合为现在的 24 分钟）

一盏茶（10 分钟）

一炷香（5 分钟）

一分（60 秒）

一弹指（10 秒）

一刹那（1 秒）（13・12）

事与政：孔子在这里就指出，官员应该有政务官和事务官两种。虽然同为官员，可它们还是有分别的。孔子看来，政务官负责的是国家大政方针的制定，即便他没参加，也必定会有所耳闻的；而事务官就是负责去执行，他没有听说也就不足为怪了。（13・14）

直在其中：在中国的传统社会中，伦理道德是高于法制的。孔子认为孝道为德行的根本，儿子告发父亲，是为不孝，对父亲不孝者就难以对君主做到忠，所以孔子不赞成儿子去告发父亲偷羊。（13・18）

巫医：巫医是一个具有双重身份的人，既能交通鬼神，又兼及医药，是比一般巫师更专门于医药的人物。殷周时期的巫医治病，从殷墟甲骨文所见，在形式上看是用巫术，造成一种巫术气氛，对患者有安慰、精神支持的心理作用，真正治疗身体上的病，还是借用药物，或采取技术性治疗。巫医的双重性（对医药的应用与阻碍）决定了其对医药学发展的参半功过。（13·22）

（九）提炼相关成语

【名正言顺】名分正当，言语才能顺理成章。后亦指名实相符。（13·3）

【名不正言不顺】名分不正当，言语就不会顺理成章。（13·3）

【手足无措】手脚不知放在哪里好。形容举动慌张而无法应对。**（13·3）**：子路曰：“卫君待子而为政，子将奚先？”子曰：“必也正名乎！”子路曰：“有是哉，子之迂也，奚其正？”子曰：“野哉，由也！君子于其所不知，盖阙如也。名不正则言不顺，言不顺则事不成，事不成则礼乐不兴，礼乐不兴则刑罚不中，刑罚不中则民无所错手足。故君子名之必可言也，言之必可行也。君子于其言，无所苟而已矣。”

【不令而行】统治者本身行为正当，不用发布命令，百姓就会照着做。**（13·6）**：子曰：“其身正，不令而行；其身不正，虽令不从。”

【鲁卫之政】比喻形势相同或相似。**（13·7）**：子曰：“鲁卫之政，兄弟也。”

【胜残取杀】指感化残暴的人不再作恶，就可以取消杀伐刑戮。指以德化民，太平至治。**（13·11）**：子曰：“‘善人为邦百年，亦可以胜残去杀矣。’诚哉是言也！”

【一言兴邦】一句话就可以让国家兴盛。指关键人物的一句话可以影响大局。（13·15）

【一言丧邦】一句话就可以让国家灭亡。指关键人物的一句话可以影响大局。**（13·15）**：定公问：“一言而可以兴邦，有诸？”孔子对曰：“言不可以若是，其几也，人之言曰：‘为君难，为臣不易。’如知为君之难也，不几乎一言而兴邦乎？”曰：“一言而丧邦，有诸？”孔子对曰：“言不可以若是，其几也，人之言曰：‘予无乐乎为君，唯其言而莫予违也。’如其善而莫之违也，不亦善乎？如不善而莫之违也，不几乎一言而丧邦乎？”

【近悦远来】【悦近来远】【迩安远至】邻近的人心悦诚服，远处的人前来投奔。（13·16）：叶公问政。子曰：“近者说，远者来。”

【欲速则不达】【欲速不达】想要求快，反而达不到目的。（13·17）：子夏为莒父宰，问政。子曰：“无欲速，无见小利。欲速则不达，见小利则大事不成。”

【父为子隐】父亲为儿子隐瞒恶迹。（13·18）

【子为父隐】儿子为父亲隐瞒恶迹。（13·18）：叶公语孔子曰：“吾党有直躬者，其父攘羊而子证之。”孔子曰：“吾党之直者异于是，父为子隐，子为父隐，直在其中矣。”

【言必信，行必果】说话一定要诚信，行动一定要坚决。（13·20）

【斗筲之人】【斗筲之器】度量和见识都很小的人。比喻人器识狭小。（13·20）：子贡问曰：“何如斯可谓之士矣？”子曰：“行己有耻，使于四方，不辱君命，可谓士矣。”曰：“敢问其次。”曰：“宗族称孝焉，乡党称弟焉。”曰：“敢问其次。”曰：“言必信，行必果。硁硁然小人哉，抑亦可以为次矣。”曰：“今之从政者何如？”子曰：“噫！斗筲之人，何足算也！”

【和而不同】协调差异而不强求一致。（13·23）

【同而不和】强求一致而不协调差异。（13·23）：子曰：“君子和而不同，小人同而不和。”

【泰而不骄】安详舒泰而不盛气凌人。（13·26）

【骄而不泰】盛气凌人而不安详舒泰。（13·26）：子曰：

“君子泰而不骄，小人骄而不泰。”

【刚毅木讷】刚强、果决、朴实、不轻易讲话。(13·27)：子曰：“刚，毅，木，讷，近仁。”

三、文意探究

(一)梳理内容：完成该“篇”内容分类。要求概括该篇中重点话题(该篇中占有章句较多的一至二个话题)，给该篇拟一个“章回式题目”，写一个说明性“序言”。

本篇回目示例：

身正令行执事敬，近悦远来与人忠(13·6、13·13、13·16、13·19)

序言示例：

(1)

本篇共有三十章，其中著名的文句有：“名不正则言不顺，言不顺则事不成”“欲速则不达”“父为子隐，子为父隐”“居处恭，执事敬，与人忠”“言必信，行必果”“君子和而不同，小人同而不和”“君子泰而不骄，小人骄而不泰”。本篇包含的内容比较广泛，其中有关于如何治理国家的政治主张，孔子的教育思想，个人的道德修养与品格完善，以及“和而不同”的思想。本篇内容分类为：

如何从政：

13·1(引导、无倦)；13·2(举贤)；13·3(正名)；13·6，13·13(正身)；13·9(富民、教民)；13·11(德治，不排除刑罚)；13·15(行仁政、礼治)；13·29，13·30(强民)；13·17(无欲速，无见小利)

君子修养：

13·19，13·27(仁)；13·20(知耻、不辱君命、孝悌)；13·21(中行)；13·22(恒心恒德)；13·23(和而不

同）；13·25（量才录人）；13·26（泰而不骄）；13·28（互助督促勉励，相处和气）

（2）

孔子在这篇中讨论了较多行政的方法和原则。首先要起到带头作用，首领什么样，手下人就什么样，首领认真工作，那么手下人也会认真工作。其次要知人善任，使工作高效进行。孔子提到这里的“仁”并非说要学识渊博，学富五车，而应注重其工作实践能力，即能不能把书中的东西转化到执行任务中去，并且还应当容貌态度端庄，工作严肃认真持之以恒，对别人忠心诚意。最后，还要保证环境公平公正，这样人们才有动力工作。

谈到治理一个人口众多的大国时，孔子认为应先使人民富裕起来再教育他们。我认为孔子的这个观点是具有时代性的。

谈到国家兴衰时，孔子强调了民众的麻木和对政事的冷漠态度会导致丧失国家，而如果人人都积极参与国家社会建设，认真思考对待，那么国家也就很难不兴盛了。孔子的君子观提到，君子用自己正确的意见纠正他人的错误，使一切恰到好处，而小人只是盲目服从，不肯抒发己见。

这些表述，对我们做人行事有很大的启发。

（二）每“篇”一辩：本项任务为选择该篇中可供思辨的章句，设计一组辩题（含正方、反方观点），并分别撰写辩词。

示例：

论题：对人民的道德教育与使人民富裕哪个在先？

限定：教育的给予者是社会与国家，也就是治国者角度的“使人民富裕”和“教育人民”。

“富裕”的定义：在能维持生活的情况下有一定的积蓄。

“道德”的定义：行为准则以及更高层次的精神追求。

依据：子适卫，冉有仆。子曰：“庶矣哉！”冉有曰：“既庶矣，又何加焉？”曰：“富之。”曰：“既富矣，又何加焉？”

曰："教之。"（13·9）

辩题：对人民的道德教育应先于在物质方面使人民富裕（正方观点）；在物质方面使人民富裕应先于对人民的道德教育（反方观点）

正方观点申述选例：

我方认为，对人民的道德教育应先于在物质方面使人民富裕。具体观点如下：

无道德约束的财富增长易使人成为社会危险品。

人在富裕的时候总想追求更丰富的财富积累，在物质条件充足的情况下，如果没有道德教育对人民价值观的塑造，则人们就很容易因一己私欲而做出危害社会的行为。不懂得法律，甚至还没有是非观念的孩童，都可仅仅因为亲妹妹失手打碎了自己最喜欢的饭碗而拔刀相向，一怒之下铸成悲剧。有些仇视社会的恐怖分子虽然富裕，却宁愿尽其财力也要来危害世界人民的安全。之所以强调道德教育在先，是因为道德教育不仅可以提升人民的文化素养，更重要的是可对人民的言行加以约束。富裕却无道德约束的人们，虽然在外表上强壮，物质上满足，内心却仍是一个孩童。这样有物质实力而无道德之心的人是社会潜在的危险品。千年之前，孔子宣扬为国以礼，韩非子提倡严刑峻法，如今社会的生产力水平远超当时，我们更应先追求道德教育与价值观的完善，追求精神层面的广度与深度，再进一步追求物质层面的富裕。

道德教育与富裕并不是对立关系，先接受道德教育反而更有助于人民富裕。

人民的整体富裕离不开社会经济的发展，而市场公平公正是促进经济良性发展的必然前提，这些共识都有赖于后天通过道德教育习得。人若仅凭天性驱动，往往只会驱向眼前的蝇头小利而忽略延迟满足及更长远的收益，从而产生了欺瞒、诈骗、失信等投机者。而道德教育可为商业活动在诚信、合作、互利共赢的良好环境下发展提供基础。柳宗元在《宋清传》中所描写的宋清在卖药时坚持诚信经营，甚至主动烧去赊账者的票据与人方便，这虽使他失去了部分既得利益，却从长远方面带给他更大的财富。这种全局观念正是道德教育带给人们的更高层次的精神力量，是单纯的物质富裕所无法提供的。

由此可见，道德教育可为人民的言行提供规范，可为经济的发展提供良好环境与精神指引，更好地促进社会和谐与进步。因此，道德教育应先于追求物质富裕存在。

反方观点申述选例：

我方认为，马斯洛需求层次中，生理需要的上一层是安全需要，安全感不仅由社会的稳定度与社会保障提供，也由个人资产提供。仅能维持温饱的经济水平是一种不安定的收入水平，例如突发疾病或天灾都会使温饱无法维持，而达到富裕后，则有了对突发事件的解决能力与承受能力，因而安全需求才能被满足。而安全需求之上，才是社交需要，此时道德可以满足人们的社交与尊重需求。换言之，如果连物质与安全都无法满足人民，又何谈对人民的道德教育呢？

《论语·子路》有记：子适卫，冉有仆。子曰：“庶矣哉！”冉有曰：“既庶矣，又何加焉？”曰：“富之。”曰：“既富矣，又何加焉？”曰：“教之。”

孔子的治国理念也是先富民，而后立马跟进教育。这是有道理的，人民对于所接受的教育内容是否信任的最直接依据就是其使用者是否使用那些知识达到了他们所允诺的结果。

人民的意识形态是与现实紧密相连的，人民富有且未来充满希望的国家，人民往往会对其制度与理念抱有极大的信任，而在这之后对于国家所主张的道德才会有信任，而人民逐步走向并到达富裕是让人们信任国家制度以及未来最基础的条件。

正例：中国的建国史很好地阐述了这一点。起初人民之所以爱戴并信任共产党，是因为共产党让他们得到了土地，得到了自由，得到了安全，而后才会对共产党有了信任；而如今，建立起制度自信也不仅是通过宣传，更多是让人民感受到切实的利益与改变，信任自然就会增强，而在此基础上，道德才能被人们广泛地信服。

反例：苏联同样作为社会主义国家，人们在一开始也是对国家未来抱有希望的，但是苏联的经济却是一直十分低迷，从民众间流传的一些话可以看出来，民众对于生活不富裕的不满直接转化成了对于制度的不信任，甚至赫鲁晓夫都说："我当过工人，那时候没有社会主义，可有土豆；如今社会主义建成了，土豆却没了。"在这种情况下，社会上盗窃案频发，难道国家没有教育人们盗窃是不道德甚至违法的吗？当然不是，但当人们的生理需要与安全需要得不到满足时，即便提供能满足更高层需要的精神文化等事物，人们也不会接受，因为安全与生理需要对于人们来说是最基本的需要，当这些需要无法被满足时，人们就会趋于极端利己，以获得尽可能多的资源来维护个人的安全与生存，做出诸如盗窃、抢劫甚至更为极端的行为。在现代，有的家庭本身勉强能维持温饱，但在有了子女以后无法承受抚养的压力，竟因为无法养活子女，将子女遗弃甚至杀害。如果达到了富裕，这些家庭又怎么会做出如此行径呢？这些行动是与正确的道德观念背道而驰的，但生理需要与安全需要相比于道德又处在更基础的地位上，并非每一个人都会因为安全需求不能被满足而抛弃道德，但站在整个社会的角度上，不能达到富裕从而满足安全需求的现实会让多数人逐渐失去对于道德的信任与坚守，因此多数人会优先选择满足安全需要，而不是选择道德。

总结：

通过两方的辩论我们可以发现，辩题主要讨论的内容是道德与富裕之间的辩证关系。在正方看来，道德是物质的充分不必要条件，即物质的充足与否无法丰富一个人的道德品质，而道德品质从长远来看，是会极大反作用于物质条件的。相似地，正方提到，无道德约束的财富增长容易使人成为社会危险品，人们会更倾向于毫无忌惮地漠视规则，用自己手头的物质财富做出伤害他人的行为，而这些对市场、对社会秩序的破坏则会反过来制约经济、财富的增长，唯有靠道德来约束我们的言行，规范我们的品行，才能实现长期的经济良好增长。相反地，反方则认为道德是物质的必要不充分条件，意味着物质财富处于先决地位。反方分别从个体和整体意识形态角度进行讨论。首先，从个体来看，马斯洛需求层次理论告诉我们，社交需求与尊重需求，那些需要道德所参与的环节，是凌驾于人的安全需求的，若人的财富水平未达到一定水平，则个体的安全需求，即使在生理需求得到保障的情况下，依然是不能得到充分满足的，如医疗条件的低下，生活设施的简陋等，这个时候，若不解决个体安全问题，即物质财富问题，谈论道德是浮夸且无用的。从整体意识形态来说，反方提到物质的富裕是意识形态统一的根本，若不富裕，生活水平低下，民众就很难对意识形态自信，很难达到意识形态的统一，道德的传播也就被阻止了。相反，当富裕时，民众信任于意识形态与管理阶层，道德的传播便被极大地促进了。

（三）孔说面面观：选择“篇”中一章，用其中的观点与现实生活不同领域相联系，指出其是否适用的情况，并说明理由。结合该章句写一则“从业训诫”，体现儒家思想与当代社会现实的融合与碰撞，激发学生的思辨意识，培养批判思维能力。

示例：

子夏为莒父宰，问政。子曰：“无欲速，无见小利。欲速则不达，见小利则大事不成。”（13·17）

子夏到莒父当地方长官，问孔子怎样处理政事。孔子说：“不要求快，不要贪求小利。求快反而达不到目的，贪求小利就做不成大事。”

“欲速则不达”，贯穿着辩证法思想，即对立着的事物可以互相转化。孔子要求子夏从政不要急功近利，否则就无法达到目的；不要贪求小利，否则就做不成大事。这个道理在今天也有很大的启发性。现实生活中，往往因为急于达到目的，忽视了很多制约因素，造成事与愿违的结果。这就警示我们的很多行业，应该秉持“慢工出巧匠”的观念，小心谨慎做事，不能贸然操作。比如科学实验必须严格按照规则和步骤实行，不能因为求快而走捷径，否则得出的结果和结论是没有价值的。火箭和导弹固体推进剂（固体混合炸药）的整形打磨师更是不能求快，因为超过 0.5 毫米的误差就可能出现重大事故。诸如医疗手术、工艺加工等行业同样需要克服“欲速”心理，为成功实现目标上好保险。

但是有些行业是不能完全“从慢”的，因为“慢”就会失去机会，造成不可挽回的损失。况且，紧急情况下，没有时间考虑更多因素，只能为着一个最为紧迫的目标进行操作。有时，已经造成了损失，当下的行动只能是减小损失的做法。比如消防救援、医疗抢救、罪犯抓捕等必须从速行动，因为生命至上，保护人民生命财产安全，防止次生伤害是第一目标，来不得优柔寡断和举棋不定。

因此，孔子的这一理论也应该辩证地实践，依据具体行业和具体情况而定，不可机械照搬。

（四）合并分析：在该篇中找出可以放到一起比较的章句（可以联系以前的篇章），分析这些章句共同体现了孔子怎样的思想，以此写一段述评。

示例 1：

子曰：“其身正，不令而行；其身不正，虽令不从。”（13·6）

子曰：“苟正其身矣，于从政乎何有？不能正其身，如正人

何？”（13·13）

以上两章均表达了孔子对“正身”的重视，分别强调了为政者自身道德修养在国家治理中的重要性。其中第六章重在强调“正身”对政令实行会起到极大的推动作用；第十三章重在强调为政者自身做得好，会极大地降低管理难度。

示例2：

子贡问曰：“何如斯可谓之士矣？”子曰：“行己有耻，使于四方，不辱君命，可谓士矣。”曰：“敢问其次。”曰：“宗族称孝焉，乡党称弟焉。”曰：“敢问其次。”曰：“言必信，行必果。硁硁然小人哉，抑亦可以为次矣。”曰：“今之从政者何如？”子曰：“噫！斗筲之人，何足算也！”（13·20）

子路问曰：“何如斯可谓之士矣？”子曰：“切切偲偲，怡怡如也，可谓士矣。朋友切切偲偲，兄弟怡怡。”（13·28）

以上两章孔子阐述了关于“士”的理解，其中第二十章分别从具有羞耻之心、不辱君命的角度，被宗族、乡党称赞孝悌的角度，讲究诚信、践行允诺的角度解释了“士”应该具备的品格，并排列了重要程度的顺序；第二十八章则从朋友间要互相批评、和睦相处的角度，解释了“士”与人相处应该具备的态度和做法。从中还能看出孔子在回答不同弟子的同一问题时，做出了不同的回答，体现了孔子针对不同对象实施不同教育方式的教育思想，给了我们更多的启发。

（五）雅意今思：选择该篇中能体现客观、进步思想的章句，以社会生活事例作为依据，给该“篇”拟写“后记”，为首次阅读者推荐该篇。这一设计，意在引导学生发现、提炼经典著作中的价值和精髓，培养类比思维能力。

示例：

“君子和而不同，小人同而不和。”（13·23）这一章记录了孔子对于“君子”和“小人”处事方面的区别，特别强调了君子应该用自己的正确意见来纠正别人的错误意见，使一切都做到恰到好处，却不肯言听计从。这其实是在告诫我们，作为一个社会人，应该秉持公心，站定立场，坚持原则，在是非面前绝不可以盲目附和，这既是做人原则，也是行事准则。这与目前党中央整顿党的作风的思想完全一致。我党积极开展党内批评和自我批评活动，积极倡导广大党员干部和党员群众认真检查自己存在的缺点，同时敢于向其他党员干部及普通党员提出合理意见和建议，不说无关痛痒的话，敢于让对方“脸红”，为净化党风迈出了大胆的一步。正因为有大批正直的共产党人，勇于用正确的意见去纠正错误的做法，才使得腐败分子原形毕露，停止了危害国家、伤害人民的罪恶行径，为民族挽回了损失。因此“君子和而不同”的作风是优化民风的有利条件，我们应该坚持践行这一精神，实现人与人之间真正的和谐，让孔子思想泽被后世。

四、每篇一练

阅读下面内容，回答问题。

子曰：“诵《诗》三百，授之以政，不达；使于四方，不能专对；虽多，亦奚以为？”(《论语·子路》)

1. 从这则语录看，孔子对《诗经》作用的认识是什么？请结合语录简要分析。

2. 请用四字词语概括这则语录反映的学习观。

宪问篇第十四

一、重温原文

14·1 宪问耻。子曰："邦有道，谷；邦无道，谷，耻也。""克、伐、怨、欲，不行焉，可以为仁矣？"子曰："可以为难矣，仁则吾不知也。"

14·2 子曰："士而怀居，不足以为士矣。"

14·3 子曰："邦有道，危言危行；邦无道，危行言孙。"

14·4 子曰："有德者必有言，有言者不必有德。仁者必有勇，勇者不必有仁。"

14·5 南宫适问于孔子曰："羿善射，奡荡舟，俱不得其死然。禹、稷躬稼而有天下。"夫子不答。南宫适出。子曰："君子哉若人！尚德哉若人！"

14·6 子曰："君子而不仁者有矣夫，未有小人而仁者也。"

14·7 子曰："爱之，能勿劳乎？忠焉，能勿诲乎？"

14·8 子曰："为命，裨谌草创之，世叔讨论之，行人子羽修饰之，东里子产润色之。"

14·9 或问子产，子曰："惠人也。"问子西，曰："彼哉！彼哉！"问管仲，曰："人也。夺伯氏骈邑三百，饭疏食，没齿无怨言。"

14·10 子曰："贫而无怨难，富而无骄易。"

14·11 子曰："孟公绰为赵、魏老则优，不可以为滕、薛大夫。"

14·12　子路问成人。子曰："若臧武仲之知，公绰之不欲，卞庄子之勇，冉求之艺，文之以礼乐，亦可以为成人矣。"曰："今之成人者何必然？见利思义，见危授命，久要不忘平生之言，亦可以为成人矣。"

14·13　子问公叔文子于公明贾曰："信乎，夫子不言、不笑、不取乎？"公明贾对曰："以告者过也。夫子时然后言，人不厌其言；乐然后笑，人不厌其笑；义然后取，人不厌其取。"子曰："其然，岂其然乎？"

14·14　子曰："臧武仲以防求为后于鲁，虽曰不要君，吾不信也。"

14·15　子曰："晋文公谲而不正，齐桓公正而不谲。"

14·16　子路曰："桓公杀公子纠，召忽死之，管仲不死。"曰："未仁乎？"子曰："桓公九合诸侯，不以兵车，管仲之力也！如其仁！如其仁！"

14·17　子贡曰："管仲非仁者与？桓公杀公子纠，不能死，又相之。"子曰："管仲相桓公，霸诸侯，一匡天下，民到于今受其赐。微管仲，吾其被发左衽矣。岂若匹夫匹妇之为谅也，自经于沟渎而莫之知也！"

14·18　公叔文子之臣大夫僎与文子同升诸公。子闻之，曰："可以为'文'矣。"

14·19　子言卫灵公之无道也，康子曰："夫如是，奚而不丧？"孔子曰："仲叔圉治宾客，祝鮀治宗庙，王孙贾治军旅。夫如是，奚其丧？"

14·20　子曰："其言之不怍，则为之也难。"

14·21　陈成子弑简公。孔子沐浴而朝，告于哀公曰："陈恒弑其君，请讨之。"公曰："告夫三子。"孔子曰："以吾从大夫之后，不敢不告也。君曰'告夫三子'者！"之三子告，不可。孔子曰："以吾从大夫之后，不敢不告也。"

14·22　子路问事君。子曰："勿欺也，而犯之。"

14·23　子曰："君子上达，小人下达。"

14·24　子曰："古之学者为己，今之学者为人。"

14·25　蘧伯玉使人于孔子。孔子与之坐而问焉，曰："夫子何为？"对曰："夫子欲寡其过而未能也。"使者出。子曰："使乎！使乎！"

14·26　子曰："不在其位，不谋其政。"曾子曰："君子思不出其位。"

14·27　子曰："君子耻其言而过其行。"

14·28　子曰："君子道者三，我无能焉：仁者不忧，知者不惑，勇者不惧。"子贡曰："夫子自道也！"

14·29　子贡方人。子曰："赐也贤乎哉？夫我则不暇。"

14·30　子曰："不患人之不己知，患其不能也。"

14·31　子曰："不逆诈，不亿不信，抑亦先觉者，是贤乎！"

14·32　微生亩谓孔子曰："丘，何为是栖栖者与？无乃为佞乎？"孔子曰："非敢为佞也，疾固也。"

14·33　子曰："骥不称其力，称其德也。"

14·34　或曰："以德报怨何如？"子曰："何以报德？以直报怨，以德报德。"

14·35　子曰："莫我知也夫！"子贡曰："何为其莫知子也？"子曰："不怨天，不尤人，下学而上达。知我者其天乎！"

14·36　公伯寮愬子路于季孙。子服景伯以告，曰："夫子固有惑志于公伯寮，吾力犹能肆诸市朝。"子曰："道之将行也与，命也；道之将废也与，命也。公伯寮其如命何？"

14·37　子曰："贤者辟世，其次辟地，其次辟色，其次辟言。"子曰："作者七人矣。"

14·38　子路宿于石门。晨门曰："奚自？"子路曰："自孔氏。"曰："是知其不可而为之者与？"

14·39　子击磬于卫，有荷蒉而过孔氏之门者，曰："有心哉，击磬乎！"既而曰："鄙哉，硁硁乎！莫己知也，斯己而已矣。‘深则厉，浅则揭’。”子曰：“果哉！末之难矣。”

14·40　子张曰：“《书》云：‘高宗谅阴，三年不言。’何谓也？”子曰：“何必高宗？古之人皆然。君薨，百官总己以听于冢宰三年。”

14·41　子曰：“上好礼则民易使也。”

14·42　子路问君子。子曰：“修己以敬。”曰：“如斯而已乎？”曰：“修己以安人。”曰：“如斯而已乎？”曰：“修己以安百姓。修己以安百姓，尧舜其犹病诸！”

14·43　原壤夷俟。子曰：“幼而不孙弟，长而无述焉，老而不死，是为贼。”以杖叩其胫。

14·44　阙党童子将命。或问之曰：“益者与？”子曰：“吾见其居于位也，见其与先生并行也。非求益者也，欲速成者也。”

二、基础知识梳理

（一）梳理特殊用字现象

“孙”同“逊”，谦顺。例句：邦有道，危言危行；邦无道，危行言孙。（14·3）

“被”同“披”，披散。例句：微管仲，吾其被发左衽矣。（14·17）

“与”同“欤”，语气助词。例句：管仲非仁者与？（14·17）；道之将行也与，命也。（14·36）

“知”同“智”，聪明，有智慧。例句：若臧武仲之知。（14·12）；君子道者三，我无能焉：仁者不忧，知者不惑，勇者不惧。（14·28）

“亿”同“臆”，猜测。例句：不逆诈，不亿不信，抑亦先觉者，是贤乎！（14·31）

“愬”同“诉”，告发，诽谤。例句：公伯寮愬子路于季孙。

（14・36）

“辟”同“避”，逃避。例句：贤者辟世，其次辟地，其次辟色，其次辟言。（14・37）

“孙弟”同“逊悌”，孝悌。例句：幼而不孙弟，长而无述焉，老而不死，是为贼。（14・43）

（二）梳理活用词

形容词用作名词：

“老”，大夫的家臣。例句：孟公绰为赵、魏老则优，不可以为滕、薛大夫。（14・11）

形容词的使动用法：

“寡”，使……减少。例句：夫子欲寡其过而未能也。（14・25）

“安”，使……安乐。例句：修己以安人……修己以安百姓。（14・42）

形容词的意动用法：

“耻”，以……为耻。例句：君子耻其言而过其行。（14・27）

名词用作动词：

“谷”，领俸禄。例句：邦有道，谷；邦无道，谷，耻也。（14・1）；

“饭”，吃。例句：人也。夺伯氏骈邑三百，饭疏食，没齿无怨言。（14・9）

动词的为动用法：

“死”，为……而死。例句：桓公杀公子纠，召忽死之，管仲不死。（14・16）

（三）梳理多义实词

“知”

①同“智”，聪明，有智慧。例句：若臧武仲之知。（14・12）

②知道、了解。例句：不患人之不己知，患其不能也。（14·30）；知我者其天乎！（14·35）

“道”

①道理，主张。例句：君子道者三，我无能焉。（14·28）

②叙述。例句：夫子自道也！（14·28）

“如”

①应当，同“乃”，表判断。例句：如其仁！如其仁！（14·16）

②像，如同。例句：夫如是，奚而不丧？（14·19）

③固定搭配，“何如”，怎么样。例句：以德报怨何如？（14·34）

“欲”

①贪欲。例句：公绰之不欲，卞庄子之勇，冉求之艺。（14·12）

②想要。例句：夫子欲寡其过而未能也。（14·25）；非求益者也，欲速成者也。（14·44）

“固”

①顽固。例句：非敢为佞也，疾固也。（14·32）

②本来。例句：夫子固有惑志于公伯寮，吾力犹能肆诸市朝。（14·36）

“要”

①“约”的借字，穷困。例句：久要不忘平生之言，亦可以为成人矣。（14·12）

②要挟。例句：臧武仲以防求为后于鲁，虽曰不要君，吾不信也。（14·14）

“过”

①错误。例句：以告者过也。（14·13）

②超过。例句：君子耻其言而过其行。（14·27）

③经过。例句：子击磬于卫，有荷蒉而过孔氏之门者。

（14・39）

“危”

①高于俗，正。例句：邦有道，危言危行；邦无道，危行言孙。（14・3）

②危险。例句：见利思义，见危授命，久要不忘平生之言，亦可以为成人矣。（14・12）

“使”

①派遣。例句：蘧伯玉使人于孔子。（14・25）

②出使、使者。例句：使者出。（14・25）

③指使、指挥。例句：上好礼则民易使也。（14・41）

（四）梳理多义虚词

“为”

①动词，表判断。例句：久要不忘平生之言，亦可以为成人矣。（14・12）；幼而不孙弟，长而无述焉，老而不死，是为贼。（14・43）

②动词，做。例句：士而怀居，不足以为士矣。（14・2）；孟公绰为赵、魏老则优，不可以为滕、薛大夫。（14・11）

③动词，创制。例句：为命，裨谌草创之。（14・8）

④介词，表目的，为了。例句：古之学者为己，今之学者为人。（14・24）

⑤固定搭配“何为”，因为什么。例句：丘，何为是栖栖者与？（14・32）

“而”

①连词，表承接。例句：孔子沐浴而朝。（14・21）

②连词，表修饰。例句：子击磬于卫，有荷蒉而过孔氏之门者。（14・39）

③连词，表假设。例句：士而怀居，不足以为士矣。（14・2）

④连词，表转折。例句：禹、稷躬稼而有天下。（14·5）；贫而无怨难，富而无骄易。（14·10）；是知其不可而为之者与？（14·38）

⑤连词，表递进关系。可译为“并且”或“而且”。例句：晋文公谲而不正，齐桓公正而不谲。（14·15）

⑥固定搭配“既而”，“不久”的意思。例句：既而曰：“鄙哉，硁硁乎！……”（14·39）

⑦固定搭配“而已”，“就够了吗”的意思。例句：如斯而已乎？（14·42）

“乎”

①句末语气助词，表反问语气，相当于“吗”“呢”。例句：爱之，能勿劳乎？忠焉，能勿诲乎？（14·7）

②句末语气助词，表疑问语气，可译为“吗”“呢”。例句：信乎，夫子不言、不笑、不取乎？（14·13）

③句末语气助词，表推测或商量语气，可译为“吧”。例句：曰：“未仁乎？”（14·16）

④句末语气助词，用于感叹句或祈使句，可译为“啊”“呀”等。例句：子曰：“使乎！使乎！”（14·25）

“其”

①人称代词，“他的”“它的”（包括复数）。例句：夫子时然后言，人不厌其言；乐然后笑，人不厌其笑；义然后取，人不厌其取。（14·13）

②人称代词，作主谓短语中的小主语，译为“他”“它”（包括复数）。例句：吾见其居于位也，见其与先生并行也。非求益者也，欲速成者也。（14·44）；骥不称其力，称其德也。（14·33）

③代词，指自己。例句：曾子曰：“君子思不出其位。”（14·26）；不患人之不己知，患其不能也。（14·30）

④副词，表疑问语气。例句：子曰：“其然，岂其然乎？”

（14·13）

⑤副词，表揣测语气。例句：不怨天，不尤人，下学而上达。知我者其天乎！（14·35）

“以”

①代词，此。例句：以告者过也。（14·13）

②介词，用、拿。例句：文之以礼乐，亦可以为成人矣。（14·12）；以德报怨何如？（14·34）

③介词，把。例句：子服景伯以告。（14·36）

④介词，凭借。例句：臧武仲以防求为后于鲁，虽曰不要君，吾不信也。（14·14）

⑤连词，因为。例句：以吾从大夫之后，不敢不告也。（14·21）

⑥连词，表目的，“来、用来”。例句：修己以安百姓，尧舜其犹病诸！（14·42）

⑦固定搭配“可以”。例句：孟公绰为赵、魏老则优，不可以为滕、薛大夫。（14·11）

⑧固定搭配“何以”，为什么。例句：何以报德？以直报怨，以德报德。（14·34）

“于”

①介词，对，对于。例句：蘧伯玉使人于孔子。（14·25）

②介词，向。例句：子问公叔文子于公明贾曰：“信乎，夫子不言、不笑、不取乎？”（14·13）

③介词，表被动。例句：夫子固有惑志于公伯寮。（14·36）

④介词，在。例句：子路宿于石门。（14·38）；子击磬于卫，有荷蒉而过孔氏之门者。（14·39）

“之”

①代词，“他”或“它”。例句：爱之，能勿劳乎？（14·7）；陈桓弑其君，请讨之。（14·21）

②助词，取消句子独立性。例句：若臧武仲之知，公绰之

不欲，卞庄子之勇，冉求之艺，文之以礼乐，亦可以为成人矣。（14·12）

③助词，“的”。例句：桓公九合诸侯，不以兵车，管仲之力也！（14·16）

④动词，到，往。例句：之三子告，不可。（14·21）

“与”

①介词，同、和。例句：吾见其居于位也，见其与先生并行也。（14·44）

②连词，和，同。例句：公叔文子之臣大夫僎与文子同升诸公。（14·18）

③动词，给予。例句：孔子与之坐而问焉。（14·25）

④语气助词，同“欤”，表疑问。例句：道之将行也与，命也；道之将废也与，命也。（14·36）；是知其不可而为之者与？（14·38）

（五）梳理古今异义词

“讨论”：今通常义，就某一问题交换意见；本文义，一个人去研究而后提意见。例句：为命，裨谌草创之，世叔讨论之，行人子羽修饰之，东里子产润色之。（14·8）

“行人”：今通常义，走路的人；本文义，外交官。例句：为命，裨谌草创之，世叔讨论之，行人子羽修饰之，东里子产润色之。（14·8）

“成人”：今通常义，已经完全发育成熟的人，与儿童相对；本文义，德才兼备的完人。例句：子路问成人。（14·12）

“作者”：今通常义，文章或书籍的撰写者；本文义，行为、做法。例句：子曰：“贤者辟世，其次辟地，其次辟色，其次辟言。”子曰：“作者七人矣。”（14·37）

（六）梳理多词一义

“吾”“我”：都含有“第一人称”的意思。例句：可以为难矣，仁则吾不知也。（14・1）；知我者其天乎！（14・35）

“如”“若”：都含有“好像”的意思。例句：夫如是，奚而不丧？（14・19）；岂若匹夫匹妇之为谅也，自经于沟渎而莫之知也！（14・17）

“奚”“何”：都含有疑问代词“什么、为什么、怎么”的意思。例句：夫如是，奚而不丧？（14・19）；夫如是，奚其丧？（14・19）；夫子何为？（14・25）；何以报德？以直报怨，以德报德。（14・34）

“末”“无”“未”：都含有“没有”的意思。例句：果哉！末之难矣。（14・39）；幼而不孙弟，长而无述焉，老而不死，是为贼。（14・43）；君子而不仁者有矣夫，未有小人而仁者也。（14・6）

（七）梳理特殊句式

倒装句

状语后置：介宾短语放在被修饰或限制的谓语之后，一般用来指其处所、时间、物件、方式、程度等。

“文之以礼乐，亦可以为成人矣。”（14・12）：“以礼乐文之”的意思；“子路宿于石门。”（14・38）：“子路于石门宿”的意思。

主谓倒装：

“君子哉若人！尚德哉若人！”（14・5）：“若人君子哉！若人尚德哉！”的意思；“有心哉，击磬乎！”“鄙哉，硁硁乎！”（14・39）：“击磬乎有心哉”“硁硁乎鄙哉”的意思。

宾语前置：

“岂若匹夫匹妇之为谅也，自经于沟渎而莫之知也！”

（14·17）："莫知之也"的意思；"夫子何为？"（14·25）："夫子为何"的意思；"不患人之不己知，患其不能也。"（14·30）："不知己"的意思；"何以报德？"（14·34）："以何"的意思；"莫我知也夫！"（14·35）："莫知我"的意思；"果哉！末之难矣。"（14·39）："末难之"的意思；"晨门曰：'奚自？'"（14·38）："自奚"的意思；"子击磬于卫。"（14·39）："子于卫击磬"的意思。

省略句

子曰："爱之，能勿劳（之）乎？忠焉，能勿诲（之）乎？"（14·7）；或问子产（于孔子），子曰："惠人也。"（14·9）；子服景伯以（之）告（之）。（14·36）

（八）梳理文化常识

1. 称谓

宪：即原思。（14·1）

南宫适：即南容。（14·5）

羿：夏代有穷国的国君，善于射箭，曾夺夏太康的王位，后被其臣寒浞所杀。（14·5）

奡（ào）：寒浞的儿子，是个大力士，善于水战，后来为夏少康所杀。（14·5）

禹稷：禹，夏朝的开国之君，善治水，重视发展农业。稷，传说是周朝的祖先，又为谷神，教民种植庄稼。（14·5）

裨（bì）谌（chén）：人名，郑国的大夫。（14·8）

世叔：《左传》作"子太叔"（"太""世"二字古时通用），名游吉，郑国的大夫。子产死后，继任郑国宰相。（14·8）

行人：官名，掌管朝觐聘问，即外交事务。（14·8）

子羽：公孙挥，字子羽。郑国的大夫。（14·8）

子西：这里的子西，或说指楚国的公子申，或说指郑国的公孙夏。（14·9）

伯氏：名偃，齐国的大夫。（14·9）

孟公绰：鲁国大夫，属于孟孙氏家族。（14·11）

臧武仲：鲁国大夫臧孙纥，臧文仲之孙。（14·12）

卞庄子：鲁国卞邑大夫。（14·12）

公叔文子：卫国大夫公孙拔，卫献公之孙。谥号“文”。（14·13）

公明贾：姓公明，名贾。卫国人。公叔文子的使臣。（14·13）

夫子：敬称公叔文子。（14·13）

晋文公：姓姬，名重耳。春秋时期有作为的政治家，著名的霸主之一。公元前636—前628年在位。（14·15）

齐桓公：姓姜，名小白。春秋时期有作为的政治家，著名的霸主之一。公元前685—前643年在位。（14·15）

公子纠：齐桓公的哥哥。齐桓公与他争位，杀掉了他。（14·16）

召忽：管仲和召忽都是公子纠的家臣、师傅。公子纠被杀后，召忽自杀殉节，管仲却归服齐桓公，并当上了齐国的宰相。（14·16）

僎（xún）：人名。原是公叔文子的家臣，由于公叔文子的推荐，当上卫国的大夫。（14·18）

仲叔圉：圉，音yǔ，即孔文子。他与后面提到的祝鮀、王孙贾都是卫国的大夫。（14·19）

陈成子：即陈恒，齐国大夫，又名田成子。他以大斗借出，小斗收进的方法受到百姓拥护。公元前481年，他杀死齐简公，夺取了政权。（14·21）

简公：齐简公，姓姜，名壬。公元前484—前481年在位。（14·21）

蘧伯玉：蘧，音qú。姓蘧，名瑗，字伯玉，卫国的大夫。孔子去卫国时，曾住在他的家里。（14·25）

微生亩：姓微生，名亩。传说是一位年长的隐士。鲁国人。（14・32）

公伯寮：姓公伯，名寮，字子周，孔子的弟子，曾任季氏的家臣。（14・36）

子服景伯：姓子服，名何，字伯，“景”是他的谥号。鲁国大夫。（14・36）

七人：指传说中的七位贤人隐士，即伯夷、叔齐、虞仲、夷逸、朱张、柳下惠、少连。（14・37）

高宗：殷王武丁。（14・40）

冢宰：商代官名，相当于后世的宰相。（14・40）

原壤：鲁国人，孔子的旧友。原壤的母亲死了，他却站在棺材上大声歌唱，孔子认为这是大逆不道。（14・43）

2. 礼俗

荡舟：摇船，划船。据顾炎武《日知录》说：古人以左右冲杀为“荡”。这里便可理解为水战，即以舟师冲杀。（14・5）

被发左衽：“被”，同“披”；“衽”，衣襟。“被发左衽”是当时的夷狄之俗。（14・17）

同升诸公：“公”，公室。这是说僎由家臣升为大夫，与公叔文子同位。（14・18）

肆诸市朝：古时处死罪人后陈尸示众。（14・36）

谅阴：古时天子守丧之称。（14・40）

薨（hōng）：周代时诸侯死称此。（14・40）

（九）提炼相关成语

【危言危行】说正直的话，做正直的事。**（14・3）：**子曰：“邦有道，危言危行；邦无道，危行言孙。”

【夫子自道】本意是说别人的优缺点，而事实上却说着了自己。也形容指摘别人，却正指摘了自己。**（14・28）：**子曰：“君子道者三，我无能焉：仁者不忧，知者不惑，勇者不惧。”

子贡曰："夫子自道也！"

【见利思义】看到货财，要想到道义。（14·12）：见利思义，见危授命，久要不忘平生之言，亦可以为成人矣。

【见危授命】"授命"，献出生命。在危急关头勇于献出自己的生命。（14·12）：见利思义，见危授命，久要不忘平生之言，亦可以为成人矣。

【久要不忘】不忘旧约或旧交。（14·12）：见利思义，见危授命，久要不忘平生之言，亦可以为成人矣。

【硁硁之愚】"硁硁"，浅陋而又固执的样子。坚持自己看法的谦辞。（14·39）：子击磬于卫，有荷蒉而过孔氏之门者，曰："有心哉，击磬乎！"既而曰："鄙哉，硁硁乎！莫己知也，斯已而已矣。'深则厉，浅则揭'。"

【没齿无怨】比喻永无怨言。（14·9）：问管仲，曰："人也。夺伯氏骈邑三百，饭疏食，没齿无怨言。"

【披发左衽】指古代中原地区以外少数民族的装束。也指沦为夷狄。（14·17）：微管仲，吾其被发左衽矣。

【匹夫匹妇】平民男女。泛指平民。（14·17）：岂若匹夫匹妇之为谅也，自经于沟渎而莫之知也！

【思不出位】考虑事情不超过自己的职权范围。比喻规矩老实，守本分。也形容缺乏闯劲。（14·26）：子曰："不在其位，不谋其政。"曾子曰："君子思不出其位。"

【以德报怨】不计别人的仇，反而给他好处。（14·34）：或曰："以德报怨何如？"子曰："何以报德？以直报怨，以德报德。"

【以直报怨】以公道对待自己怨恨的人。（14·34）：或曰："以德报怨何如？"子曰："何以报德？以直报怨，以德报德。"

【怨天尤人】指遇到挫折或出了问题，一味抱怨天，责怪别人。（14·35）：子曰："不怨天，不尤人，下学而上达。知我者其天乎！"

【下学上达】指学习人情事理，进而认识自然的法则。(14·35)：子曰："不怨天，不尤人，下学而上达。知我者其天乎！"

【匹夫沟渎】【匹夫小谅】指拘守普通人的小信小节。(14·17)：岂若匹夫匹妇之为谅也，自经于沟渎而莫之知也！

【谲而不正】诡诈而不正派。(14·15)：子曰："晋文公谲而不正，齐桓公正而不谲。"

【文子同升】指家臣奴仆同居官职。(14·18)：公叔文子之臣大夫僎与文子同升诸公。

【一匡天下】"匡"，纠正；"天下"，原指周天子统治所及的地方，即整个中国。纠正混乱局势，使天下安定下来。(14·17)：管仲相桓公，霸诸侯，一匡天下，民到于今受其赐。

【知其不可而为之】明知做不到却偏要去做。表示意志坚决。有时也表示倔强固执。(14·38)：子路宿于石门。晨门曰："奚自？"子路曰："自孔氏。"曰："是知其不可而为之者与？"

三、文意探究

(一)梳理内容：完成该"篇"内容分类。要求概括该篇中重点话题（该篇中占有章句较多的一至二个话题），给该篇拟一个"章回式题目"，写一个说明性"序言"。

本篇回目示例：

不方人短，论他人仁义礼智，慎固恶谲，以求治国待人，平定天下之法。

常思己过，消自己克伐怨欲，言逊行正，为寻修身为人，接近仁德之道。

依据：（14·1）（14·29）等

固：顽固不化　　谲：诡诈　　逊：谦虚谨慎

正：正派　　克：好胜　　伐：自夸

怨：怨恨　　欲：贪婪　　慎：以审慎的态度面对

恶：厌恶

序言示例：

（1）

本篇共计四十四篇。其中著名文句有："见利思义，见危授命""君子上达，小人下达""古之学者为己，今之学者为人""不在其位，不谋其政""君子思不出其位""君子耻其言而过其行""修己以安百姓""仁者不忧，知者不惑，勇者不惧"。这一篇中所包括的主要内容有：作为君子必须具备的某些品德；孔子对当时社会上的各种现象所发表的评论；孔子提出"见利思义"的义利观等。本篇内容分类为：

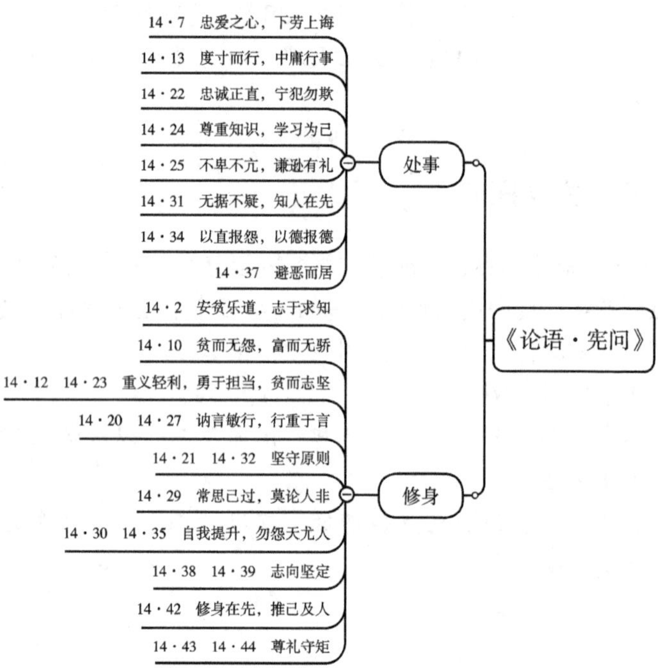

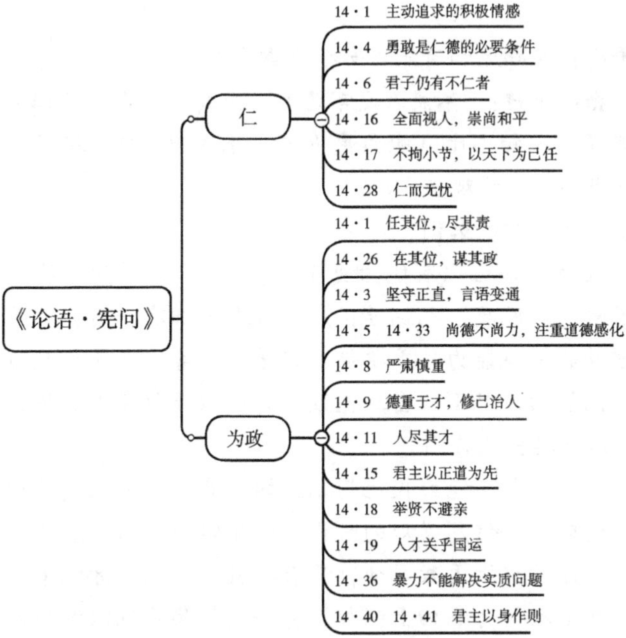

（2）

在本篇中，孔子继续了他对仁与君子、君子与小人之间关系的讨论，言语中蕴含了三者的普遍联系，也体现了各自的特殊性。其次，与前面几篇相似，孔子在与弟子的对话过程当中侧面阐述出他对某些品质的看重。比如说，在子路问及何为全人时，他便提到了智慧、清心寡欲、勇敢、多才多艺等品质。相似地，他还在后面再次说到了“行胜于言”，说到了积极入世、重视礼节，说到了坚毅、专一，讨论了如何服侍君主、如何做到君子等其他方面。在本篇中，还通过一系列对话和故事表达了孔子想要传播自己学说的愿望，同时抒发了无人了解自己的失落，体现了孔子的行动、坚持、专注与豁达。

（二）每“篇”一辩：本项任务为选择该篇中可供思辨的章句，设计一组辩题（含正方、反方观点），并分别撰写辩词。

示例：

论题：人知己和有能力哪个更重要？

依据：子曰："不患人之不己知，患其不能也。"（14·30）

辩题：人知己比有能力更重要（正方观点）；有能力比人知己更重要（反方观点）

正方观点申述选例：

我认为人知己比有能力更重要。"人知己"意为使别人知道、了解、钦佩我，也就是在广泛人群中拥有好名声。首先明确我方并非轻视能力的重要性，只是在具备一定能力且暂且不论能力高低的情况下，自我包装、自我推销所带来的好名声对个人发展更具积极作用。

第一，建立在能力较优基础上的好名声能使人更易被注意到。在这样一个信息爆炸的时代，大学学历和工作经验往往轻而易举就能被镀上无数层金，只有顺应时代潮流才能不被时代抛弃。在个人能力基础上稍加润色并宣传推广可以方便他人发掘、了解自己，由此获得与自己能力匹配或更好的机遇。其实战国时毛遂自荐、三国时卧龙凤雏与此异曲同工，他们也并非凭空捏造个人能力，仅仅进行了自我肯定、自我宣传，却由此得蒙赏识、大放异彩，实现了个人价值。这种竞争意识和润色手段古今通用。

第二，好名声利于提升个人能力。一句美剧台词是"假装，直到你成功"。所要假装的内容就是好名声里你营造的美好形象。这个过程不是自我安慰而是自我激励。他人期待和美好幻想更能激发一个人的上进心和自律心，于是他就会脚踏实地地努力去达到他所预支的高度——好名声。无论是他人期待还是自我激励，优秀的人因被人知悉而更加优秀的良性循环在生活中比比皆是。

综上所述，我方认为基于能力所营造出的好名声不仅是自己为了合理增强竞争力而打出的金字招牌，更是对美好未来的预先设想。一方面它能方便他人了解、赏识，另一方面它也是个人提升能力、寻求发展的内在动力。所以无论考虑个人还是社会发展，人知己都比有能力重要。

反方观点申述选例：

我方认为有能力比人知己更重要。“有能力”指的是有实力去完成某件事；而“人知己”意味着让别人知道自己有实力去完成某件事。当然，值得注意的是，人知己并不意味着自己真的有实力去完成。在论证之前，我有必要强调的是我并非不承认人知己的重要性，而是认为有能力应该先于人知己。换句话说，人不应该在自己无能的时候或功夫不到家的时候就急于去推销自己。理由如下。

首先，从心态上看，急于让别人知道自己而非增强自己的能力容易让自己培养出投机取巧、好高骛远的心态，长此以往，就会最终形成一种并不脚踏实地做事情的坏习惯，从而对自己产生长远的消极影响。

其次，从结果上看，过早让别人知道自己可能会在展示的过程中因自身实力不足底盘不稳而翻车，而翻车的过程反而会增加他人对自己能力的不信任感，而这种不信任感可能导致人知己转变为负面结果，即秀下限，背离人知己的初衷，其效果可能还不如稳稳当当增强能力到适当时机再推广自己的好。李某某，一代钢琴大师，因为日复一日的刻苦训练获得肖邦钢琴大赛的冠军并由此一战成名。但之后的一段时间由于自身的心态松懈而不再脚踏实地，大量参加各类综艺活动收获名气，却荒废了钢琴事业。而一直以来的松弛导致其过度自信，演唱会之前同样缺乏集中训练，最终出现了几次严重事故，砸了自己的招牌，使得观众对他产生了严重的不信任感，最近几年他的名字也逐渐淡出了人们的视野。由此可见，人只有在有能力的基础上再追求人知己才能让自己从个人修养和个人事业两方面都发展得更好。前两者都是个人层面上的，而基于前两者的基础上，过度追求人知己可能导致社会上出现抱有一夜暴富的心态而不重视拼搏的不良风气，最终对一个国家的发展产生影响。以中国本土的新能源汽车技术的发展历程为例，政府为了刺激新能源汽车的发展而投入了大量的财力、物力，给予企业大量补贴。而从结果看，很多企业生产新能源汽车仅仅是为了补贴，只重视不择手段地提升自己的知名度而不重视产品研发和自身核心技术的积累，最终导致中国新能源汽车战略的实施受到了严重影响。究其根本，其实就是对于有能力和人知己的关系问题的错误处理。

综上所述，我方认为有能力比人知己更重要。

总结：

通过正反双方的辩论，我们对《论语》宪问篇中的这句话——“不患人之不己知，患其不能也”进行了不同角度的解析。

在正方的角度，人知己的意义不是一种虚荣，而是机会、动力。在这个“人才过饱和”的时代，“内卷”几乎已经成为各行各业的常态。在这样的大环境下，机会在一个人职业发展乃至人生发展的道路上都有着至关重要的作用。在某些方面，它甚至比能力本身更加重要。而机会很难从天而降，只有让更多人看到、知道自己的才能，才有更多收获机会的可能。与此同时，这也说明了，人知己是一种检验能力的标准，一味地发展自己的能力，却不经过外界他人的检验，将很有可能促成“闭门造车”的结果，最终落得空有能力，却无的放矢、无人问津的结局。

而在反方的角度，能力则是一切的基础，在能力不足的情况下，一味地追求人知己只会适得其反，不仅不能造就良好的口碑，反倒长此以往在人心目中落下“外强中干”“名不副实”的坏名声。一个人，一个企业，乃至一个国家，只有硬实力的增长才是发展的基石。另外，在飞速发展的今日，人们越来越追求“快”，网红、选秀的产生使得越来越多的人对“人知己”的渴望趋于变态，滋生出了没有真实本领、业务能力仅靠营销炒作的选秀明星和在网络上哗众取宠的网红们。在这种浮躁的社会氛围下，越来越多的年轻人不再有潜心钻研的匠人精神。在我们年幼的时代，儿童们的梦想还大多都是成为科学家、宇航员，而时至今日越来越多的小朋友的梦想是成为网红明星之流。这的确应该为我们敲响警钟。

综上所述，结合双方观点，人知己与有能力二者均不能缺少，缺少了“人知己”的能力，则是“闭门造车”之举；缺少真才实学的“人知己”，则是“名不副实”的妄人。从个人角度来看，二者的关系应是相辅相成的，而在不同的领域则各有偏重，不宜一概而论。在基础科学领域，似乎能力的重要性要远大于“人知己”；而在“政商法”等领域，“人知己”则比能力本身更关键。而放眼国家和社会，二者同样缺一不可，一个国家的国防科研的硬实力自不必说是国家发展强盛的基石，而舆论竞争同样也是没有硝烟的战场，关乎一个国家的国际影响力、号召力，乃至国与国贸易往来、政治交流。孔子之所以在宪问篇里提出“不患人之不己知，患其不能也”则是时代的局限性使然。在孔子的时代，地域间交流手段单一且不畅，但却战争频发，身处乱世之中，同时处于封建社会，阶级固化，人们的上升阶梯大大受限。比起经营名声，孔子自然倡导弟子潜心钻研学术。这并非迂腐落后，而是一个老师对弟子的负责。而时过境迁，时代的不同当然会使这句话不再绝对，我们应该根据客观情况的不同对这句话的判断做出符合自身利益的改变。

（三）孔说面面观：选择“篇”中一章，用其中的观点与现实生活不同领域相联系，指出其是否适用的情况，并说明理由。结合该章句写一则“从业训诫”，体现儒家思想与当代社会现实的融合与碰撞，激发学生的思辨意识，培养批判思维能力。

示例 1：

子路问事君。子曰："勿欺也，而犯之。"（14·22）

这一章是孔子的经验之谈，也是他对君主要忠诚、做人要正直的一贯主张。侍奉君主不阿谀逢迎，尊重事实真理，不去欺骗他；对于原则性和根本性的问题，哪怕会引发君主的愤怒，也应该犯颜直谏，这是为人臣者的本分。

但在现今的社会中，有些做法还待考究。做人要正直这点是毫无疑问的。在对待朋友和同辈分的人时，我们还应秉持着自己的原则，在对方有错误的思想时主动指出，并且不因双方之间良好的关系而包庇对方的过错，这对友谊和双方的发展都是有利的。而在对待上级领导或者是长辈时，虽然还要依旧坚守自己的原则和底线，不去过度地阿谀奉承，但是犯颜直谏我认为还是不可取的。孔子所提倡和描绘的社会比现实中的更理想化。没有一个明事理的上级，直言不讳反而可能给我们带来更多本可以避免的麻烦。在如今复杂的社会中，过于正直的人会得到尊重，但有时会走不顺利的。

示例 2：

子曰："邦有道，危言危行；邦无道，危行言孙。"（14·3）

这里提到了国家政治和个人行为方式的关系。孔子说："当国家政治清明的时候，我们的言语和行为都应该正直；当国家动荡、社会不安的时候，我们的行为要端正，但在言语上一定要谦逊谨慎。"在"邦有道"的情况下，"危言危行"是受到普遍认可的。历史上大凡盛世，君主多半比较开明，臣子可以大胆提出自己的观点，犯颜直谏。这时，无论言辞委婉还是直接，正确的建议往往可以得到采纳，然后顺利地施行在国家社会当中。然而，在国家运行无道、管理体系不完善的局势下，"危行言孙"的做法有着一定的局限性。诚然，言语的谨慎可以保护我们不被小人所害，减少一些无谓的牺牲，保全自身。但是，言行上的谦逊常常会演变为一种不敢发言的沉默，这对国家的发展和人民的觉醒都是不利的。2003年非典暴发的初期，钟南山院士坚决反对使用抗生素治疗的方案，并且顶住压力对病源提出了更为科学的假设。在关系人民生命的危机面前，如果没有他的“危言危行”，中国的防治工作未必能那样快速和有效。2020年的新冠肺炎疫情中，也是钟南山院士毫不避讳地提出“人传人”的传播途径，加强了对病毒的防范力度，才有效抑制了疫情的扩散。可以说，在一些“邦无道”的情况下，我们更需要“危言危行”的勇气和奉献精神。这不仅仅能矫正已有体系的错误，填补已知信息的空缺，也能唤醒不明真相的人民，最终对国家和社会的发展革新起到重要的推动作用。

示例3：

子曰：“士而怀居，不足以为士矣。”（14·2）

作为一个读书人，却贪图在家的安逸，真的不配做读书人了。如果一个读书人只是留恋自己舒适的生活，不以国家大事为先，不忧虑民生疾苦，他就没有资格拥有士的称号了。现代生活中，“士”并不仅仅代表了读书人，“士”的精神可以融入各个阶层。无论是企业家还是打工人，只要有才有能且有德，肯在危机时刻敢于为国家的命运承担责任，便可以叫作士。

但是要成为真正的士绝非易事，现实中，有多少人能有清晰的人生目标呢？又有多少人能够真正关心国家大事呢？答曰，大多数人还是庸庸碌碌地度过了一生。

示例4：

子曰：“其言之不怍，则为之也难。”（14·20）

这句话我认为无论是放在当今的哪个行业都是适用的。一个人说起话来大言不惭，那他要实行起来就难了。这句话并不是在讲什么道理，更多的是孔子自身的经验之谈。人们常说：“君子一言，驷马难追。”说大话显然是无法兑现自己的话的，而这种行为无疑是给自己扣上了一顶“不诚信”的帽子，这样的人或商家，谁还会愿意去与其合作呢？其次是态度，做了不诚信的事而不感到惭愧，放到当今可以说是职业操守出了问题。做错了事应当道歉，并为被自己的错误言论所欺骗的人做出相应的补偿。什么事都不做，甚至不感到愧疚，自然是不对的。

（四）合并分析：在该篇中找出可以放到一起比较的章句（可以联系以前的篇章），分析这些章句共同体现了孔子怎样的思想，以此写一段述评。

示例1：

宪问耻。子曰："邦有道，谷；邦无道，谷，耻也。""克、伐、怨、欲，不行焉，可以为仁矣？"子曰："可以为难矣，仁则吾不知也。"（14·1）

原宪问孔子什么是可耻。孔子说："国家有道，做官拿俸禄；国家无道，还做官拿俸禄，这就是可耻。"原宪又问："好胜、自夸、怨恨、贪欲都没有的人，可以算做到仁了吧？"孔子说："这可以说是很难得的，但至于是不是做到了仁，那我就不知道了。"

子曰："笃信好学，守死善道，危邦不入，乱邦不居。天下有道则见，无道则隐。邦有道，贫且贱焉，耻也；邦无道，富且贵焉，耻也。"（8·13）

孔子说："坚定信念并努力学习，誓死守卫并完善治国与为人的大道。不进入政局不稳的国家，不居住在动乱的国家。天下有道就出来做官；天下无道就隐居不出。国家有道而自己贫贱，是耻辱；国家无道而自己富贵，也是耻辱。"

子曰："直哉史鱼！邦有道如矢，邦无道如矢。君子哉蘧伯玉！邦有道则仕，邦无道则可卷而怀之。"（15·7）

孔子说："史鱼真是正直啊！国家有道，他的言行像箭一样刚直；国家无道，他的言行也像箭一样刚直。蘧伯玉也真是一位君子啊！国家有道时，出来做官；国家无道时，（把正确主张）收起来辞官隐居。"

子曰："宁武子，邦有道，则知；邦无道，则愚。其知可及

也，其愚不可及也。”（5·21）

孔子说：“宁武子这个人，当国家有道时，他就显得聪明；当国家无道时，他就装傻。他的那种聪明别人可以做得到，他的那种装傻别人就做不到了。”

联系之处（14·1，5·21，8·13，15·7）：这是孔子给弟子们传授的为官之道。“天下有道则见，无道则隐”；“用之则行，舍之则藏”，这是孔子为官处世的一条重要原则。此外，他还提出应当把个人的贫贱荣辱与国家的兴衰存亡联系在一起，这才是为官的基点。

示例2：

子曰：“士而怀居，不足以为士矣。”（14·2）

孔子说：“士如果留恋家庭的安逸生活，就不配做士了。”

子曰：“士志于道，而耻恶衣恶食者，未足与议也。”（4·9）

孔子说：“读书人立志追求人生理想，却以粗劣的衣服与粗糙的食物为可耻，那就不值得与他谈论什么道理了。”

曾子曰：“士不可以不弘毅，任重而道远。仁以为己任，不亦重乎？死而后已，不亦远乎？”（8·7）

曾子说：“读书人的心胸不可以不宽广，意志不可以不坚定，因为责任重大而路途遥远。把仁作为自己一生的使命，不重大吗？到生命结束才能完成，不遥远吗？”

子夏曰：“君子信而后劳其民；未信，则以为厉己也。信而后谏；未信，则以为谤己也。”（19·10）

子夏说：“君子必须先取得信任之后才去役使百姓，否则百姓就会以为是在虐待他们。要先取得（君主）信任，而后去劝谏；（如果）不信任，（君主）就会以为诽谤自己。”

联系之处（14·2，4·9，8·7，19·10）：依据孔子的观点，我们可以按照要求从高到低把士划分为三个不同的层次：上士、中士和下士。

所谓的上士就是国家级的士，也就是孔子所说的怀有羞耻之心、出使他国不辱使命的人。众所周知，春秋战国是一个战乱不已的时代。各国在内政、外交、军事上都是矛盾重重，为化解复杂的矛盾，就得找到有才能的人出使别国进行周旋。

而中士就是指宗族级的士。这种人时刻铭记孝悌之义，关爱父母兄弟，在宗族和乡里为人称道。

孔子眼里的下士是指朋友级的士。虽然“硁硁然小人”，但在朋友圈子里讲信义、重行为，还是值得称道的。

示例 3：

君子的模范（14・5，5・2，11・6）

南宫适问于孔子曰：“羿善射，奡荡舟，俱不得其死然。禹、稷躬稼而有天下。”夫子不答。南宫适出。子曰：“君子哉若人！尚德哉若人！”（14・5）

子谓南容：“邦有道，不废；邦无道，免于刑戮。”（5・2）

南容三复“白圭”，孔子以其兄之子妻之。（11・6）

解读：春秋战国是一个礼崩乐坏的时代，君子的生存显得如此困难，但南容为我们提供了合乎时代趋势的君子形象。他既善于在邦无道之时保全自身免于刑戮，也仍然保留了三复白圭、躬稼而有天下的美好向往。正所谓脚踏实地，仰望星空，所以孔子才敢把兄之子许配给这个充满理想的正人君子。

示例 4：

正与反的对比（14・15，12・19，4・16）

子曰：“晋文公谲而不正，齐桓公正而不谲。”（14・15）

君子之德风，小人之德草，草上之风，必偃。（12・19）

子曰：“君子喻于义，小人喻于利。”（4・16）

解读：孔子擅长利用对比的手法来阐述思想，不管孔子对二人的评价是否公允，但其阐述的政治思想是极有价值的。他认为，一个国家或政府，如果在政治上采用阴谋诡计，而不重视道德仁义，这个政府就好像风中之草，很快覆灭。所以为政和为人是相同的，懂得义的政府才是君子政府，利用“谲”谋取利益的政府不会长久。

（五）雅意今思：选择该篇中能体现客观、进步思想的章句，以社会生活事例作为依据，给该"篇"拟写"后记"，为首次阅读者推荐该篇。这一设计，意在引导学生发现、提炼经典著作中的价值和精髓，培养类比思维能力。

示例：

子路宿于石门。晨门曰："奚自？"子路曰："自孔氏。"曰："是知其不可而为之者与？"（14·38）这一章记录了司门人对于孔子在困难中积极追求精神的评价。这里的"不可"，是借用了一般人对做事困难的说法，并非真正行不通。孔子为了推行自己的学说周游列国，遇到了种种坎坷，甚至是生命危险，但并没有阻止他的脚步。当时的诸侯国中没有人采纳孔子的学说和建议，他并没有就此终止对儒家理论的探讨，也没有因此颓丧而失去信心，而是转而通过招收门徒讲学，继续传播他的思想主张，在后世思想界产生了深远的影响。这种坚定信念，不被艰难险阻所击垮，坚持朝着认定的目标走下去的精神，让现世的我们深深感动着。其实，我们每个人在实现目标过程中都难免遇到坎坷或阻力，但是不被困难所阻拦，需要很大的意志力和执行力。在我国现代化建设中，这种"知其不可而为之"的精神是处处有体现的。林县（今林州市）的"红旗渠"是新一代"愚公"们利用10年时间在绝壁之中开凿，引漳河水为百姓造福的。该工程共削平了1250座山头，架设151座渡槽，开凿211个隧洞，修建各种建筑物12408座，挖砌土石达2225万立方米，红旗渠总干渠全长70.6千米（山西石城镇—河南任村镇），干渠支渠分布全市乡镇。据计算，如把这些土石垒筑成高2米、宽3米的墙，可纵贯祖国南北，绕行北京，把广州与哈尔滨连接起来。这项工程是20世纪60年代林县人民在极其艰难的条件下，从太行山腰修建的引漳入林的工程，被人称之为"人工天河"，被誉为"世界第八大奇迹"。正是这种精神的感召，我国石油工人也在西方世界重重封锁之下，用自己的技术和双手，发现了我国的油田，打出了自己的油井，摘掉了被西方国家判定的“贫油国”的帽子。类似于此，我国自主研发的原子弹、氢弹爆炸成功，第一颗“东方红”卫星上天，载人航天器飞上太空，“嫦娥”登月，“天问”登入火星，“天宫”核心舱进入太空，“蛟龙号”深潜入海，港珠澳大桥顺利通车，一个个人间奇迹在不断涌现，正是这种精神的光大与实践。

四、每篇一练

链接材料中的子路是否是个“善问者”？请根据上文相关内容加以分析。

善学者，师逸而功倍，又从而庸之；不善学者，师勤而功半，又从而怨之。善问者，如攻坚木，先其易者，后其节目，及其久也，相说以解；不善问者反此。善待问者，如撞钟，叩之以小者则小鸣，叩之以大者则大鸣，待其从容，然后尽其声；不善答问者反此。此皆进学之道也。

（《礼记·学记》）

链接材料：

子路问君子。子曰：“修己以敬。”曰：“如斯而已乎？”曰：“修己以安人。”曰：“如斯而已乎？”曰：“修己以安百姓。修己以安百姓，尧舜其犹病诸！”（《论语·宪问》）

思考：1. 善问者有怎样的特点？

2. 子路符合四点中的哪两点？（应符合诸多特点，方称得上善问。符合两点算理由充分）

卫灵公篇第十五

一、重温原文

15·1　卫灵公问陈于孔子。孔子对曰："俎豆之事，则尝闻之矣；军旅之事，未之学也。"明日遂行。

15·2　在陈绝粮，从者病，莫能兴。子路愠见曰："君子亦有穷乎？"子曰："君子固穷，小人穷斯滥矣。"

15·3　子曰："赐也，女以予为多学而识之者与？"对曰："然，非与？"曰："非也，予一以贯之。"

15·4　子曰："由，知德者鲜矣。"

15·5　子曰："无为而治者，其舜也与？夫何为哉？恭己正南面而已矣。"

15·6　子张问行。子曰："言忠信，行笃敬，虽蛮貊之邦，行矣。言不忠信，行不笃敬，虽州里，行乎哉？立则见其参于前也，在舆则见其倚于衡也，夫然后行。"子张书诸绅。

15·7　子曰："直哉史鱼！邦有道如矢，邦无道如矢。君子哉蘧伯玉！邦有道则仕，邦无道则可卷而怀之。"

15·8　子曰："可与言而不与之言，失人；不可与言而与之言，失言。知者不失人，亦不失言。"

15·9　子曰："志士仁人，无求生以害仁，有杀身以成仁。"

15·10　子贡问为仁。子曰："工欲善其事，必先利其器。居是邦也，事其大夫之贤者，友其士之仁者。"

15·11　颜渊问为邦。子曰："行夏之时，乘殷之辂，服周之冕，乐则《韶》《舞》，放郑声，远佞人。郑声淫，佞人殆。"

15·12　子曰："人无远虑，必有近忧。"

15·13　子曰："已矣乎，吾未见好德如好色者也。"

15·14　子曰："臧文仲其窃位者与？知柳下惠之贤，而不与立也。"

15·15　子曰："躬自厚而薄责于人，则远怨矣。"

15·16　子曰："不曰'如之何，如之何'者，吾末如之何而已矣。"

15·17　子曰："群居终日，言不及义，好行小慧，难矣哉！"

15·18　子曰："君子义以为质，礼以行之，孙以出之，信以成之。君子哉！"

15·19　子曰："君子病无能焉，不病人之不己知也。"

15·20　子曰："君子疾没世而名不称焉。"

15·21　子曰："君子求诸己，小人求诸人。"

15·22　子曰："君子矜而不争，群而不党。"

15·23　子曰："君子不以言举人，不以人废言。"

15·24　子贡问曰："有一言而可以终身行之者乎？"子曰："其'恕'乎！己所不欲，勿施于人。"

15·25　子曰："吾之于人也，谁毁谁誉？如有所誉者，其有所试矣。斯民也，三代之所以直道而行也。"

15·26　子曰："吾犹及史之阙文也，有马者借人乘之，今亡矣夫。"

15·27　子曰："巧言乱德。小不忍则乱大谋。"

15·28　子曰："众恶之，必察焉；众好之，必察焉。"

15·29　子曰："人能弘道，非道弘人。"

15·30　子曰："过而不改，是谓过矣。"

15·31　子曰："吾尝终日不食，终夜不寝，以思，无益，不如学也。"

15·32　子曰："君子谋道不谋食。耕也，馁在其中矣；学也，禄在其中矣。君子忧道不忧贫。”

15·33　子曰：“知及之，仁不能守之，虽得之，必失之。知及之，仁能守之，不庄以莅之，则民不敬。知及之，仁能守之，庄以莅之，动之不以礼，未善也。”

15·34　子曰：“君子不可小知而可大受也，小人不可大受而可小知也。”

15·35　子曰：“民之于仁也，甚于水火。水火，吾见蹈而死者矣，未见蹈仁而死者也。”

15·36　子曰：“当仁不让于师。”

15·37　子曰：“君子贞而不谅。”

15·38　子曰：“事君，敬其事而后其食。”

15·39　子曰：“有教无类。”

15·40　子曰：“道不同，不相为谋。”

15·41　子曰：“辞达而已矣。”

15·42　师冕见，及阶，子曰：“阶也。”及席，子曰：“席也。”皆坐，子告之曰：“某在斯，某在斯。”师冕出。子张问曰：“与师言之道与？”子曰：“然，固相师之道也。”

二、基础知识梳理

（一）梳理特殊用字现象

“陈”同“阵”，军队阵型。例句：卫灵公问陈于孔子。（15·1）

“识”同“志”，记住。例句：赐也，女以予为多学而识之者与？（15·3）

“与”同“欤”，语气助词。例句：赐也，女以予为多学而识之者与？（15·3）

“女”同“汝”，人称代词“你”。例句：赐也，女以予为多

学而识之者与？（15·3）

“立”同“位”，官位。例句：知柳下惠之贤，而不与立也。（15·14）

“孙”同“逊”，谦逊。例句：君子义以为质，礼以行之，孙以出之，信以成之。（15·18）

“亡”同“无”，没有。例句：有马者借人乘之，今亡矣夫。（15·26）

“知”同“智”，聪明。例句：知者不失人，亦不失言。（15·8）；知及之，仁不能守之，虽得之，必失之。（15·33）

（二）梳理活用词

形容词的使动用法：

“利”，使……锋利。例句：工欲善其事，必先利其器。（15·10）

“远”，使……远离。例句：放郑声，远佞人。（15·11）；躬自厚而薄责于人，则远怨矣。（15·15）

名词用作动词：

“友”，结交。例句：居是邦也，事其大夫之贤者，友其士之仁者。（15·10）

“病”，担心。例句：君子病无能焉，不病人之不己知也。（15·19）

“过”，有错误。例句：过而不改，是谓过矣。（15·30）

名词的使动用法：

“后”，使……在后。例句：事君，敬其事而后其食。（15·38）

（三）梳理多义实词

“知”

①同“智”，聪明，有智慧。例句：知者不失人，亦不失

言。（15·8）

②知道、懂得、了解。例句：由，知德者鲜矣。（15·4）

③作为、见识。例句：君子不可小知而可大受也，小人不可大受而可小知也。（15·34）

“道”

①道德、仁道。例句：邦有道则仕，邦无道则可卷而怀之。（15·7）

②学术。例句：君子谋道不谋食。（15·32）

③主张。例句：道不同，不相为谋。（15·40）

④方式。例句：子曰：“然，固相师之道也。”（15·42）

“如”

①比得上。例句：吾尝终日不食，终夜不寝，以思，无益，不如学也。（15·31）

②假如。例句：如有所誉者，其有所试矣。（15·25）

③好像。例句：吾未见好德如好色者也。（15·13）；邦有道如矢，邦无道如矢。（15·7）

④固定搭配，“如之何”，怎么办。例句：子曰：“不曰‘如之何，如之何’者，吾末如之何而已矣。”（15·16）

“相”

①互相。例句：道不同，不相为谋。（15·40）

②帮助。例句：子曰：“然，固相师之道也。”（15·42）

（四）梳理多义虚词

“而”

①连词，表递进。例句：赐也，女以予为多学而识之者与？（15·3）

②连词，表修饰。例句：君子疾没世而名不称焉。（15·20）；斯民也，三代之所以直道而行也。（15·25）

③连词，表假设。例句：士而怀居，不足以为士矣。

（14·2）

④连词，表转折。例句：可与言而不与之言，失人。（15·8）；知柳下惠之贤，而不与立也。（15·14）；君子矜而不争，群而不党。（15·22）；过而不改，是谓过矣。（15·30）；君子不可小知而可大受也，小人不可大受而可小知也。（15·34）

“其”

①人称代词，“他的”“它的”（包括复数）。例句：工欲善其事，必先利其器。（15·10）

②人称代词，作主谓短语中的小主语，译为“他”“它”（包括复数）。例句：立则见其参于前也，在舆则见其倚于衡也，夫然后行。（15·6）

③指示代词，那些。例句：居是邦也，事其大夫之贤者，友其士之仁者。（15·10）

④副词，表揣测语气。例句：无为而治者，其舜也与？（15·5）；其‘恕’乎！己所不欲，勿施于人。（15·24）

“以”

①介词，用、拿。例句：孙以出之。（15·18）

②介词，把。例句：君子义以为质。（15·18）

③介词，凭借、依据。例句：礼以行之。（15·18）

④介词，因为。例句：君子不以言举人，不以人废言。（15·23）

⑤连词，表修饰，“地”。例句：信以成之。（15·18）

“于”

①介词，对，对于。例句：躬自厚而薄责于人，则远怨矣。（15·15）；民之于仁也，甚于水火。（15·35）

②介词，比。例句：民之于仁也，甚于水火。（15·35）

③介词，在。例句：立则见其参于前也，在舆则见其倚于衡也，夫然后行。（15·6）

“斯”

①代词，这。例句：斯民也，三代之所以直道而行也。（15·25）

②副词，就。例句：君子固穷，小人穷斯滥矣。（15·2）

“与”

①介词，同、和。例句：可与言而不与之言，失人。（15·8）；子张问曰：“与师言之道与？”（15·42）

②语气助词，同“欤”。例句：臧文仲其窃位者与？（15·14）；子张问曰：“与师言之道与？”（15·42）

（五）梳理古今异义词

“明日”：今通常义，从今天起的第二天；本文义，第二天。例句：卫灵公问陈于孔子。孔子对曰：“俎豆之事，则尝闻之矣；军旅之事，未之学也。”明日遂行。（15·1）

“南面”：今通常义，表南边；本文义，坐北朝南的尊位。例句：子曰：“无为而治者，其舜也与？夫何为哉？恭己正南面而已矣。”（15·5）

（六）梳理多词一义

“予”“吾”：都含第一人称“我”的意思。例句：非也，予一以贯之。（15·3）；子曰：“不曰‘如之何，如之何’者，吾末如之何而已矣。”（15·16）

“是”“斯”：都含有指示代词“这”的意思。例句：居是邦也，事其大夫之贤者，友其士之仁者。（15·10）；皆坐，子告之曰：“某在斯，某在斯。”（15·42）

“无”“亡”：都含有“没有”的意思。例句：吾尝终日不食，终夜不寝，以思，无益，不如学也。（15·31）；有马者借人乘之，今亡矣夫。（15·26）

（七）梳理特殊句式

倒装句

状语后置：介宾短语放在被修饰或限制的谓语之后，一般用来指其处所、时间、物件、方式、程度等。

“卫灵公问陈于孔子。”（15·1）：“卫灵公于孔子问陈”的意思；“当仁不让于师。”（15·36）：“于师不让”的意思；“动之不以礼，未善也。”（15·33）：“不以礼动之”的意思。

主谓倒装：

“君子哉蘧伯玉！”（15·7）：“蘧伯玉君子哉！”的意思。

宾语前置：

“军旅之事，未之学也。”（15·1）：“未学之也”的意思；“夫何为哉？”（15·5）：“夫为何哉”的意思；“君子义以为质，礼以行之。”（15·18）：“以礼行之”的意思；“不病人之不己知也”（15·19）：“不病人之不知己也”的意思；“吾之于人也，谁毁谁誉？”（15·25）：“毁谁誉谁”的意思。

定语后置：

“居是邦也，事其大夫之贤者，友其士之仁者。”（15·10）：“事其贤大夫，友其仁士”的意思。

被动句

君子疾没世而名不称焉。（15·20）

省略句

虽（至）蛮貊之邦，行矣。（15·6）；邦有道（其）如矢（直），邦无道（其）如矢（直）。（15·7）；可与（之）言而不与之言。（15·8）；躬自厚（责）而薄责于人，则远怨矣。（15·15）；己所不欲（之事物），勿施于人。（15·24）

（八）梳理文化常识

1. 称谓

蛮貊：古人对少数民族的贬称。“蛮”，南蛮，泛指南方边疆少数民族；“貊”，音 mò，北狄，泛指北方边疆少数民族。（15 · 6）

史鱼：卫国大夫，名鳅（qiū），字子鱼。他多次向卫灵公推荐蘧伯玉，未被采纳。（15 · 7）

柳下惠：春秋中期鲁国大夫。本姓展，名获，字禽，又名展季。他受封的地名是“柳下”，“惠”是他的“私谥”，所以，人称其为柳下惠。（15 · 14）

2. 礼俗

俎豆：“俎”，音 zǔ，古代祭祀宴享，用以盛放牲肉的器具。“豆”，古代盛食物的器具，似高脚盘。二者都是古代祭祀宴享用的礼器。（15 · 1）

州里：五家为邻，五邻为里。五党为州，二千五百家。这里代指本乡本土。（15 · 6）

衡：车辕前面的横木。（15 · 6）

绅：贵族系在腰间的大带。（15 · 6）

殷之辂：“辂”，音 lù，天子所乘的车。殷代的车木质而无饰，比较朴实。（15 · 11）

周之冕：周代的帽子。旧说周代的礼帽体制完备而华美。（15 · 11）

韶舞：舜时的舞乐，孔子认为是尽善尽美的。（15 · 11）

郑声：郑国的民间音乐，形式活泼，与典雅板滞的古乐有很大不同，孔子难以接受，认为是淫声。（15 · 11）

师冕：“师”，指乐师，一般是盲人。“冕”，盲人乐师的名字。（15 · 42）

（九）提炼相关成语

【在陈之厄】指饥贫等困境。（15·2）：在陈绝粮，从者病，莫能兴。子路愠见曰："君子亦有穷乎？"子曰："君子固穷，小人穷斯滥矣。"

【君子固穷】君子能够安贫乐道，不失节操。（15·2）：在陈绝粮，从者病，莫能兴。子路愠见曰："君子亦有穷乎？"子曰："君子固穷，小人穷斯滥矣。"

【一以贯之】用一个基本道理来贯穿事情的始末。（15·3）：子曰："赐也，女以予为多学而识之者与？"对曰："然，非与？"曰："非也，予一以贯之。"

【无为而治】自己无所作为而使天下太平。（15·5）：子曰："无为而治者，其舜也与？夫何为哉？恭己正南面而已矣。"

【参前倚衡】指言行要讲究忠信笃敬，站着就好像"忠信笃敬"四个字展现在眼前，乘车就仿佛这几个字刻在车辕的横木上一样。（15·6）：子张问行。子曰："言忠信，行笃敬，虽蛮貊之邦，行矣。言不忠信，行不笃敬，虽州里，行乎哉？立则见其参于前也，在舆则见其倚于衡也，夫然后行。"子张书诸绅。

【志士仁人】正义而有节操，能为正义而牺牲的人。现指因爱国情怀而为革命事业努力奋斗的人。（15·9）：子曰："志士仁人，无求生以害仁，有杀身以成仁。"

【求生害仁】为谋求活命而有伤仁德。（15·9）：子曰："志士仁人，无求生以害仁，有杀身以成仁。"

【杀身成仁】牺牲生命，成就仁德。仁，仁德，是儒家的最高道德标准。成，成全，成就。现泛指为了正义的事业而奉献自己的生命。（15·9）：子曰："志士仁人，无求生以害仁，有杀身以成仁。"

【成仁取义】杀身以取得仁德，舍弃生命以取得正义。（15·9）：子曰："志士仁人，无求生以害仁，有杀身以成仁。"

【工欲善其事，必先利其器】工匠想要做好他的工作，一定要先让工具锋利。比喻想要做好一件事，准备工具很重要。（15·10）：子贡问为仁。子曰："工欲善其事，必先利其器。居是邦也，事其大夫之贤者，友其士之仁者。"

【人无远虑，必有近忧】一个人没有长远的打算，一定会遭遇近在眼前的忧患。（15·12）：子曰："人无远虑，必有近忧。"

【言不及义】说话不涉及正经道理。指净说些无聊的话，没有一句正经话。（15·17）：子曰："群居终日，言不及义，好行小慧，难矣哉！"

【好行小慧】爱耍小聪明。（15·17）：子曰："群居终日，言不及义，好行小慧，难矣哉！"

【君子求诸己，小人求诸人】君子只要求自己，小人却一味要求别人。（15·21）：子曰："君子求诸己，小人求诸人。"

【矜而不争】善于忍耐而不争执。（15·22）：子曰："君子矜而不争，群而不党。"

【群而不党】合群而不拉帮结派。（15·22）：子曰："君子矜而不争，群而不党。"

【以言举人】根据一个人的言论来举荐人才。（15·23）：子曰："君子不以言举人，不以人废言。"

【以人废言】因为对一个人有偏见而不采纳这个人有价值的意见。（15·23）：子曰："君子不以言举人，不以人废言。"

【己所不欲，勿施于人】自己所不想要的东西，也不强加给别人。（15·24）：子贡问曰："有一言而可以终身行之者乎？"子曰："其'恕'乎！己所不欲，勿施于人。"

【直道而行】沿着直的道路走。比喻办事公正。（15·25）：子曰："吾之于人也，谁毁谁誉？如有所誉者，其有所试矣。斯民也，三代之所以直道而行也。”

【小不忍则乱大谋】小事不忍耐，就会坏了大事。（15·27）：子曰：“巧言乱德。小不忍则乱大谋。”

【众好众恶】众人喜欢或者众人厌恶。（15·28）：子曰：“众恶之，必察焉；众好之，必察焉。”

【人能弘道，非道弘人】人能发扬光大道，而不是道发扬光大人。（15·29）：子曰：“人能弘道，非道弘人。”

【君子谋道不谋食】君子用尽心力于真理，而不是用尽心力于衣食。（15·32）：子曰：“君子谋道不谋食。耕也，馁在其中矣；学也，禄在其中矣。君子忧道不忧贫。”

【君子忧道不忧贫】君子忧虑的是能否得道，而不是贫穷。（15·32）：子曰：“君子谋道不谋食。耕也，馁在其中矣；学也，禄在其中矣。君子忧道不忧贫。”

【当仁不让】仁德当前，不必谦让。（15·36）：子曰：“当仁不让于师。”

【敬事后食】先把工作认真做好，把报酬的事放在后面。（15·38）：子曰：“事君，敬其事而后其食。”

【有教无类】人人都有权利接受教育，不分贫富地位的区别。（15·39）：子曰：“有教无类。”

【道不同不相为谋】【道不相谋】【不相为谋】主张志向不同，不会在一起共事。（15·40）：子曰：“道不同，不相为谋。”

三、文意探究

（一）梳理内容：完成该“篇”内容分类。要求概括该篇中重点话题（该篇中占有章句较多的一至二个话题），给该篇拟一个“章回式题目”，写一个说明性“序言”。

本篇回目示例：

臧君子畅论有仁之政，否小人愁谈无德之虞

重礼义君子严律己，好群党小人求诸人

夫子以礼论道明君子，弟子虚心求教弘儒学

序言示例：

（1）

本篇包括四十二章，其中著名文句有："无为而治""志士仁人，无求生以害仁，有杀身以成仁""人无远虑，必有近忧""躬自厚而薄责于人""君子求诸己，小人求诸人""己所不欲，勿施于人""小不忍则乱大谋""人能弘道，非道弘人""当仁不让于师""有教无类""道不同，不相为谋"。本篇内容涉及孔子的"君子小人"观的若干方面、孔子的教育思想和政治思想，以及孔子在其他方面的言行。本篇内容分类为：

"君子小人"观：

15·2，15·9，15·18，15·19，15·20，15·21，15·22，15·23，15·32，15·34，15·37

政治思想：

15·1，15·5，15·7，15·11，15·14，15·28，15·33，15·38

言行标准：

15·3，15·6，15·8，15·10，15·12，15·15，15·16，15·17，15·24，15·25，15·27，15·36，15·40，15·41

（2）

卫灵公篇是《论语》的第十五篇，共四十二章。本篇涉及了孔子的"君子小人"观、教育思想、政治思想、言行建议和对社会现象的忧虑等多方面的话题。其中更有诸多名句广为流传。

本篇囊括的思想内容丰富全面。如第二章"君子固穷，小人穷斯滥矣"这里谈及君子与小人面对窘困局面的不同表现；第十章"工欲善其事，必先利其器。居是邦也，事其大夫之贤者，友其士之仁者”这里运用比喻的手法来说明实行仁德的方式；第十一章“行夏之时，乘殷之辂，服周之冕，乐则《韶》《舞》，放郑声，远佞人。郑声淫，佞人殆”这里强调要有所选择地恢复古礼来治理国家；第十三章“已矣乎，吾未见好德如好色者也”这是对君臣百姓轻视仁德的社会现象发出悲号；第三十一章“吾尝终日不食，终夜不寝，以思，无益，不如学也”这里阐述思学结合的重要性。

一些引导人们做人做事的方法更是成了熟语，至今仍被引述、学习，如“工欲善其事，必先利其器”“人无远虑，必有近忧”“小不忍则乱大谋”等。

总体来说，本篇内容包罗万象、思想深刻切实、语言生动风趣。其学习价值较高，建议同学们仔细研读。

（二）每“篇”一辩：本项任务为选择该篇中可供思辨的章句，设计一组辩题（含正方、反方观点），并分别撰写辩词。

示例：

论题：道不同是否可以互相为谋？

依据：子曰：“道不同，不相为谋。”（15·40）

辩题：道不同也可相为谋（正方观点）；道不同不可相为谋（反方观点）

正方观点申述选例：

我方支持道不同也可相为谋。

首先，“道不同，不相为谋。”这句话如果反过来讲就是人生理想相同，才可以互相商议。然而人各有志，所处境况皆不尽相同，怎么就会有相同的人生理想呢？若只有理想相同才能相互交流，人与人之间便不会存在沟通的机会了，然而现实并非如此。所以我认为，即便道不同，仍可以相互商议。生活中，我们所有人都以不同的程度相互合作配合着，并且在这种“道不同”的配合下，我们共同取得了进步与发展。君子讲“和而不同”，每个人都有各自的人生理想，我们应秉持着宽容与尊重的原则，在商议合作中汲取他人建议或为他人提供帮助，并找到自己发展的空间。

周总理曾经提出著名的“求同存异”政策，何为求同存异，就是寻找共同点，不同点各自保留。这个政策的提出和实行，让中国在外交方面上升到了一个新的高度。在我们的生活中，大到一个社会，一座城市，小到一个公司，一个家庭，都是由形形色色的人组成的，人们只有相互理解、相互包容，才能和谐发展下去。个性是离不开共性的，道不同也可以相为谋。

反方观点申述选例：

我方支持道不同不相为谋。

就从辩题入手，所谓道，浅显地说就是观点、志趣，如果是上位概念便是价值观。“谋”，便是指共同谋划从而达成一致行动。要强调的是，这应是一个长期的“谋”，而不是瞬息而逝的。而对于“道不同不相为谋”，我方有如下原因申述。

首先，正所谓“燕雀安知鸿鹄之志”，世界观是一个人思想最根本的基础，眼界乃至世界观有分歧的人是无法共同谋事的。若双方价值观念不同，不能相互理解，那么从最开始双方就难以心甘情愿地达成一致的目标，形成共事的意愿。

其次，道不同，会影响共同谋事的效果。假如让一个看中利益的商人和一个看中名誉的研究者共事，追求和信仰的差异会导致双方心存芥蒂甚至产生分歧，从而大大降低共事效率。不仅如此，这种思想不和的模式必然难以长久，两人最终依然会分道扬镳。因此，对于价值观念不同的人，“不相为谋”才是更有效和谐的选择。

当然，“不相为谋”并非老死不相往来，而是在相互尊重的前提下“求同存异”。就如社会主义和资本主义根本的世界观是不同的，我们可以相互了解、交流，却不能迫使另一方以相同的价值观共事，这样才保持着世界相对的和平。而交流并非相谋，只有交流之后才会知道价值观是否相契合。道相同而相谋，道不同便不相为谋，只有这样，才能谋求更深远和高效的发展。

（三）孔说面面观：选择“篇”中一章，用其中的观点与现实生活不同领域相联系，指出其是否适用的情况，并说明理由。结合该章句写一则“从业训诫”。体现儒家思想与当代社会现实的融合与碰撞，激发学生的思辨意识，培养批判思维能力。

示例 1：

子曰：“君子疾没世而名不称焉。”（15・20）本意是指到死而名声不被人家称述，君子引以为恨。在这里，孔子认为作为一个君子，应该让自己声名远扬，或者至少应该优秀到让别人可以称赞自己为君子。在某种程度上，这种说法存在一定的合理性，因为如果一个人可以被称为君子，那么大家一定是根据平时与他接触时他的一言一行来揣摩出这个人的道德作风，才认定他是君子。但这不免存在一些问题：我们所看到的真的就是这个人真实的样子吗？假如我们捏造出一个人设，在外人面前表现得清正廉洁，暗地里却大肆受贿，只要不被发现，就能成为一个“君子”。这不免让我们觉得，这些“君子”为了能被人称赞，获得名利，就可以在外人面前惺惺作态，装出一副道德高尚的样子，可实则只是一层虚伪的面具罢了。

于是我们再次反观孔子这句话，他想表达的具体含义应当是善意的，只是为了说明君子的气质可以由内而外散发出来，让旁人感知到。但这对于后辈来讲，会不会产生一些歧义，为了追求所谓的“君子”头衔而以假面示人，只是为了获得大家的赞赏呢？这样的事情放到如今，也有很大的参考价值。例如，一些不想默默无闻，而希望快速获得名利的人，会在社交网站上搬运别人的劳动成果，并谎称是自己原创。这样既可以一战成名，又可以不费吹灰之力获得大量粉丝吹捧，得到一个所谓“君子”的头衔。这种情况我们可以将它看成抄袭的一种。再比如，那些假仁假义往灾区捐物资的人，往往打着帮助灾区的旗号，大肆宣扬自己的贡献，实际上却是言大于实。这些做法确实能让我们在一段时间内称其为“君子”。我承认我们每个人都有爱慕名利的心，都想在平凡的人生里证明自己的不凡，这是我们无法否认的。我们常常装作一副淡泊名利的样子，却总是怕自己碌碌无为，最后却道平凡难能可贵。于是我们为了获得周围人的称赞，为了让我们显得不那么平庸，决定走一条“高速公路”，避过所有的障碍，直达目的地。这样的方式的确快捷，但在这趟旅途中，不免夹杂着危机和枯燥，我们欣赏不到沿途的繁花相送、绿水青山，也不会懂得什么叫“柳暗花明又一村”的峰回路转，只有一直不停歇想要往前赶冲的盲目，也许我们会在途中迷失自我，也许会因为车速过快撞上护栏，最后停滞不前。

所以，我想说，与其为了没有收获名利而扼腕叹息，不如修养自身的品性。正像之前网络上流行的一句话所说，不唱所谓的赞歌，不被鸡汤蛊惑，平凡的生活偶尔也会有细碎的光泽闪烁。

示例 2：

子曰：“巧言乱德。小不忍则乱大谋。”（15・27）

这一章的内容包含两个部分。第一部分是劝导人们不以巧言乱语败坏自己的德行；第二部分是表明人们在学习仁与礼的道路上不应该过分计较个人得失，不应在小事上纠缠不清。这种观点实际上也表达了以大局为重的做事方法，在今天的各个领域都有所应用。在社交方面，我们不能因为他人在某些方面的小过错就全盘否认他的为人。有时原谅他人的过错是建立友好关系的过程之一。如果我们仅仅凭借一件事来评判一个人，就永远得不到真实全面的结果。在企业发展中，这种观念也被人们普遍承认。在信息化时代，引导着企业发展方向的已不再是少量而低效的市场调查，而是海量的数据分析。这种趋势的驱动力来自对全面了解、掌握真实情况的需要。企业大量获取用户信息，正是为了消除那些看似影响很大却脱离了主流、虚有其表的因素。由此可以看出，“小不忍则乱大谋”的思想不仅仅是孔子所提出的空泛概念，而是具有现实意义，直接指导着古今人们生产生活的思想。

（四）合并分析：在该篇中找出可以放到一起比较的章句（可以联系以前的篇章），分析这些章句共同体现了孔子怎样的思想，以此写一段述评。

示例1：

子曰：“直哉史鱼！邦有道如矢，邦无道如矢。君子哉蘧伯玉！邦有道则仕，邦无道则可卷而怀之。”（15·7）

子曰：“宁武子，邦有道，则知；邦无道，则愚。其知可及也，其愚不可及也。”（5·21）

子曰：“邦有道，危言危行；邦无道，危行言孙。”（14·3）

这几章孔子都赞赏了邦无道时要收藏自己的本领，这体现孔子支持审时度势以处世，具有道的变通和通达的哲学思想。

示例2：

子张问行。子曰：“言忠信，行笃敬，虽蛮貊之邦，行矣。言不忠信，行不笃敬，虽州里，行乎哉？立则见其参于前也，在舆则见其倚于衡也，夫然后行。”子张书诸绅。（15·6）

子曰：“君子义以为质，礼以行之，孙以出之，信以成之。君子哉！”（15·18）

樊迟问仁。子曰：“居处恭，执事敬，与人忠。虽之夷狄，不可弃也。”（13·19）

子曰：“君子不重则不威，学则不固。主忠信。无友不如己者。过则勿惮改。”（1·8）

曾子曰：“吾日三省吾身：为人谋而不忠乎？与朋友交而不信乎？传不习乎？”（1·4）

这几章都体现了孔子对“忠”和“信”的主张，指导人们在说话做事时要诚实守信，这在现代社会也很有意义。

示例 3：

子曰："躬自厚而薄责于人，则远怨矣。"（15·15）

子曰："君子病无能焉，不病人之不己知也。"（15·19）

子曰："君子求诸己，小人求诸人。"（15·21）

这几章都体现了君子要严于律己，而不是去要求别人，这是一种谦虚有礼的态度。

示例 4：

子曰："志士仁人，无求生以害仁，有杀身以成仁。"（15·9）

子曰："人能弘道，非道弘人。"（15·29）

这两章体现了仁德道义是高于个人的，为了追求它，应该舍弃个人的安危与小利。

示例 5：

卫灵公问陈于孔子。孔子对曰："俎豆之事，则尝闻之矣；军旅之事，未之学也。"明日遂行。（15·1）

有子曰："礼之用，和为贵。先王之道，斯为美。小大由之。有所不行，知和而和，不以礼节之，亦不可行也。"（1·12）

从这两章可以看出孔子主张以礼治国，礼让为国。

示例 6：

在陈绝粮，从者病，莫能兴。子路愠见曰："君子亦有穷乎？"子曰："君子固穷，小人穷斯滥矣。"（15·2）

子曰：贫而无怨难，富而无骄易。（14·10）

孔子认为君子才能做到固守贫穷不抱怨。

示例 7：

子曰："赐也，女以予为多学而识之者与？"对曰："然，非与？"曰："非也，予一以贯之。"（15·3）

子曰："吾尝终日不食，终夜不寝，以思，无益，不如学也。"（15·31）

子曰："学而不思则罔，思而不学则殆。"（2·15）

孔子主张思学相结合。

示例8：

子曰："赐也，女以予为多学而识之者与？"对曰："然，非与？"曰："非也，予一以贯之。"（15·3）

子禽问于子贡曰："夫子至于是邦也，必闻其政。求之与，抑与之与？"子贡曰："夫子温、良、恭、俭、让以得之。夫子之求之也，其诸异乎人之求之与？"（1·10）

孔子通过自己的德行，让自己在各处都能有所学习，有所收获。

示例9：

15·23，15·24，15·25，15·28应当归为一类。

这几章重点话题是君子"之于人"的态度，也就是怎么与别人相处，主要讲了两个方面的意思。一是君子决不人云亦云，不随波逐流，不以众人之是非标准决定自己的是非判断，而要经过自己大脑的独立思考，经过自己理性的判断，然后再得出结论。二是君子判断别人更多依赖自己对于行为的观察，无论是好是坏都应当以"宽恕"为原则。这两点是有"三代"的历史经验佐证的。

示例10：

1.和"道"相关，阐述孔子对"道"的理解：

子曰："人能弘道，非道弘人。"（15·29）

子曰："君子谋道不谋食。耕也，馁在其中矣；学也，禄在其中矣。君子忧道不忧贫。"（15·32）

2.对人行为上的要求以及对君子的理解：

子曰："过而不改，是谓过矣。"（15·30）

子曰："君子不可小知而可大受也，小人不可大受而可小知也。"（15·34）

3. 和“仁”相关以及对“仁”的理解：

子曰：“知及之，仁不能守之，虽得之，必失之。知及之，仁能守之，不庄以莅之，则民不敬。知及之，仁能守之，庄以莅之，动之不以礼，未善也。”（15・33）

子曰：“民之于仁也，甚于水火。水火，吾见蹈而死者矣，未见蹈仁而死者也。”（15・35）

（五）雅意今思：选择该篇中能体现客观、进步思想的章句，以社会生活事例作为依据，给该“篇”拟写“后记”，为首次阅读者推荐该篇。这一设计，意在引导学生发现、提炼经典著作中的价值和精髓，培养类比思维能力。

示例 1：

在本篇中，孔子主要说明了治国理政与为人处世的原则，强调二者都要以“仁”“礼”为根本准则行事，不能因自身得失而做出违反礼教道德的事情，同时着重对比了小人与君子的不同之处，通过对“修养、志向、礼教、仁德”等多个方面的论述，将二者区分开，并提到“义”“礼”“逊”“信”均是成为君子的必备要素，借此引人向善。这些内容在本篇的第十八章到二十三章中皆有明显体现，如第十八章中“君子义以为质，礼以行之，孙以出之，信以成之”就是对君子的最好阐述，这样的理念被后人所传承，时至今日仍然适用，为人们所贯彻。不论在网络上还是在现实中，不守诺言、不尊礼教的行为都是人们反感的对象，而诚信、文明等君子的重要品质，也被列入了社会主义核心价值观之中，作为华夏儿女应当具有的品质，可见人们对其的重视。

而在第九章中，“志士仁人，无求生以害仁，有杀身以成仁”，则表明了孔子对于君子和仁之间的密切联系的看法，充分表现了孔子对君子的推崇与对仁德的向往，这点在第三十六章“当仁不让于师”中也可看出，体现了仁在孔子理论体系中的重要地位。这样的品质被一代代的中华儿女传承至今，在疫情到来的严峻关头，闪烁出更加明亮的光辉。武汉市金银潭医院的院长张定宇，即使身患渐冻症，仍坚守在抗疫一线，怀揣着一颗热忱善良而充满仁德的心，矗立在死神与患者之间，在抗疫的战场上奔走。这样为他人奉献的仁德之人还有很多，他们将孔子的理论发扬光大，也是孔子的理论在这个时代的最好诠释。孔子虽是古之圣贤，他的理论却永不过时，在他的心中，仁是君子的根基，即串联起其他优良品质与君子间联系的纽带，同时也是仁人志士甘愿赴汤蹈火也要追寻的心灵境界。这种对于仁重要性的阐述，正是这一篇想表达的核心观点。

示例 2：

本篇第三十二章是孔子的学生樊迟向孔子请求学习务农后孔子的回复或评价。孔子对于樊迟这一思想是很不看好的。务农，遇上荒年也可能饿肚子；学习，追求了道，等到学有所成得到官职了，也能获得俸禄，免于饥饿。相比之下，学习还是有更大好处的。孔子希望自己的学生以成为君子为理想，能有比较高的道德追求，这样以后才能更好地治理国家，为社会做出更大的贡献。

“君子谋道不谋食”的意思是君子用心力于学术，而不用心力于吃食。但人生在世，生命最重要。没有生命就无法谋道了。所以，追求道的过程也需要一定的物质支持。孔子的本意应是：君子应该追求道而不追求物质的满足。类比当今时代的科研人员们，他们的薪水不高，但他们即使日日加班，天天待在实验室，也从未放弃过学术研究，永远保持着对思考和实验的热情。对他们来说，探究规律，发明新事物就是他们的道。这个道能促进社会发展，提高人民生活水平，还能从多方面探究世界本质。他们为了这个道付出自己的一切，而不在乎能不能得到多么好的物质生活。他们是推动社会发展的主力军之一，正如君子是国家善治的主导者一样。

现在随着机械化、智能化的发展，高精尖技术和人才越来越值钱。同时，社会发展正在加快，人类奔向道的脚步也越来越快。选择学习，在精神上和物质上都能得到一定的收益，对于处于现代社会的人们来说，学习也确实是一个较佳的选择。

类似这样有意义的、发人深思的章句在本篇中还有很多，同学们可以仔细阅读、品鉴、回味。

示例3：

本篇第三章体现了孔子“一以贯之”的思想，这样的思想对于处事与做人有着宝贵的现实意义。在原文中孔子用“一以贯之”来回答子贡对于孔子如何学习的疑问。一以贯之，即用一种思想或理论贯穿始终，其之于孔子，即用一个基本的观念贯穿其学习的始终。这在我们学习的过程中也有所体现。每个学科都有其强调的核心素养，例如生物学科中强调的实验观念、社会责任等，若是在学习中不断提醒自己，对知识的摄取看似没有增益，但其功能更多体现在提供了学习知识时的视角与思路，如同基础公式与变式，这对一个学科的长远学习是有帮助的。

由此或许也可以引申到另一方面，一以贯之的思想也有助于我们在学习与进步的过程中始终忠诚于初心，使做出的行为与选择不悖初心。因此我们应不断提醒自己坚守初衷与准则，进而调整自己的言行。而在儒家的学说中，忠恕是处事的指导。贪官的产生，或是黑心商家牟取暴利的行为，便是因利欲的驱使而偏向了为自己谋利至不惜伤害他人的地步，正是没有做到将君子的处事原则一以贯之的表现。可见一个一以贯之的思想或理论能够对我们的决定与行为起到规范的作用——前提是正面的思想或理论。

四、每篇一练

阅读下面的文字，回答问题。

子曰：“君子不可小知而可大受也，小人不可大受而可小知

也。”（《论语·卫灵公》）

1. 有人认为“知”是“了解，赏识”的意思，也有人认为“知”是“主持，掌管”的意思。请根据这两种不同解释，分别翻译这句话。

2. 你认为哪一种翻译符合孔子对君子的认识？请简要解说。

季氏篇第十六

一、重温原文

16·1　季氏将伐颛臾。冉有、季路见于孔子曰："季氏将有事于颛臾。"孔子曰："求，无乃尔是过与？夫颛臾，昔者先王以为东蒙主，且在邦域之中矣，是社稷之臣也。何以伐为？"冉有曰："夫子欲之，吾二臣者皆不欲也。"孔子曰："求！周任有言曰：'陈力就列，不能者止。'危而不持，颠而不扶，则将焉用彼相矣？且尔言过矣。虎兕出于柙，龟玉毁于椟中，是谁之过与？"冉有曰："今夫颛臾，固而近于费。今不取，后世必为子孙忧。"孔子曰："求！君子疾夫舍曰欲之而必为之辞。丘也闻有国有家者，不患贫而患不均，不患寡而患不安。盖均无贫，和无寡，安无倾。夫如是，故远人不服，则修文德以来之。既来之，则安之。今由与求也，相夫子，远人不服，而不能来也；邦分崩离析，而不能守也；而谋动干戈于邦内。吾恐季孙之忧，不在颛臾，而在萧墙之内也。"

16·2　孔子曰："天下有道，则礼乐征伐自天子出；天下无道，则礼乐征伐自诸侯出。自诸侯出，盖十世希不失矣；自大夫出，五世希不失矣；陪臣执国命，三世希不失矣。天下有道，则政不在大夫。天下有道，则庶人不议。"

16·3　孔子曰："禄之去公室五世矣，政逮于大夫四世矣，故夫三桓之子孙微矣。"

16·4　孔子曰："益者三友，损者三友。友直，友谅，友多闻，益矣。友便辟，友善柔，友便佞，损矣。"

16·5 孔子曰："益者三乐，损者三乐。乐节礼乐，乐道人之善，乐多贤友，益矣。乐骄乐，乐佚游，乐宴乐，损矣。"

16·6 孔子曰："侍于君子有三愆：言未及之而言谓之躁，言及之而不言谓之隐，未见颜色而言谓之瞽。"

16·7 孔子曰："君子有三戒：少之时，血气未定，戒之在色；及其壮也，血气方刚，戒之在斗；及其老也，血气既衰，戒之在得。"

16·8 孔子曰："君子有三畏：畏天命，畏大人，畏圣人之言。小人不知天命而不畏也，狎大人，侮圣人之言。"

16·9 孔子曰："生而知之者，上也；学而知之者，次也；困而学之，又其次也；困而不学，民斯为下矣。"

16·10 孔子曰："君子有九思：视思明，听思聪，色思温，貌思恭，言思忠，事思敬，疑思问，忿思难，见得思义。"

16·11 孔子曰："见善如不及，见不善如探汤。吾见其人矣，吾闻其语矣。隐居以求其志，行义以达其道。吾闻其语矣，未见其人也。"

16·12 齐景公有马千驷，死之日，民无德而称焉。伯夷、叔齐饿死于首阳之下，民到于今称之。(诚不以富，亦只以异。)其斯之谓与。

16·13 陈亢问于伯鱼曰："子亦有异闻乎？"对曰："未也。尝独立，鲤趋而过庭。曰：'学《诗》乎？'对曰：'未也。''不学《诗》无以言。'鲤退而学《诗》。他日，又独立，鲤趋而过庭。曰：'学礼乎？'对曰：'未也。''不学礼，无以立。'鲤退而学礼。闻斯二者。"陈亢退而喜曰："问一得三，闻《诗》，闻礼，又闻君子之远其子也。"

16·14 邦君之妻，君称之曰夫人，夫人自称曰小童；邦人称之曰君夫人，称诸异邦曰寡小君；异邦人称之亦曰君夫人。

二、基础知识梳理

（一）梳理特殊用字现象

“希”同“稀”，少有。例句：自诸侯出，盖十世希不失矣。（16·2）

“佚”同“逸”，逸乐。例句：乐骄乐，乐佚游，乐宴乐，损矣。（16·5）

“与”同“欤”，语气助词。例句：求，无乃尔是过与？（16·1）；伯夷、叔齐饿死于首阳之下，民到于今称之。（诚不以富，亦只以异。）其斯之谓与。（16·12）

（二）梳理活用词

形容词的意动用法：

“乐”，以……为乐。例句：益者三乐，损者三乐。乐节礼乐，乐道人之善，乐多贤友，益矣。乐骄乐，乐佚游，乐宴乐，损矣。（16·5）

形容词用作名词：

“善”，善的行为。例句：乐节礼乐，乐道人之善。（16·5）；见善如不及，见不善如探汤。（16·11）

形容词用作动词：

“远”，疏远，不偏爱。例句：问一得三，闻《诗》，闻礼，又闻君子之远其子也。（16·13）

名词用作动词：

“友”，结交。例句：益者三友，损者三友。友直，友谅，友多闻，益矣。友便辟，友善柔，友便佞，损矣。（16·4）

动词的使动用法：

“来”，使……来。例句：既来之，则安之。（16·1）

形容词的使动用法：

“安”，使……安。例句：既来之，则安之。（16·1）

（三）梳理多义实词

“过”

①形容词，错误。例句：且尔言过矣。（16·1）

②名词，过失、责任。例句：虎兕出于柙，龟玉毁于椟中，是谁之过与？（16·1）

③动词，经过、走过。例句：尝独立，鲤趋而过庭。（16·13）

“闻”

①名词，传授的学问。例句：陈亢问于伯鱼曰：“子亦有异闻乎？”（16·13）

②动词，知道。例句：问一得三，闻《诗》，闻礼，又闻君子之远其子也。（16·13）

（四）梳理多义虚词

“为”

①动词，作为。例句：夫颛臾，昔者先王以为东蒙主。（16·1）

②动词，成为。例句：今不取，后世必为子孙忧。（16·1）

③语气助词。例句：何以伐为？（16·1）

“而”

①连词，表连贯关系，译作“就、那么”。例句：生而知之者，上也；学而知之者，次也。（16·9）

②连词，表修饰关系，译作“地”。例句：尝独立，鲤趋而过庭。（16·13）

③连词，表因果关系，译作“因而”。例句：小人不知天命而不畏也，狎大人，侮圣人之言。（16·8）

④连词，表转折。例句：言未及之而言谓之躁，言及之而不言谓之隐。（16·6）

“其”

①人称代词，“他的”“它的”（包括复数）。例句：问一得三，闻《诗》，闻礼，又闻君子之远其子也。（16·13）

②人称代词，作主谓短语中的小主语，译为“他”“它”（包括复数）。例句：及其壮也，血气方刚，戒之在斗。（16·7）

③指示代词，那样、这样。例句：吾见其人矣，吾闻其语矣。（16·11）

④副词，表揣测语气。例句：伯夷、叔齐饿死于首阳之下，民到于今称之。（诚不以富，亦只以异。）其斯之谓与。（16·12）

“之”

①助词，的。例句：故夫三桓之子孙微矣。（16·3）

②助词，取消句子独立性。例句：禄之去公室五世矣。（16·3）

③代词，他、它。例句：言未及之而言谓之躁。（16·6）

“于”

①介词，向。例句：陈亢问于伯鱼曰：“子亦有异闻乎？”（16·13）

②介词，到。例句：政逮于大夫四世矣。（16·3）

③介词，在。例句：邦分崩离析，而不能守也；而谋动干戈于邦内。（16·1）

“斯”

①代词，这。例句：伯夷、叔齐饿死于首阳之下，民到于今称之。（诚不以富，亦只以异。）其斯之谓与。（16·12）；鲤退而学礼。闻斯二者。（16·13）

②副词，就。例句：困而不学，民斯为下矣。（16·9）

“与”

①连词，同、和。例句：今由与求也，相夫子，远人不服，而不能来也。（16·1）

②语气助词，同“欤”。例句：无乃尔是过与？（16·1）

（五）梳理古今异义词

“颜色”：今通常义，色彩；本文义，脸色。例句：未见颜色而言谓之瞽。（16·6）

“汤”：今通常义，菜汤、肉汤；本文义，沸水。例句：见善如不及，见不善如探汤。（16·11）

“独立”：今通常义，关系上不依附，不隶属，依靠自己的力量去做某事；本文义，一个人独自站立。例句：尝独立，鲤趋而过庭。（16·13）

（六）梳理多词一义

“过”“愆”：都含有“过失、过错”的意思。例句：孔子曰：“求，无乃尔是过与？（16·1）；孔子曰：“侍于君子有三愆：言未及之而言谓之躁，言及之而不言谓之隐，未见颜色而言谓之瞽。”（16·6）

“视”“见”：都含有“看见”的意思。例句：孔子曰：“君子有九思：视思明，听思聪，色思温，貌思恭，言思忠，事思敬，疑思问，忿思难，见得思义。”（16·10）；见善如不及，见不善如探汤。（16·11）

（七）梳理特殊句式

倒装句

状语后置：介宾短语放在被修饰或限制的谓语之后，一般用来指其处所、时间、物件、方式、程度等。

“季氏将有事于颛臾。”（16·1）：“季氏将于颛臾有事”的意思；“今由与求也，相夫子，远人不服，而不能来也；邦分崩离析，而不能守也；而谋动干戈于邦内。”（16·1）：“于邦内谋动干戈”的意思；“虎兕出于柙，龟玉毁于椟中，是谁之过与？”（16·1）：“虎兕于柙出”的意思；“陈亢问于伯鱼曰：‘子亦有异闻乎？’”（16·13）：“陈亢于伯鱼问曰”的意思。

宾语前置：

“求，无乃尔是过与？”（16·1）：“无乃过尔是与”的意思；“何以伐为？”（16·1）：“以何伐为”的意思；“其斯之谓与。”（16·12）：“其谓之斯与”的意思。

定语后置：

“齐景公有马千驷。”（16·12）：“齐景公有千驷马”的意思。

省略句

（君子）及其壮也，血气方刚，戒之在斗。（16·7）；（父亲）尝独立，鲤趋而过庭。（16·13）；昔者先王以（之）为东蒙主。（16·1）

判断句

是社稷之臣也。（16·1）

（八）梳理文化常识

1. 称谓

周任：人名，周代有名的史官。（16·1）

五世：指鲁国宣公、成公、襄公、昭公、定公五世。（16·3）

四世：指季氏文子、武子、平子、桓子四世。（16·3）

三桓：鲁国仲孙、叔孙、季孙都出于鲁桓公，所以叫三桓。（16·3）

陈亢：亢，音 gāng，即陈子禽。（16·13）

2. 礼俗

东蒙主："东蒙"，蒙山；"主"，主持祭祀。(16・1)

萧墙：宫殿当门的小墙，或称"屏"。古代臣子进见国君，至屏而肃然起敬，故称"萧墙"。"萧""肃"古字通。这里指宫廷之内。(16・1)

（九）提炼相关成语

【社稷之臣】身负国家重任的大臣。(16・1)：夫颛臾，昔者先王以为东蒙主，且在邦域之中矣，是社稷之臣也。

【危而不持】原义为人即将跌倒而不搀扶，又指国有危急之事，不须外力扶助便能安然平息。(16・1)：危而不持，颠而不扶，则将焉用彼相矣？

【陈力就列】意思是能贡献才力，担任相应的官职。(16・1)：周任有言曰："陈力就列，不能者止。"

【虎兕出柙】比喻恶人逃脱或做事不尽责，主管者应负责任。(16・1)：虎兕出于柙，龟玉毁于椟中，是谁之过与？

【分崩离析】"崩"，倒塌；"析"，分开。崩塌解体，四分五裂。形容国家或集团分裂瓦解。(16・1)：今由与求也，相夫子，远人不服，而不能来也；邦分崩离析，而不能守也。

【季孙之忧】指内部的忧患。(16・1)：吾恐季孙之忧，不在颛臾，而在萧墙之内也。

【萧墙祸起】【祸起萧墙】意思是祸乱发生在家里；比喻内部发生祸乱；也比喻身边的人带来灾祸。(16・1)：吾恐季孙之忧，不在颛臾，而在萧墙之内也。

【既来之，则安之】意思是已经把他们招抚来，就要把他们安顿下来。后多指既然来到这里，就要在这里安下心来。(16・1)：夫如是，故远人不服，则修文德以来之。既来之，则安之。

【大动干戈】大规模地进行战争。比喻大张声势地行事。

(16·1)：今由与求也，相夫子，远人不服，而不能来也；邦分崩离析，而不能守也；而谋动干戈于邦内。

【直谅多闻】“直”，正直；“谅”，信实；“多闻”，学识渊博。为人正直信实，学识广博。(16·4)：孔子曰：“益者三友，损者三友。友直，友谅，友多闻，益矣。友便辟，友善柔，友便佞，损矣。”

【良师益友】意思是使人得到教益和帮助的好老师和好朋友，用于形容和自己亦师亦友的朋友。(16·4)：孔子曰：“益者三友，损者三友。友直，友谅，友多闻，益矣。友便辟，友善柔，友便佞，损矣。”

【君子三戒】意思是君子有三条戒规：少年时应戒万事万物的诱惑；壮年时戒争斗；老年时戒贪图。(16·7)：孔子曰：“君子有三戒：少之时，血气未定，戒之在色；及其壮也，血气方刚，戒之在斗；及其老也，血气既衰，戒之在得。”

【血气方刚】“血气”，精力；“方”，正；“刚”，强劲。形容年轻人精力正旺盛。(16·7)：孔子曰：“君子有三戒：少之时，血气未定，戒之在色；及其壮也，血气方刚，戒之在斗；及其老也，血气既衰，戒之在得。”

【生而知之】生下来就懂得知识和道理。这是唯心主义者的观点。(16·9)：孔子曰：“生而知之者，上也；学而知之者，次也；困而学之，又其次也；困而不学，民斯为下矣。”

【过庭之训】用以指父亲的教诲。(16·13)：陈亢问于伯鱼曰：“子亦有异闻乎？”对曰：“未也。尝独立，鲤趋而过庭。曰：‘学《诗》乎？’对曰：‘未也。’‘不学《诗》无以言。’鲤退而学《诗》。他日，又独立，鲤趋而过庭。曰：‘学礼乎？’对曰：‘未也。’‘不学礼，无以立。’鲤退而学礼。闻斯二者。”陈亢退而喜曰：“问一得三，闻《诗》，闻礼，又闻君子之远其子也。”

三、文意探究

（一）梳理内容：完成该“篇”内容分类。要求概括该篇中重点话题（该篇中占有章句较多的一至二个话题），给该篇拟一个“章回式题目”，写一个说明性“序言”。

本篇回目示例：

治国理政社稷为重，修身求知思省当先

序言示例：

本篇包括十四章，其中著名的文句有：“不患贫而患不均，不患寡而患不安”“生而知之”“君子有三戒：少之时，血气未定，戒之在色；及其壮也，血气方刚，戒之在斗；及其老也，血气既衰，戒之在得”“君子有三畏：畏天命，畏大人，畏圣人之言”。本篇主要谈论的问题包括孔子及其弟子的政治活动，与人结交和相处时注意的原则，君子的三戒、三畏和九思等。

这篇内容涉及孔子的“君子小人”观的若干方面，以及孔子的教育思想和政治思想。“人能弘道，非道弘人。”人能够把道发扬光大，不是道能把人发扬光大，人在“弘道”的过程中领悟了道。孔子是弘道的先行者，他把自己的教育理念和政治思想传递给世人，却无法告诉我们如何理解，道传递了下来，需要我们亲身去理解、去领悟。

本篇内容分类为：

①治国理政：16·1（财富分配，社会关系，社会秩序）；16·2（社会秩序）；16·3（政权制度）

②做人：16·4（交友）；16·5（爱好）；16·6（适言）；16·7（三戒）；16·8（三畏）；16·11（自觉修德）；16·12（注重内在）

③求知：16·9（学习）；16·10（思考）

④君子：16·7（三戒）；16·8（三畏）；16·10（九思）；

16 · 13（不偏私）

⑤教育：16 · 13

⑥礼：16 · 14

（二）每“篇”一辩：本项任务为选择该篇中可供思辨的章句，设计一组辩题（含正方、反方观点），并分别撰写辩词。

示例 1：

论题一：天下有道，庶人是否要议？

依据：天下有道，则庶人不议。（16 · 2）

辩题一：天下有道，则庶人不议（正方观点）；天下有道，则庶人议（反方观点）

正方观点申述选例：

此语出自《论语 · 季氏》，意思是，天下治理符合大道，那么平民百姓就不会议论朝政。

有人说，有道的社会更应有舆论监督，因此说孔子在这里的意思好像是不让百姓对政府施行舆论监督，因而是专制的体现。这种理解完全是曲解。张养浩的散曲《山坡羊 · 潼关怀古》中说：“兴，百姓苦；亡，百姓苦”，这是大家都知道的，而且对其评价很高。实际上，这里所说的兴亡也就是朝代的更替。任何朝代的更替，受害者首先是百姓。孔子在这里所讲的也就是一种减少朝代更替的原则，为什么却成了“维护封建统治秩序”了呢？假如每个地方官府都各自制定一套礼乐而自行其是，中央政府无法统一掌握；假如每个地方政府都根据个人的好恶和利益而去肆意征伐异己，那么，天下大乱的时候，受害的难道不是百姓吗？天下安定的时候，也就是百姓“乐其乐而利其利”的时候。安居乐业的时候，他们各自按照自己的本性而生活，根本不需要对执政者感恩戴德，甚至不需要知道执政者是谁，当然也就不会议论朝政的得失，因为此时的朝政得失有官员负责，而且负责得很好；但是，当天下大乱的时候，官员成了贪官污吏，最高执政者无法控制天下的局面了，百姓怎能不怨声载道？孔子所赞美的、为后世执政者树立的君王的楷模是尧舜，他们向打草的、砍柴的询问政治的得失，在路边设立“谏木”，使百姓自由议论朝政得失，而且有则改之，无则加勉。战国时期，齐威王听从了邹忌的建议，下令全国：“群臣吏民能面刺寡人之过者，受上赏；上书谏寡人者，受中赏；能谤讥于市朝，闻寡人之耳者，受下赏。”命令刚下的时候，人们纷纷进谏，门庭若市；数月之后，只是偶尔有进谏的；满一年以后，人们虽然想进谏，却没有什么事值得进谏了。这是一个“天下有道，则庶人不议”最生动的例子。后来康有为就把孔子的这句话改为：“天下有道则庶人议。”而聂绀弩老先生对于康有为与孔子的话感觉还是不太满意，于是就又改为：“天下有道则庶人议，天下无道则庶人不议。”

反方观点申述选例：

孔子认为，天下政治清明、政通人和，老百姓就不会议论纷纷。但这种观点具有一定局限性。相比于施行仁政的朝廷官员，百姓对于时局和政治的了解通常不够全面。例如王安石变法中，尽管变法竭力为积贫积弱的北宋创造更好的发展机会，但其中利用国家行政权力强制进行收购、运销，又在客观上导致国富民贫；为了供养军队，改写兵役和赋税制度，农民纷纷叫苦不迭。另外，庶人的“议”也能为处于盛世的国家提供智慧。生于忧患，死于安乐，国家既需要朝廷的进步思想，也需要听取庶人对于国事的相关议论。《邹忌讽齐王纳谏》中齐王下令赏“谤讥于市朝，闻寡人之耳者”，也正说明了“天下有道，庶人议”对于国家的必要性。由此可见，“天下有道，庶人不议”只是一种理想的状态，在实际治国情景下，庶人之议不仅不可避免，而且是一种珍贵的智慧资源。

示例 2：

论题二：富不过三代是不是真的？

依据：16 · 2 和 16 · 3

辩题二：正方：富不过三代是真的（正方观点）；富不过三代不是真的（反方观点）

辩题选择的理由：

我们选择了16·2与16·3两章的内容，了解了关于国家政权更替的变化，同时结合我们现实生活的现象，进行了对比与探讨。“富不过三代”中的“富”与“三代”只是一个概述，我们更要深层次地讨论“富”与“三代”背后的关系，是家庭环境、教育方法还是个人性格等不同的原因造成了各种不同的结果。

正方观点申述选例：

我方认为富不过三代是真的。《论语》中曾提到“君子之远其子也”。这句话的意思是，君子不偏爱自己的儿子。由此可知，有仁德、知道义的君子是不会偏爱自己的后代的，因此也不会将自己创造的成就带来的直接利益直接让后代来享受。富人之所以被称为富人，在于他们懂得致富的方法。

反之，让后代直接享受富裕的人是目光短浅的，这样只会让后代越来越没有能力，只知道贪图享乐，不知进取，那么父辈留下的财产就会被肆意挥霍而不知如何致富，因为没有掌握致富的方法。没有能力创造财富，却在不断消耗钱财，总有一天家产会消耗殆尽，从而导致“富不过三代”的结果。

而如果富人的孩子秉承父辈致富的方法，不做任何变动，在这一代可能依然是富人，然而时代是不断变化的，这种办法在下一代可能就不再适用，最终后代变为普通人，甚至穷人。而即便是意识到了时代在召唤，也不见得能把握住转瞬即逝的机遇，更多人在错误的时间进行错误的改革而失败。纵使在正确的时间把握机遇，发展得更为强盛，也会在下一个时代召唤之时，发现原本使自己富强的改革，成为阻碍自己前进的磐石，最终落入窘迫的境地。由此观之，富不过三代是真的。

反方观点申述选例：

我方认为“富”不过三代不是真的，即“富”可以过三代。“富”，即富有，丰富。有些人认为“富不过三代”是因为在一个家庭或其他集体中，当“富”的状态在一定时间内得以维持后，后人会因为这样的环境而丧失斗志、安于现状，其实不然。“富”所能够带来的不仅仅是物质条件的享受和富足，更是对视角和生活态度的改变。我方认为“富”在这里不单指财富，“富”也可以指学识，指权势和地位，即位高权重。

纵观历史，“富”过三代的家族如过江之鲫，其中著名的有曾国藩家族。曾国藩是清末名臣，创建湘军，平定太平天国运动。他倡导兴办洋务运动，被朝廷封为一等毅勇侯，历任两江总督、直隶总督、武英殿大学士，官居一品，谥号“文正”。弟弟曾国荃是曾国藩的得力助手，曾协助曾国藩创建湘军，参与平定太平天国运动。1864 年 7 月，曾国荃率军攻占天京城，朝廷加授太子少保，封一等伯爵，赐名威毅伯，曾任两广总督。曾国藩也非常重视对子女的教育，后世流传有著名的《曾国藩家书》，被历代传颂。由于父辈的良好教育，曾氏家族的后代人才辈出。曾家的第二代曾纪泽为近代史上著名的爱国外交家；曾纪鸿在数学、科学技术等方面有突出贡献，精确了圆周率。第三代曾广铨在朝廷任职，曾出使朝鲜，最被人称道的是人品，继承和发扬了曾氏家风；曾广锜是著名的药物化学家。第四代曾宝荪创办女校，大力发展教育事业；曾约农致力于教育事业。第五代曾厚熙是一位成就很高的艺术家。良好的家风和教育造就了子孙后代的人才辈出，继续拥有财富和社会地位。这个事例说明了“富”是可以过三代的。

同时，“富”不仅表示一般等价物的富裕，也包含企业遗留、技术垄断甚至是精神文化氛围的充盈。中国古代，印刷技术在唐宋之时得以诞生，学问与书，便是一种变相的资本。世代经学，就有更多机会跑进政治圈子，一个有书的家庭，很容易变成一个做官的家庭，也就是一个有钱有势的家庭。书和书所带来的文化氛围就是一种可传承的富裕。在现代社会，这种情况仍然存在，对一部分的社会资源进行了垄断，世家由此诞生。“世家子弟”不仅在可支配和选择的权利上优于他人，更是自出生起，就被放入相应的环境接受熏陶，更有可能成为家族脉络的延续。所以“阶级”就这样在一代代中固化下来。富不过三代，仅仅是一脉单传的新兴“暴发户”难逃的流弊，那些昙花一现的仅是金钱上的富有的家庭，而并不能囊括其他的一般情况。

显而易见，从古至今所有“富”人都在努力使“富”得以延续，而“穷”人在历史的长河中则是作为挑战者出现，如同古代的帝王执着于寻求长生不老的仙方，是什么使这些最“富”的人前赴后继地投身于此呢？是因为穷人的存在。

这个世界上的资源是有限的，贫富差异的出现导致了阶级的分化，从自然选择学说的角度来说，世界上不会有人不希望获得有限的资源中更多的一部分，利己是人的天性，因此富人必然会面对源源不断的“挑战者”，“安于现状而不自知”固然是可怕的，但挑战者的出现会使富人免于“不自知”的局面，如《活着》中的主人公在失去一切后刹那间清醒。当双方知己知彼的时候，其实就只是简单的阶级间的对抗了，而这样的对抗，对于穷人来说，如同以卵击石。

这样的对抗本就不公平，但它合乎情理。物质条件的区别对一个人的影响不可谓不大，现实生活中不是没有因意外错换人生而导致截然不同的人生轨迹的事情发生，对于有些人来说脚下的半亩土地便是他全部的世界，井中的青蛙看不到广阔的天地，终日躬身于田间的人们如何去探索无垠的宇宙，视角的不同就足以杀死九成的希望，弥补巨大的物质差距则更加渺茫。

的确，穷与富不是一成不变的，我们总是能轻松举出富人贪图享乐而变穷，穷人逆风翻盘取而代之的例子，正如我们能清楚地记得那些凤毛麟角的传奇人物，却很少会意识到那些默默无闻的普罗大众才是绝大多数人真正的归宿。

总结：

金钱上的富有更容易在历史的长河中被消磨掉，物质上的财富更是转瞬即逝，但是深入、渗透在一个家族中的精神上的财富，才是传承的根本。我们追求文化、精神上的财富，优秀的文化为我们提供强大的、源源不断的软实力，会不断地丰富我们的精神世界，增强我们的精神力量。财富的传承，更注重于对后代金钱观、价值观、人生观的培养，而一旦缺失了三观的培养，将会造成严重的后果。富不过三代的现象是否产生真正决定于一个家庭的精神财富的氛围。

（三）孔说面面观：选择“篇”中一章，用其中的观点与现实生活不同领域相联系，指出其是否适用的情况，并说明理由。结合该章句写一则“从业训诫”，体现儒家思想与当代社会现实的融合与碰撞，激发学生的思辨意识，培养批判思维能力。

示例 1：

孔子曰：“见善如不及，见不善如探汤。吾见其人矣，吾闻其语矣。隐居以求其志，行义以达其道。吾闻其语矣，未见其人也。”（16 · 11）

在这一章中，孔子赞美了隐居求志的人，但是我认为隐居求志是不值得提倡的。我们可以从孔子的一生中找到答案。他生于礼崩乐坏的乱世，却积极入世，收揽弟子，传播自己的学说，成了一代圣人，他的学说也成了指导封建时代的主要思想。在近现代，中国内忧外患，正是有了鲁迅等思想家将唤醒国民作为自己的志向，不断传播新思想，引领革命，中国才实现了民族的独立。从以上例子可以看出，入世反而可以更好地实现个人志向，同时还会推动社会的变革与进步，实现人生的价值。

示例 2：

孔子曰："君子有九思：视思明，听思聪，色思温，貌思恭，言思忠，事思敬，疑思问，忿思难，见得思义。"（16・10）

本章的意思是：孔子说："君子有九种考虑：看的时候，考虑看明白了没有；听的时候，考虑听清楚了没有；脸上的颜色，考虑温和么；容貌态度，考虑庄矜么；说的言语，考虑忠诚老实么；对待工作，考虑严肃认真么；遇见疑问，考虑怎样向别人请教；将发怒了，考虑有什么后患；看见可得的，考虑我是否应该得。"

即使这句话出口的时间离我们隔了两千多年，但它在当代社会的行为处事方面依然具有重要指导作用。它全面概括了人言行举止的方方面面，对自己的一言一行都要认真思考和自我反省，包括个人道德修养的各种规范，如温、良、恭、俭、让、义等诸多美德，而这些优秀的美德不受地域、年代、身份的局限，它们是每一个时代所崇尚、倡导的。所以我们从中能学到什么呢？作为学生，我们在看待一件事情时，要从每个角度仔细观察思考：在听讲时，思考自己是否真的听懂、理解老师所讲；遇见疑问向他人请教时，和颜悦色，表现出自己的尊敬。在今后的职场生活中也是如此，要多听，要善于听不同的声音，还要听得清楚，要听得出什么是对的，什么是不对的；对待自己负责的工作，严肃认真，并竭尽全力去完成。心怀宽广，有容乃大，要处变不惊，潇洒自如；在宣泄自己的情绪时，想好情绪所带来的后果；在利益面前，要坚守自己的道义。

示例 3：

不患贫而患不均，不患寡而患不安。盖均无贫，和无寡，安无倾。（16・1）

这句话的意思是：不担心人民贫穷，只担心财富不均；不担心人口太少，只担心社会不安。因为如果财富平均，便无所谓贫穷；人民和谐相处，就不会觉得人少；社会安定，就不会倾危。

这句话反映了孔子对社会公平的要求，但在现代社会中，我们也需辩证地看待这一观点。

首先，绝对平均主义的观点是错误而片面的，公平绝不能等同于平均。

在国家发展方面，我国社会主义的奋斗目标是实现“共同富裕”，而非“同步富裕”。在我国特殊时期实行的平均主义，实际上是共同落后，共同贫困，使人民群众丧失了发展经济的积极性。而基于我国发展不平衡这一基本国情，在新时代中国特色社会主义道路上，鼓励和支持有条件的地区迅速发展，并结合脱贫攻坚与乡村振兴战略，成功地由全面建成小康社会乘势而上，开启全面建设社会主义现代化国家新征程。

在经济领域不能要求收入分配的绝对平均，而应追求其相对平等。应当坚持按劳分配的原则，保证人民获得财富的公平权利。

其次，国家要积极地寻求发展，仅囿于内部公平在现代国际形势中是危险的。在社会主义初级阶段的中国，我们不能“不患寡”，不能仅仅满足于“和”，应促进生产发展，提高生活水平，使老百姓的生活日益富足。国家保持经济高速增长，提高国际竞争力，也是保证国家长治久安的基础。

当然，孔子这一观点在现代社会一些领域也有借鉴意义。在教育领域、基本医疗卫生服务领域、公共服务领域等要注重不断健全国民公平享有的体系。

（四）合并分析：在该篇中找出可以放到一起比较的章句（可以联系以前的篇章），分析这些章句共同体现了孔子怎样的思想，以此写一段述评。

示例 1：

在孔子的思想中，君子始终是高洁的人格与完美的思想品德的化身，在儒家学者的心中有着最崇高的地位，这点在《论语》中体现得十分突出。在季氏篇中，孔子分别提到了君子需要做到的行为与特质，其中含有：君子所交好友应是益友，所爱喜好应为益乐，君子应引以为戒的事情、需要敬畏的事物和需要思考的东西有哪些。

孔子曰："益者三友，损者三友。友直，友谅，友多闻，益矣。友便辟，友善柔，友便佞，损矣。"（16·4）

孔子曰："益者三乐，损者三乐。乐节礼乐，乐道人之善，乐多贤友，益矣。乐骄乐，乐佚游，乐宴乐，损矣。"（16·5）

孔子曰："君子有三戒：少之时，血气未定，戒之在色；及其壮也，血气方刚，戒之在斗；及其老也，血气既衰，戒之在得。"（16·7）

孔子曰："君子有三畏：畏天命，畏大人，畏圣人之言。小人不知天命而不畏也，狎大人，侮圣人之言。"（16·8）

孔子曰："君子有九思：视思明，听思聪，色思温，貌思恭，言思忠，事思敬，疑思问，忿思难，见得思义。"（16·10）

这些条目十分符合孔子对于君子即圣人的思想，体现出他对于君子的严苛要求，其中内含的"义""礼""德"均是孔子所推崇的良好品德。孔子认为君子应该在学习中成长，在成长中学习，在才干中修道，在道德中展才，具有博纳海川的胸怀与温文尔雅的修养。同时，君子作为孔子美好设想的载体，拥有着他对常人所无法达到的奢望，这种奢望也是他对于封建礼教无比推崇的反映。因此，君子也有着并不属于这个时代的特征，例如君子应敬畏天命，敬畏地位高贵的人，这并非现代追求人人平等的人们所倡导的内容。所以，在面对中国传统文化与思想的时候，我们应该取其精华，去其糟粕，保留满足这个时代内涵的思想，并对其他的内容加以修正，这才是我们接纳传统文化的正确做法。

示例 2：

本篇中从不同角度阐释了孔子对"仁"的理解，并展现了"仁"在不同情况下的体现。

如处理国家关系：季氏将伐颛臾。冉有、季路见于孔子曰：“季氏将有事于颛臾。”孔子曰：“求，无乃尔是过与？夫颛臾，昔者先王以为东蒙主，且在邦域之中矣，是社稷之臣也。何以伐为？”冉有曰：“夫子欲之，吾二臣者皆不欲也。”孔子曰：“求！周任有言曰：‘陈力就列，不能者止。’危而不持，颠而不扶，则将焉用彼相矣？且尔言过矣。虎兕出于柙，龟玉毁于椟中，是谁之过与？”冉有曰：“今夫颛臾，固而近于费。今不取，后世必为子孙忧。”孔子曰：“求！君子疾夫舍曰欲之而必为之辞。丘也闻有国有家者，不患贫而患不均，不患寡而患不安。盖均无贫，和无寡，安无倾。夫如是，故远人不服，则修文德以来之。既来之，则安之。今由与求也，相夫子，远人不服，而不能来也；邦分崩离析，而不能守也；而谋动干戈于邦内。吾恐季孙之忧，不在颛臾，而在萧墙之内也。”（16·1）

自我规范与反省：孔子曰：“君子有九思：视思明，听思聪，色思温，貌思恭，言思忠，事思敬，疑思问，忿思难，见得思义。”（16·10）

遵循周礼分封制：邦君之妻，君称之曰夫人，夫人自称曰小童；邦人称之曰君夫人，称诸异邦曰寡小君；异邦人称之亦曰君夫人。（16·14）

孔子的“仁”是建立在周礼上对君子的行为规范，而“君子”则是对品德高尚之人的称呼。“仁”在《论语》中的体现面面俱到，而这则展现了孔子对自己和君子的严苛要求，以及他对精神境界的最高追求。这在现代社会中仍有很大的借鉴意义。孔子的“仁”建立在周礼制度上，这使我们在辨析孔子的思想时需要考虑其时代背景，不能盲目地因为孔子思想中的封建元素而在批判时忽略了其有价值的部分，并且孔子的思想发展于时代，又受限于时代，我们要以现代的眼光去批判性地吸收学习，去其糟粕，取其精华，评价孔子对封建时期思想文化的引领带动作用，而不是以现代的标准来要求孔子。

示例 3：

选择季氏篇中的以下五章做合并分析：

孔子曰："益者三友，损者三友。友直，友谅，友多闻，益矣。友便辟，友善柔，友便佞，损矣。"（16 · 4）

孔子曰："益者三乐，损者三乐。乐节礼乐，乐道人之善，乐多贤友，益矣。乐骄乐，乐佚游，乐宴乐，损矣。"（16 · 5）

孔子曰："君子有三戒：少之时，血气未定，戒之在色；及其壮也，血气方刚，戒之在斗；及其老也，血气既衰，戒之在得。"（16 · 7）

孔子曰："君子有三畏：畏天命，畏大人，畏圣人之言。小人不知天命而不畏也，狎大人，侮圣人之言。"（16 · 8）

孔子曰："君子有九思：视思明，听思聪，色思温，貌思恭，言思忠，事思敬，疑思问，忿思难，见得思义。"（16 · 10）

这五章主要从君子的自我规范与修养来谈。16 · 4 中提到了交友的问题：应该与什么样的人做朋友；不应与什么样的人做朋友。16 · 5 中则讲的是什么样的爱好是有益的。虽没有在其中提到君子二字，但实则从交友与爱好培养两方面提醒了君子应做什么。16 · 7、16 · 8、16 · 10 三章也是如此，强调君子在行为中应警惕的、应敬畏的、应思虑的。由此可以看出，儒家思想中，十分注重个人的修养，即修身，注重一个人人格的塑造，并要求其严格要求自己，换言之，即"慎独"。而自我修养的要求，也是围绕着其核心思想而展开的。首先是"仁"，在 16 · 5 "乐道人之善"、16 · 10 "貌思恭" 中有所体现；其次是"义"，16 · 10 中有 "见得思义"；另外也十分强调 "礼" 在个人修养中的作用，在 16 · 5 "乐节礼乐"、16 · 10 "事思敬" 中有所体现。除此之外，好学、正直、宽宏等品质也被不断提及。

示例 4：

孔子曰："益者三友，损者三友。友直，友谅，友多闻，益矣。友便辟，友善柔，友便佞，损矣。"（16 · 4）

孔子曰："益者三乐，损者三乐。乐节礼乐，乐道人之善，乐多贤友，益矣。乐骄乐，乐佚游，乐宴乐，损矣。"（16·5）

本篇第四、第五章中，孔子对人们交友、喜好方面分别就好、坏做了总结与归类，每一项包含了三种。

其中，有益的交友有同正直的人交友、同信实的人交友和同见闻广博的人交友。正直、信实对应"德"，见闻广博对应"智"，都符合君子的标准。有害的交友有同谄媚奉承的人交友、同当面奉承背后诽谤的人交友、同夸夸其谈的人交友。这些都是小人的行径。所以孔子认为应同君子而不是小人交友，并将君子、小人的表现细化，通过行为品格呈现了出来，以方便人们评估判断。

有益的喜好有用礼乐调节自己、宣扬别人的好处和交有益的朋友。孔子主张礼乐，在当今看来，音乐也是一种有益的放松方式。第三点也包含了上一章的内容。以上三个喜好都是不会影响到别人或给自己和别人带来良好影响的喜好。有害的喜好有以骄傲为乐、以游荡忘返为乐和以饮食荒淫为乐。第一种有损别人，第二种有损自己，第三种既荒唐浪费，也对参与者身体有损伤。孔子将有益的、有害的娱乐方式都列举出来，是人们自我评估的参考标准。

以上两章中，孔子基于自己的经历和主张，分别对人们的交友和喜好做了分类，在当今仍是我们自检的良好参照。第四章可以归到第五章第三点中。从以上内容我们可以看出，孔子所谓交友即交君子而远小人，喜好则是喜好做君子而厌恶做小人。交友是为自己品行的养成服务的。孔子总结得十分有道理，仍是我们当今生活的良好参照。

（五）雅意今思：选择该篇中能体现客观、进步思想的章句，以社会生活事例作为依据，给该"篇"拟写"后记"，为首次阅读者推荐该篇。这一设计，意在引导学生发现、提炼经典著作中的价值和精髓，培养类比思维能力。

示例 1：

在本篇第一章中，孔子为劝导冉有提到“不患贫而患不均，不患寡而患不安”来反驳冉有要攻打颛臾的观点。其意为：不需着急财富不多，只需着急财富不均；不必着急人民太少，只需着急境内不安。这体现了孔子对于社会中需存在的公平正义的看重与社会需均衡才能长久稳定的客观、先进思想。这种思想在当今社会中也有所体现。例如，近年来国家大力支持扶贫工作，使许多贫困地区的人也能过上较为富足的生活，削弱了贫富两极分化的现象，致力于共同富裕，就是维护社会稳定均衡的举措之一。本章中诸如以上所提到的值得深思与借鉴的思想还有不少，其中孔子与其弟子的某些有意义的言论也可积累下来用作写作素材，极富阅读价值，对于首次阅读者也可带来良好的阅读体验，值得推荐。

示例 2：

在本篇的第二章中，孔子就天下有道和天下无道来分析国家的礼乐、政权与掌权人身份和社会动荡程度的关系。若是天下太平，制礼作乐以及出兵都决定于天子，那政权一直传承下去的概率很大；而若天下昏乱，诸侯大夫等掌权，那政权大多只能传承五到十代甚至三代。孔子从考察历史，尤其是当日时事得出了结论：有阶级权利的差距，那必定有诱惑，而诱惑则会引起纷争，天下动乱，进而愈演愈烈，导致孔子不想看到的结果。季氏篇中还有许多值得讨论的章节，无论是孔子的语言还是语言所表达的道理，都可以给予我们启发，非常值得一读。

示例 3：

本篇以孔子断言季氏的命运开篇，从而抨击那些为了所谓的利益而心口不一的君子。国家四分五裂，从而导致国家内乱，覆灭而亡，这是“天道”对于国家的作用。而对于人们来说，天道反映出人认识事物的层次的高低不同。对于我们个人来讲，要心无杂念，看淡名利，这种价值取向是应当推崇的。正如孔子一般，有长远的价值追求，开启贫民教育的先河，才得以称之为“万世师表”。以一段真实的故事为开篇，确实吸引读者的阅读兴趣，值得一读。

四、每篇一练

读下面一句话，结合季氏篇第一章的内容说明其有怎样的现实意义。

周任有言曰：“陈力就列，不能者止。”

阳货篇第十七

一、重温原文

17·1 阳货欲见孔子，孔子不见，归孔子豚。孔子时其亡也，而往拜之。遇诸涂。谓孔子曰："来！予与尔言。"曰："怀其宝而迷其邦，可谓仁乎？"曰："不可。""好从事而亟失时，可谓知乎？"曰："不可。""日月逝矣，岁不我与。"孔子曰："诺，吾将仕矣。"

17·2 子曰："性相近也，习相远也。"

17·3 子曰："唯上知与下愚不移。"

17·4 子之武城，闻弦歌之声。夫子莞尔而笑，曰："割鸡焉用牛刀？"子游对曰："昔者偃也闻诸夫子曰：'君子学道则爱人，小人学道则易使也。'"子曰："二三子，偃之言是也。前言戏之耳。"

17·5 公山弗扰以费畔，召，子欲往。子路不说，曰："末之也，已，何必公山氏之之也？"子曰："夫召我者，而岂徒哉？如有用我者，吾其为东周乎！"

17·6 子张问仁于孔子。孔子曰："能行五者于天下，为仁矣。""请问之。"曰："恭，宽，信，敏，惠。恭则不侮，宽则得众，信则人任焉，敏则有功，惠则足以使人。"

17·7 佛肸召，子欲往。子路曰："昔者由也闻诸夫子曰：'亲于其身为不善者，君子不入也。'佛肸以中牟畔，子之往也，如之何？"子曰："然，有是言也。不曰坚乎，磨而不磷；不曰白乎，涅而不缁。吾岂匏瓜也哉？焉能系而不食？"

17·8　子曰："由也！女闻六言六蔽矣乎？"对曰："未也。""居！吾语女。好仁不好学，其蔽也愚；好知不好学，其蔽也荡；好信不好学，其蔽也贼；好直不好学，其蔽也绞；好勇不好学，其蔽也乱；好刚不好学，其蔽也狂。"

17·9　子曰："小子何莫学夫《诗》？《诗》可以兴，可以观，可以群，可以怨；迩之事父，远之事君；多识于鸟兽草木之名。"

17·10　子谓伯鱼曰："女为《周南》《召南》矣乎？人而不为《周南》《召南》，其犹正墙面而立也与！"

17·11　子曰："礼云礼云，玉帛云乎哉？乐云乐云，钟鼓云乎哉？"

17·12　子曰："色厉而内荏，譬诸小人，其犹穿窬之盗也与！"

17·13　子曰："乡愿，德之贼也。"

17·14　子曰："道听而涂说，德之弃也。"

17·15　子曰："鄙夫可与事君也与哉？其未得之也，患得之。既得之，患失之。苟患失之，无所不至矣。"

17·16　子曰："古者民有三疾，今也或是之亡也。古之狂也肆，今之狂也荡；古之矜也廉，今之矜也忿戾；古之愚也直，今之愚也诈而已矣。"

17·17　子曰："巧言令色，鲜矣仁。"

17·18　子曰："恶紫之夺朱也，恶郑声之乱雅乐也，恶利口之覆邦家者。"

17·19　子曰："予欲无言。"子贡曰："子如不言，则小子何述焉？"子曰："天何言哉？四时行焉，百物生焉。天何言哉？"

17·20　孺悲欲见孔子，孔子辞以疾。将命者出户，取瑟而歌，使之闻之。

17·21　宰我问："三年之丧，期已久矣。君子三年不为礼，礼必坏；三年不为乐，乐必崩。旧谷既没，新谷既升，钻燧改火，期可已矣。”子曰：“食夫稻，衣夫锦，于女安乎？”曰：“安。”“女安，则为之！夫君子之居丧，食旨不甘，闻乐不乐，居处不安，故不为也。今女安，则为之！”宰我出，子曰：“予之不仁也！子生三年，然后免于父母之怀。夫三年之丧，天下之通丧也。予也有三年之爱于其父母乎？”

17·22　子曰：“饱食终日，无所用心，难矣哉！不有博奕者乎？为之，犹贤乎已。”

17·23　子路曰：“君子尚勇乎？”子曰：“君子义以为上。君子有勇而无义为乱，小人有勇而无义为盗。”

17·24　子贡曰：“君子亦有恶乎？”子曰：“有恶。恶称人之恶者，恶居下流而讪上者，恶勇而无礼者，恶果敢而窒者。”曰：“赐也亦有恶乎？”“恶徼以为知者，恶不孙以为勇者，恶讦以为直者。”

17·25　子曰：“唯女子与小人为难养也，近之则不孙，远之则怨。”

17·26　子曰：“年四十而见恶焉，其终也已。”

二、基础知识梳理

（一）梳理特殊用字现象

“归”同“馈”，赠送。例句：阳货欲见孔子，孔子不见，归孔子豚。（17·1）

“知”同“智”，聪明。例句：好从事而亟失时，可谓知乎？（17·1）；好知不好学，其蔽也荡。（17·8）；恶徼以为知者，恶不孙以为勇者，恶讦以为直者。（17·24）

“畔”同“叛”，背叛，谋反。例句：公山弗扰以费畔，召，子欲往。（17·5）

“说”同“悦”，高兴。例句：子路不说。（17·5）

“女”同“汝”，第二人称代词“你”。例句：居！吾语女。（17·8）；女为《周南》《召南》矣乎？（17·10）；食夫稻，衣夫锦，于女安乎？……女安，则为之！……今女安，则为之！（17·21）

“孙”同“逊”，谦逊、有礼。例句：恶徼以为知者，恶不孙以为勇者，恶讦以为直者。（17·24）；唯女子与小人为难养也，近之则不孙，远之则怨。（17·25）

“与”同“欤”，句末语气助词。例句：人而不为《周南》《召南》，其犹正墙面而立也与！（17·10）；色厉而内荏，譬诸小人，其犹穿窬之盗也与！（17·12）

“亡”同“无”，没有。例句：古者民有三疾，今也或是之亡也。（17·16）

（二）梳理活用词

形容词用作名词：

“知、愚”，智者、愚者。例句：唯上知与下愚不移。（17·3）

“狂、矜、愚”，狂人、骄傲的人、愚人。例句：古之狂也肆，今之狂也荡；古之矜也廉，今之矜也忿戾；古之愚也直，今之愚也诈而已矣。（17·16）

形容词用作动词：

“近、远”，接近、疏远。例句：唯女子与小人为难养也，近之则不孙，远之则怨。（17·25）

名词用作动词：

“涅”，染黑。例句：不曰白乎，涅而不缁。（17·7）

“歌”，唱歌。例句：将命者出户，取瑟而歌，使之闻之。（17·20）

“衣”，穿。例句：食夫稻，衣夫锦，于女安乎？（17·21）

名词用作状语：

“色、内”，在脸色上、在内心里。例句：色厉而内荏，譬诸小人，其犹穿窬之盗也与！（17·12）

“道、涂”，从道上、从途中。例句：道听而涂说，德之弃也。（17·14）

（三）梳理多义实词

“亡”

①动词，外出。例句：孔子时其亡也，而往拜之。（17·1）

②同“无”，没有。例句：古者民有三疾，今也或是之亡也。（17·16）

“恶”

①名词，坏处。例句：有恶。恶称人之恶者。（17·24）

②动词，憎恶、憎恨。例句：恶紫之夺朱也，恶郑声之乱雅乐也，恶利口之覆邦家者。（17·18）

“期”

①日期、守孝时间。例句：三年之丧，期已久矣。（17·21）

②时间，一年。例句：旧谷既没，新谷既升，钻燧改火，期可已矣。（17·21）

“见”

①动词，会晤。例句：孺悲欲见孔子，孔子辞以疾。（17·20）

②介词，被。例句：年四十而见恶焉，其终也已。（17·26）

“言”

①动词，说话。例句：予与尔言。（17·1）

②名词，说的话。例句：偃之言是也。（17·4）

"无"

①没有。例句：苟患失之，无所不至矣。（17·15）

②不。例句：予欲无言。（17·19）

（四）梳理多义虚词

"为"

①动词，复兴。例句：如有用我者，吾其为东周乎！（17·5）

②动词，研究。例句：女为《周南》《召南》矣乎？（17·10）

③动词，做。例句：今女安，则为之！（17·21）；君子有勇而无义为乱，小人有勇而无义为盗。（17·23）

④动词，是。例句：唯女子与小人为难养也。（17·25）

⑤动词，作为。例句：君子义以为上。（17·23）

⑥固定搭配"以为"，认为。例句：恶徼以为知者，恶不孙以为勇者，恶讦以为直者。（17·24）

"而"

①连词，表并列关系。例句：色厉而内荏，譬诸小人，其犹穿窬之盗也与！（17·12）；道听而涂说，德之弃也。（17·14）

②连词，表修饰关系，译作"地"。例句：夫子莞尔而笑。（17·4）；人而不为《周南》《召南》，其犹正墙面而立也与！（17·10）

③连词，表假设，译作"如果"。例句：人而不为《周南》《召南》，其犹正墙面而立也与！（17·10）

④连词，表转折。例句：怀其宝而迷其邦，可谓仁乎？（17·1）；不曰坚乎，磨而不磷；不曰白乎，涅而不缁。（17·7）

⑤连词，表承接。例句：将命者出户，取瑟而歌，使之闻之。（17·20）

"其"

①人称代词，代指自己。例句：怀其宝而迷其邦，可谓仁乎？（17·1）

②人称代词，作主谓短语中的小主语，译为"他""它"（包括复数）。例句：年四十而见恶焉，其终也已。（17·26）

③指示代词，那种。例句：好仁不好学，其蔽也愚；好知不好学，其蔽也荡；好信不好学，其蔽也贼；好直不好学，其蔽也绞；好勇不好学，其蔽也乱；好刚不好学，其蔽也狂。（17·8）

④副词，表揣测语气。例句：人而不为《周南》《召南》，其犹正墙面而立也与！（17·10）；色厉而内荏，譬诸小人，其犹穿窬之盗也与！（17·12）

"之"

①助词，的。例句：乡愿，德之贼也。（17·13）

②动词，前往，去。例句：子之武城，闻弦歌之声。（17·4）末之也，已，何必公山氏之之也？（17·5）

③助词，取消句子独立性。例句：恶紫之夺朱也，恶郑声之乱雅乐也，恶利口之覆邦家者。（17·18）

④代词，"他""它"。例句：请问之。（17·6）；将命者出户，取瑟而歌，使之闻之。（17·20）

"于"

①介词，向。例句：子张问仁于孔子。（17·6）

②介词，对。例句：多识于鸟兽草木之名。（17·9）

③介词，和、跟。例句：子生三年，然后免于父母之怀。（17·21）

④介词，在。例句：孔子曰："能行五者于天下，为仁矣。"（17·6）

⑤介词，从。例句：夫三年之丧，天下之通丧也。予也有三年之爱于其父母乎？（17·21）

"焉"

①代词，为什么、哪里。例句：割鸡焉用牛刀？（17·4）；焉能系而不食？（17·7）

②语气助词。例句：年四十而见恶焉，其终也已。（17·26）；天何言哉？四时行焉，百物生焉。天何言哉？（17·19）

"与"

①动词，在一起，等待。例句：日月逝矣，岁不我与。（17·1）

②介词，同、跟、和。例句：予与尔言。（17·1）

③连词，同、和。例句：唯女子与小人为难养也。（17·25）

④语气助词，同"欤"。例句：其犹正墙面而立也与！（17·10）；其犹穿窬之盗也与！（17·12）

"乎"

①语气助词。例句：女闻六言六蔽矣乎？（17·8）；食夫稻，衣夫锦，于女安乎？（17·21）

②介词，比。例句：为之，犹贤乎已。（17·22）

（五）梳理古今异义词

"下流"：今通常义，贬义词，指不健康的言论或行为；本文义，卑下的地位。例句：恶居下流而讪上者。（17·24）

"小子"：今通常义，对男性年轻人的称呼；本文义，自己的谦称。例句：子如不言，则小子何述焉？（17·19）

（六）梳理多词一义

"予""我""吾"：都含有第一人称代词的意思。例句：予与尔言。（17·1）；日月逝矣，岁不我与。（17·1）；吾将仕矣。（17·1）

"无""不"：都含有否定词"不"的意思。例句：予欲无言。（17·19）；子如不言，则小子何述焉？（17·19）

"焉""何"：都属于疑问代词，都含有"什么、为什

么”的意思。例句：割鸡焉用牛刀？（17·4）；小子何莫学夫《诗》？（17·9）

“末”“无”：都含有“没有”的意思。例句：末之也，已，何必公山氏之之也？（17·5）；君子有勇而无义为乱，小人有勇而无义为盗。（17·23）

（七）梳理特殊句式

倒装句

状语后置：介宾短语放在被修饰或限制的谓语之后，一般用来指其处所、时间、物件、方式、程度等。

“子张问仁于孔子。”（17·6）：“子张于孔子问仁”的意思；“能行五者于天下，为仁矣。”（17·6）：“能于天下行五者，为仁矣”的意思；“孺悲欲见孔子，孔子辞以疾。”（17·20）：“孔子以疾辞”的意思；“子生三年，然后免于父母之怀。”（17·21）：“于父母之怀免”的意思；“予也有三年之爱于其父母乎”（17·21）：“于其父母三年之爱”的意思；“为之，犹贤乎已。”（17·22）：“犹乎已贤”的意思。

宾语前置：

“日月逝矣，岁不我与。”（17·1）：“岁不与我”的意思；“子如不言，则小子何述焉？”（17·19）：“小子述何焉”的意思；“天何言哉？”（17·19）：“天言何哉”的意思。

省略句

夫召我者，而岂徒（召我）哉？（17·5）

（八）梳理文化常识

1. 称谓

阳货：又叫阳虎，季氏的家臣。（17·1）

公山弗扰：人名，又称公山不狃，字子洩，季氏的家臣。（17·5）

佛（bì）肸（xī）：晋国大夫范氏家臣，中牟城地方官。（17·7）

孺悲：鲁国人，鲁哀公曾派他向孔子学礼。（17·20）

2. 礼俗

《周南》《召南》：《诗经·国风》中的第一、第二两部分篇名。周南和召南都是地名。这是当地的民歌。（17·10）

钻燧改火：古人钻木取火，四季所用木料不同，每年轮一遍，叫改火。（17·21）

食夫稻：古代北方少种稻米，故大米很珍贵。这里是说吃好的。（17·21）

（九）提炼相关成语

【怀宝迷邦】“怀宝”，具有才德；“迷邦”，国家迷乱。旧指有才德而不出来为国家效力。**（17·1）**：曰：“怀其宝而迷其邦，可谓仁乎？”

【岁不我与】年岁是不等人的。表示应该及时奋起，有所作为。**（17·1）**：“日月逝矣，岁不我与。”

【下愚不移】“移”，改变。后指不求上进，不想学好。**（17·3）**：子曰：“唯上知与下愚不移。”

【莞尔而笑】微笑的样子。**（17·4）**：子之武城，闻弦歌之声。夫子莞尔而笑，曰：“割鸡焉用牛刀？”

【割鸡焉用牛刀】杀只鸡何必用宰牛的刀。比喻办小事情用不着花大气力。**（17·4）**：子之武城，闻弦歌之声。夫子莞尔而笑，曰：“割鸡焉用牛刀？”

【磨而不磷】磨了以后不变薄。比喻意志坚定的人不会受环境的影响。**（17·7）**：不曰坚乎，磨而不磷；不曰白乎，涅而不缁。

【涅而不缁】“涅”，矿物名，古代用作黑色染料；“缁”，黑色。用涅染也染不黑。比喻品格高尚，不受恶劣环境的影响。

（17·7）：不曰坚乎，磨而不磷；不曰白乎，涅而不缁。

【匏瓜空悬】原是孔子自况之语，说自己不能像匏瓜那样系挂着不给人食用，应该出仕为官，有所作为。后以此称有才能的人不为世所用。（17·7）：吾岂匏瓜也哉？焉能系而不食？

【系而不食】中看而不可吃用。（17·7）：吾岂匏瓜也哉？焉能系而不食？

【墙面而立】面对墙壁，目无所见。比喻不学无术。（17·10）：人而不为《周南》《召南》，其犹正墙面而立也与！

【色厉内荏】“色”，神色，样子；“厉”，凶猛；“荏”，软弱。外表强硬，内心虚弱。（17·12）：子曰：“色厉而内荏，譬诸小人，其犹穿窬之盗也与！”

【穿窬之盗】“穿”，指穿壁；“窬”，通“逾”，从墙上爬过去，指偷窃行为。指钻洞和爬墙的盗贼。（17·12）：子曰：“色厉而内荏，譬诸小人，其犹穿窬之盗也与！”

【道听途说】从道路上听到，在道路上传说。泛指没有根据的传闻。（17·14）：子曰：“道听而涂说，德之弃也。”

【患得患失】“患”，忧患，担心。担心得不到，得到了又担心失掉，形容对个人得失看得很重。（17·15）：其未得之也，患得之。既得之，患失之。苟患失之，无所不至矣。

【无所不至】“至”，到。指没有不到的地方。也指什么坏事都做绝了。（17·15）：其未得之也，患得之。既得之，患失之。苟患失之，无所不至矣。

【巧言令色】“令色”，讨好的表情。花言巧语，伪装和善，讨好于人。（17·17）：巧言令色，鲜矣仁。

【恶紫夺朱】“紫”，古人认为紫是杂色；“夺”，乱；“朱”，大红色，古人认为红是正色。原指厌恶以邪代正。后喻以邪胜正，以异端充正理。后来指奸佞小人混淆是非，颠倒黑白。（17·18）：子曰：“恶紫之夺朱也，恶郑声之乱雅乐也，恶利口之覆邦家者。”

【以紫乱朱】【以紫为朱】比喻将奸佞小人当作廉洁公正的贤者。（17·18）：子曰：“恶紫之夺朱也，恶郑声之乱雅乐也，恶利口之覆邦家者。”

【免怀之岁】指三岁。（17·21）：子生三年，然后免于父母之怀。

【饱食终日】“终日”，整天。整天吃饱饭，不动脑筋，不干什么正经事。（17·22）：饱食终日，无所用心，难矣哉！

【无所用心】没有地方用他的心。指不动脑筋，什么事情都不关心。（17·22）：饱食终日，无所用心，难矣哉！

【居下讪上】指属员背地里讥笑上级。（17·24）：有恶。恶称人之恶者，恶居下流而讪上者，恶勇而无礼者，恶果敢而窒者。

三、文意探究

（一）梳理内容：完成该“篇”内容分类。要求概括该篇中重点话题（该篇中占有章句较多的一至二个话题），给该篇拟一个“章回式题目”，写一个说明性“序言”。

本篇回目示例：

君子尚义有恶但重邦家雅乐，小人色厉内荏只顾令色巧言

谈时政夫子重礼乐教化，述举止百姓明行事为人

序言示例：

（1）

本篇共二十六章。其中著名的文句有：“性相近也，习相远也”“唯上知与下愚不移”“君子有勇而无义为乱，小人有勇而无义为盗”“唯女子与小人为难养也”。这一篇中，介绍了孔子的道德教育思想、孔子对仁的进一步解释，还有关于为父母守丧三年的问题，也谈到了君子与小人的区别等。本篇内容分类为：

入世思想：17·1，17·5，17·7

人的习性：17·2，17·3

关于君子：17·4，17·23，17·24，17·25，17·26

关 于 做 人：17·6，17·8，17·12，17·13，17·14，17·15，17·16，17·17，17·18

关于《诗经》：17·9，17·10

关于礼乐：17·11，17·21

在本篇中，孔子通过评述诸侯僭越天子、家臣操权叛变等乱象，表明了自身重视礼乐与教化在政治中的作用，强调了礼乐原则和形式背后的本质与精神内涵。同时，对“仁”的阐释进行了补充，重申了“义”的德行，也在百姓教化层面表明重视身教、劝民学《诗》的理想与主张。

（2）

阅读了阳货篇后，我们可以了解到包括为官仕途、君子小人、修炼品行、待人接物等方面的孔子的看法，并且提出一些自己的见解。在对待仕途方面，孔子待价而沽，不轻易去做官，但又期望自己可以复兴周礼，教化百姓，如“如有用我者，吾其为东周乎！”“吾岂匏瓜也哉？焉能系而不食？”等句子其实都表达了孔子想要做官、大展宏图的心理，但对于他来讲，做官还是应该小心谨慎。在对待礼乐时，孔子一以贯之，认为礼仪制度不应该受到侵犯，各诸侯不应以下犯上，逾越规矩，如“恶紫之夺朱也，恶郑声之乱雅乐也”“礼云礼云，玉帛云乎哉？乐云乐云，钟鼓云乎哉？”，这些句子表达了孔子对春秋时期礼崩乐坏局势的厌恶和不满、对当时士大夫逾矩的追问，以及坚决维护周礼的决心。在面对君子小人的话题时，孔子将先前的“君子”定义进一步展开，纵深挖掘，又提出了“乡愿，德之贼也”“道听而涂说，德之弃也”，对君子应该遵守的道德进一步剖析，又举例对比讲出君子小人的云泥之别，规劝弟子以德养身。

（二）每“篇”一辩：本项任务为选择该篇中可供思辨的章句，设计一组辩题（含正方、反方观点），并分别撰写辩词。

示例：

论题：生活中尽孝的仪式是否必要？

依据：宰我问：“三年之丧，期已久矣。君子三年不为礼，礼必坏；三年不为乐，乐必崩。旧谷既没，新谷既升，钻燧改火，期可已矣。”子曰：“食夫稻，衣夫锦，于女安乎？”曰：“安。”“女安，则为之！夫君子之居丧，食旨不甘，闻乐不乐，居处不安，故不为也。今女安，则为之！”宰我出，子曰：“予之不仁也！子生三年，然后免于父母之怀。夫三年之丧，天下之通丧也。予也有三年之爱于其父母乎？”（17・21）

辩题：尽孝的仪式在生活中是必要的（正方观点）；尽孝的仪式在生活中是不必要的（反方观点）

正方观点申述选例：

仪式感在生活中之所以必要，是因为它是一种合乎于礼的情感表达方式。在17・21中，宰我认为三年守孝时间太长，问孔子可否缩减为一年。但孔子认为三年的孝期是必要的，因为这是表达对父母逝去的悲痛，而且这种表达情感的方式与传统礼教相近，符合孔子的价值观。在现代社会生活中，这种传统礼教，同样需要传承和发扬。进家与长辈打招呼、离家与长辈辞别、用餐等长辈到了再动碗筷等仪式，代表了晚辈心中有长辈的意识。心中有长辈，才有可能心中有他人，助人为乐才有可能践行。仪式是意识和理念的外化，也是一个人品格、品德、教养的表达。一些人打着追求平等、建立朋友式关系的幌子，对父母、师长语言、行为随意，不只是对传统礼仪的冒犯，更是对正当、健康“孝悌”观的践踏。回看现代生活中，清明扫墓，祭奠先辈；寻访先烈故地，树碑献花，这样的仪式没有时限，永久可行。如此，既传承了中华民族优秀的礼仪传统，又为营造和谐社会健康良好的人际关系奠定了扎实的基础。所以我方认为，尽孝的仪式在生活中是必要的。

反方观点申述选例：

孔子认为，三年的守孝期是对父母的情感表达，但在生活节奏加快的现在，能做到守孝三年的人已经微乎其微。那么其他人就是“不仁之人”了么？也不尽然。比起仪式感，情感的真切才是更重要的。若一人守孝三年，在外人看来是个孝子，但其实内心并无对父母的敬重之情，这当然不是孝；反之，若一人没有守孝三年，但内心一直牵挂思念父母，那也是孝的体现。而真正的“孝”是在父母在世时尽心侍奉，或经常探望等，父母去世后只保留一个守孝的仪式，已经没有多大的实际意义。况且，现代社会中，作为晚辈，已经不只是一个简单的家庭成员，而是兼有更多的社会角色，身负更多的社会责任，这种尽孝的仪式有时难以做到。古语说，自古忠孝不能两全，何况当今很多职位或岗位是常年不能空缺的，而且某些重任关乎国家、民族，甚至国际的民生福祉或安全，相对于尽孝的仪式，这样的价值不更是对父母长辈的“大孝”吗？所以我方认为，尽孝的仪式在生活中是不必要的。

（三）孔说面面观：选择“篇”中一章，用其中的观点与现实生活不同领域相联系，指出其是否适用的情况，并说明理由。结合该章句写一则“从业训诫”。体现儒家思想与当代社会现实的融合与碰撞，激发学生的思辨意识，培养批判思维能力。

示例1：

在阳货篇的第一章中，阳货对孔子提出了两个关于政务的问题，分别对政务与仁、智之间的关系做出了思考；而在孔子看来，把自己的本领藏起来而听任国家迷乱，或是喜欢参与政事而又屡次错过机会，则显然不是君子所为，借此引发出及时为官治理国家的感慨。这种思考，时至今日仍是可以为我们所用的。

首先，从个人的学业与职业生涯来看，做好充分的准备，并把握好每一次机会是成功的必备前提。若是遇到机会而又犹豫不决，与它失之交臂，那么只能空有一身本领而无法发挥，自然无法遇见伯乐赏识自己的能力。相反，如果在机会到来前不是被动等待，而是主动出击寻找机会，那成功的概率也就大大地增加了。战国时期的毛遂本是一个名声不显的文士，在一次秦国入侵赵国的战斗中，他主动站出向赵王申请代表赵国向楚国求援，并凭借着三寸不烂之舌成功说服了楚王，也得到了赵王的重用。因此相较于将主动权掌握在自己手中，被动接受甚至错失机会显然是不智之举。

其次，我们不能仅满足于个人的成功，也要为社会与国家的进步做出贡献。我们生活在社会中，国家为我们提供了舒适和平的环境，也为我们的成功助力。作为回报，我们应用所学所知报答国家，帮助国家发展，实现我们的自我价值，同时也为自己将来更好的生活做出努力。就像疫情到来的关头，许多医护人员不顾自身安危，奋斗在抗疫一线，为人民的健康保驾护航；“两弹一星”功勋奖章的获得者钱学森先生在听闻祖国需要的时候，毅然决然返回祖国，日日夜夜辛勤努力研发原子弹，无不是对此的最好诠释。我们对国家的帮助或大或小，但都表达了对祖国的热爱与真心，这也是孔子认为“怀其宝而迷其邦”的行为并不仁德的原因。

示例 2：

对于即将下乡扶贫的村干部们，“唯上知与下愚不移”这句话是有很大用处的。在这句话中，“上知”指的是生而知之的人，“下愚”指的是最愚笨的人，猜测可能是智力障碍者。只有这些人是不能改变的。而一般的人都是“中人”，即处于两者之间的人，我们“性相近，习相远”，只是因为出生后成长环境不一样导致了差距，是可以改变的。

对于乡下的农民来说，扶贫干部的到来是他们一生中少有的改变的机会。人生在世，人人都向往美好的生活。只要内心有对美好生活的向往，想要做出改变，就可以试着去改变，并且一定会有收获。

不过这句话也有一定的问题。古时人们认为有生而知之者，即生来就知道一切的人。但我们作为唯物主义者，现在知道这是不可能存在的，并且除去智力障碍者确实无法改变，绝大多数人是可以改变的。

改变一个乡村，改变一个群体，将它们往更好的方向变。在改变它们的过程中，实施者也一定会发生改变，只要不背离初心，这些改变都有利于个人的事业进步、国家的发展繁荣。耐心，细心，专心，“中人”都能被改变，只要他们被影响所波及。

示例 3：

阳货质问了孔子两个问题：一是自己有本领却任由国家昏暗是否可以称之为仁爱，二是喜欢做官却屡屡错过机会是否可以叫作聪明。阳货自己做出了否定的回答。在我看来，阳货是在社会层面与个人层面上阐述、解释自己的观点：一个人有才干应将其用在合适的地方，使其有价值。这样的观点放到现在我们的工作与社会生活中也是有用的。

从个人角度上来看，只有发挥自己的才能，才能够有向上走的机会。在工作或是寻找机遇的过程中，不去发挥自己的才干就无法体现出自己的价值或者说是过人之处，而机会也自然不会轻易落到自己身上，那么这一身才干就没能体现出其价值。发挥自己的才干是证明自己的价值与能力的前提，那么自然能够找到体现自我价值的位置了。

从社会角度上来看，在适当的时机发挥自己的才干可以惠及他人乃至整个社会，这可以说是自我价值的一种实现途径，同时也是在为社会做贡献。譬如前段时间两名医学生在路边用所学急救知识救了一位突发心梗的老大爷，这两名医学生的举动挽救了一个人的生命，而她们所做的就是发挥自己的本领。

每个人的本领不尽相同，但只要在需要的时候应用它，就是有价值的，可以被赞赏的。试想若是两名医学生没有及时出手相救，那么老人就生死未卜了。

因此我们应勇敢地、积极地去应用自己的才干，不应藏着掖着，这无论对自己还是对社会，都是有益的。

示例 4：

在阳货篇第一章中，阳货以仁和智为话题反问孔子，说服孔子做官，不妨引发思考。

文中阳货利用周礼，趁孔子不在家赐礼，以礼逼孔子就范，非仁；以孔子的失败经历辩驳孔子，非智。但仁和智反而成为阳货说服孔子的论点，或许这是文中提到孔子不愿拜见阳货的原因。

阳货的这种行为在网络上屡见不鲜。在网络上，有人见到了不义之举，便立刻疾恶如仇、如临大敌，一定要上前斥责辱骂对方一番，教育对方改邪归正，才肯罢休。阳货凭借的是自己卿大夫的身份，而网络上的人们凭借的是网络身份的面具。

此时，孔子的做法更值得我们思考。孔子始终以礼行事，尽管明知对方以礼逼他就范，非仁非智非礼，但仍然选择坚守自己的行为准则。礼是孔子行事的准则，这也启示我们要设立好自己明确的行为准则，即自己的“礼”，无论他人行为处事如何，也要坚持自己的准则底线，这是自我约束，也是对精神境界的更高追求。在社会生活中，我们或许见到有些人以不法手段牟取暴利，“键盘侠”在网络上肆意辱骂攻击他人，这时我们则需以自己的“礼”辨明这些行为的真假、善恶、美丑，并以此作为一面镜子纠正、约束自己，完善自己的“礼”。

（四）合并分析：在该篇中找出可以放到一起比较的章句（可以联系以前的篇章），分析这些章句共同体现了孔子怎样的思想，以此写一段述评。

示例1：

子路曰："君子尚勇乎？"子曰："君子义以为上。君子有勇而无义为乱，小人有勇而无义为盗。"（17·23）

子曰："非其鬼而祭之，谄也。见义不为，无勇也。"（2·24）

阳货篇第二十三章中，孔子要表达的意思为，君子把义看作是最尊贵的，君子有勇无义就会作乱，小人有勇无义就会去做盗贼。"义"在此指仁义，孔子在此章中将"仁义"看得比"勇"要重，但也并未否定"勇"。为政篇第二十四章中，孔子对"勇"与"义"的观点是，见到应该挺身而出的事情，却袖手旁观，就是怯懦。在此章中"义"是应做的事，也可理解为符合仁义理念的事，而在遇到此类事时，"勇"则是"义"的条件之一。孔子崇尚勇与义，但对于"勇"的概念则有特殊的限制，即符合义的勇才是"勇"，反之则为乱。这两章共同体现了孔子对于"勇"的定义，颂扬了"义"的崇高。

示例2：

阳货欲见孔子，孔子不见，归孔子豚。孔子时其亡也，而往拜之。遇诸涂。谓孔子曰："来！予与尔言。"曰："怀其宝而迷其邦，可谓仁乎？"曰："不可。""好从事而亟失时，可谓知乎？"曰："不可。""日月逝矣，岁不我与。"孔子曰："诺，吾将仕矣。"（17·1）

子之武城，闻弦歌之声。夫子莞尔而笑，曰："割鸡焉用牛刀？"子游对曰："昔者偃也闻诸夫子曰：'君子学道则爱人，小人学道则易使也。'"子曰："二三子，偃之言是也。前言戏之耳。"（17·4）

本篇第一章讲的是阳货劝说孔子为官的事情。在他看来，自己如果有一身的本领，并且喜欢做官，那就应该去为国家效力，效忠于朝廷，这样才算是真正聪明的人。这和本篇的第四章有一定的共通之处。孔子问学生子游说，治理一个小地方用得着教育吗？跟第一章联系，一个做官的人，如果足够称职，足够喜爱自己的职业，那么他必定会有仁爱之心，就会理解“教育总是有用的”这个道理。这两章体现了孔子及其弟子对于做官为人的认识。

示例 3：

如有用我者，吾其为东周乎！（17·5）

吾岂匏瓜也哉？焉能系而不食？（17·7）

孔子的自信：孔子在本篇第五章中说，如果有人可以任用他，他一定能使周文王、周武王之道在东方复兴；在本篇第七章中说，自己又不是匏瓜（大而无用），只能系在腰间而不能食用。这些话在现在的人听来或许有些狂傲，但是如果回到孔子所身处的时代，春秋乱世，百家争鸣，孔子虽有复兴周礼的宏大愿景，但是始终没有人重用他，或许此时他的话语就不难理解了。其实，孔子的形象并非像人们误解的那样总是谨小慎微，过分谦虚，他有时也很豪放。身为君子，在平时的生活中确实应该尽可能做到谦虚，但是在关键时刻也应具有毛遂自荐的魄力，大胆地展示自己的理想与抱负，这样才能成为一个对国家、对社会有所贡献的良才。

（五）雅意今思：选择该篇中能体现客观、进步思想的章句，以社会生活事例作为依据，给该“篇”拟写“后记”，为首次阅读者推荐该篇。这一设计，意在引导学生发现、提炼经典著作中的价值和精髓，培养类比思维能力。

示例 1：

本篇中不乏来自先秦时期却对当代生活仍富有指导意义的儒学思想精华。如第七章，我认为它体现了一种对正道的自信和传播正道的勇气与信念。面对敌对思想及其持有者，独善其身、与世无争固然是一种选择。但若想推动历史进步、达到孔子所追求的“天下归仁”的景象，则不可避免地要与敌对思想交锋，用正确的思想开化对方。而这又涉及对自己学说“坚”和“白”的自信，相信其能够“磨而不磷”“涅而不缁”。时至今日，虽然社会意识发生了很大改观，但仍需要掌握了科学及先进思想的群体，肩负起传播的责任。如饶毅教授举报个别学者学术不端。饶毅教授作为顶尖学者，固然可以不过问学术造假，扎根于科研的象牙塔。可他选择成为一名战士，捍卫科学道德。科学道德便是这个时代的“磨而不磷”“涅而不缁”。捍卫它，弘扬它，科技强国方能不止于理想。

示例 2：

在本篇中孔子的话术与逻辑充满了辩证色彩，这无疑提高了儒学的高度。辩证观点的使用是我国春秋时期思想家与唯物哲学的偶然碰撞，这种碰撞在如今看来是儒学理论内在逻辑的呈现，也是必然的结果。在第八章与第十六章中，仁、信、直等品格不再一味地被认可，而愚、狂、矜等因素在古人身上的体现也受到孔子认可。这里的观点有两方面：主次与适度。首先在学问（价值观）与品行（行事态度）的结合中，孔子更看重个人的学问如何，若是空无学问，则会“其蔽也贼，其蔽也绞”，使结果适得其反，信与直便不是值得称赞的“美德”了。其次，孔子强调“适度”的重要性，孔子将古人与今人对愚与狂的表现做了对比，当今愚狂之人似乎在效仿古人肆言直率的洒脱，却不把握“度”，将直率演绎成了放荡，便当真成了“愚狂之人”了。真正的优秀品行不是效仿学习而来的，是对做事行径与态度的把握，也是爱自己同时也爱他人的大智。

示例 3：

子曰：“道听而涂说，德之弃也。”（17·14）这句话抨击了传播谣言的人，放在当今依旧值得我们思考。

有段时间，一对父子造谣一名女子出轨快递员的事件在网上闹得沸沸扬扬，事件中被造谣的女子毅然选择控告造谣者，既是维护自己的权益，也是给所有造谣传谣的人一次警告，让人知道谣言不是儿戏，而是真真正正的违法，也是对他人的伤害。

除去不当造谣者，我们还应该不传播不实言论。当今社会上，信息来源多样杂乱，每时每刻都有各种媒体为博人眼球而发布虚假、夸大的信息，网络上的爆料往往能在几天内反转数次，评论区也如墙头草一般不断变换风向。面对这样的情况，毫无疑问，我们需要理性地辨析判断，在确定消息的准确性后再传播给他人，才是对他人、对社会负责的行为。

示例 4：

在阳货篇中，有这样一句话："子曰：'道听而涂说，德之弃也。'"虽然是人们日常就挂在嘴边的常用话语，但我们不得不承认，在当今这个信息爆炸的时代，考量传言的真实与可靠性之后再斟酌着传播，也仍然是一种优秀且不可或缺的行为。口说无凭，不可胜数且触目惊心的例子在我们日常的生活之中不断上演着，其原因恰恰是人们的道听途说与不考量信息的真实与否。在新冠肺炎未平息之际，有一名年轻的女性确诊者，由于其活动轨迹牵涉美甲店、电影院和多家酒吧，很快有网友给她冠以"转场皇后"这样不怀好意的称呼。不仅如此，没过多久，该女性的身份证号码、手机号码和住址等个人信息被泄露，有人冒用她的微信朋友圈在网上发布信息。一时间，网络暴力对着一个 20 岁的女孩汹涌而来。有人说她没有社会责任感，有人说她不孝顺，有人说她年纪轻轻每天出入酒吧，一定不知检点，还有人不断拨打她的电话或是发送信息进行辱骂。然而这个女孩在出门之前，根本不知道自己已经感染了新冠病毒，却莫名地受到了如此不堪的网络暴力，其种种原因，令人不寒而栗。

四、每篇一练

为下面的辩题撰写辩词。

论题：不惑之年的状况是否能确定一生的命运？

依据：子曰："年四十而见恶焉，其终也已。"（17·26）

辩题：不惑之年的状况能确定一生的命运（正方观点）；不惑之年的状况不能确定一生的命运（反方观点）

微子篇第十八

一、重温原文

18·1　微子去之，箕子为之奴，比干谏而死。孔子曰：“殷有三仁焉！”

18·2　柳下惠为士师，三黜。人曰：“子未可以去乎？”曰：“直道而事人，焉往而不三黜？枉道而事人，何必去父母之邦？”

18·3　齐景公待孔子曰：“若季氏，则吾不能；以季孟之间待之。”曰：“吾老矣，不能用也。”孔子行。

18·4　齐人归女乐，季桓子受之，三日不朝，孔子行。

18·5　楚狂接舆歌而过孔子曰：“凤兮！凤兮！何德之衰？往者不可谏，来者犹可追。已而，已而，今之从政者殆而。”孔子下，欲与之言。趋而辟之，不得与之言。

18·6　长沮、桀溺耦而耕，孔子过之，使子路问津焉。长沮曰：“夫执舆者为谁？”子路曰：“为孔丘。”曰：“是鲁孔丘与？”曰：“是也。”曰：“是知津矣。”问于桀溺。桀溺曰：“子为谁？”曰：“为仲由。”曰：“是鲁孔丘之徒与？”对曰：“然。”曰：“滔滔者天下皆是也，而谁以易之？且而与其从辟人之士也，岂若从辟世之士哉。”耰而不辍。子路行以告。夫子怃然曰：“鸟兽不可与同群，吾非斯人之徒与而谁与？天下有道，丘不与易也。”

18·7　子路从而后，遇丈人，以杖荷蓧。子路问曰：“子见夫子乎？”丈人曰：“四体不勤，五谷不分，孰为夫子？”植其杖而芸。子路拱而立。止子路宿，杀鸡为黍而食之，见其二子焉。明日，子路行以告。子曰："隐者也。"使子路反见之，至则行矣。子路曰："不仕无义。长幼之节不可废也，君臣之义如之何其废之？欲洁其身而乱大伦。君子之仕也，行其义也。道之不行，已知之矣。"

18·8　逸民：伯夷，叔齐，虞仲，夷逸，朱张，柳下惠，少连。子曰："不降其志，不辱其身，伯夷、叔齐与！"谓："柳下惠、少连，降志辱身矣，言中伦，行中虑，其斯而已矣。"谓："虞仲、夷逸，隐居放言，身中清，废中权。我则异于是，无可无不可。"

18·9　大师挚适齐，亚饭干适楚，三饭缭适蔡，四饭缺适秦；鼓方叔入于河，播鼗武入于汉；少师阳、击磬襄，入于海。

18·10　周公谓鲁公曰："君子不施其亲，不使大臣怨乎不以。故旧无大故，则不弃也。无求备于一人。"

18·11　周有八士：伯达，伯适，仲突，仲忽，叔夜，叔夏，季随，季騧。

二、基础知识梳理

（一）梳理特殊用字现象

"归"同"馈"，赠送。例句：齐人归女乐，季桓子受之，三日不朝，孔子行。（18·4）

"辟"同"避"，躲避。例句：趋而辟之，不得与之言。（18·5）；且而与其从辟人之士也，岂若从辟世之士哉。（18·6）

"而"同"尔"，第二人称代词"你"。例句：且而与其从辟人之士也，岂若从辟世之士哉。（18·6）

"逸"同"佚"，遗落。例句：逸民：伯夷，叔齐……(18·8)

"施"同"弛"，怠慢。例句：君子不施其亲，不使大臣怨乎不以。(18·10)

"与"同"欤"，句末语气助词。例句：是鲁孔丘与？……是鲁孔丘之徒与？(18·6)

(二)梳理活用词

动词的使动用法：

"止、食、见"，使……留下，使……吃，使……见。例句：止子路宿，杀鸡为黍而食之，见其二子焉。(18·7)

形容词的使动用法：

"洁"，使……不玷污。例句：欲洁其身而乱大伦。(18·7)

"辱"，使……受辱。例句：柳下惠、少连，降志辱身矣。(18·8)

名词用作动词：

"朝"，上朝。例句：齐人归女乐，季桓子受之，三日不朝，孔子行。(18·4)

"歌"，唱歌。例句：楚狂接舆歌而过孔子曰："凤兮！……"(18·5)

"后"，落在后面。例句：子路从而后，遇丈人，以杖荷蓧。(18·7)

形容词用作名词：

"故旧"，老臣故人。例句：故旧无大故，则不弃也。(18·10)

(三)梳理多义实词

"谏"

①动词，劝谏。例句：微子去之，箕子为之奴，比干谏而

死。（18・1）

②动词，挽回。例句：往者不可谏，来者犹可追。（18・5）

“道”

①名词，政治主张。例句：道之不行，已知之矣。（18・7）

②名词，正义，道义。例句：天下有道，丘不与易也。（18・6）

③动词，尊奉道义。例句：直道而事人，焉往而不三黜？（18・2）

“往”

①动词，前往。例句：直道而事人，焉往而不三黜？（18・2）

②过去的。例句：往者不可谏，来者犹可追。（18・5）

“行”

①动词，离开。例句：孔子行。（18・3；18・4）

②动词，回来。例句：子路行以告。（18・6；18・7）

③动词，实施。例句：道之不行，已知之矣。（18・7）

④名词，行为。例句：言中伦，行中虑，其斯而已矣。（18・8）

“从”

①动词，参与。例句：而已，而已，今之从政者殆而。（18・5）

②动词，跟从。例句：子路从而后，遇丈人，以杖荷蓧。（18・7）

“言”

①动词，交谈。例句：孔子下，欲与之言。（18・5）

②名词，话语。例句：言中伦，行中虑，其斯而已矣。（18・8）

“故”

①原来的。例句：故旧无大故，则不弃也。（18・10）

②名词，事故，过失。例句：故旧无大故，则不弃也。（18·10）

“徒”

①名词，门徒。例句：是鲁孔丘之徒与？（18·6）

②名词，同一类人。例句：鸟兽不可与同群，吾非斯人之徒与而谁与？（18·6）

（四）梳理多义虚词

“为”

①动词，做。例句：止子路宿，杀鸡为黍而食之，见其二子焉。（18·7）

②动词，是。例句：夫执舆者为谁？（18·6）

③动词，作为。例句：微子去之，箕子为之奴，比干谏而死。（18·1）；柳下惠为士师，三黜。（18·2）

“而”

①连词，表修饰关系，译作“地”。例句：直道而事人，焉往而不三黜？（18·2）；楚狂接舆歌而过孔子曰：“凤兮！……”（18·5）；趋而辟之，不得与之言。（18·5）；子路拱而立。（18·7）

②连词，表承接。例句：微子去之，箕子为之奴，比干谏而死。（18·1）；止子路宿，杀鸡为黍而食之，见其二子焉。（18·7）

③连词，表转折。例句：欲洁其身而乱大伦。（18·7）

④语气助词。例句：已而，已而，今之从政者殆而。（18·5）

⑤固定搭配“已而”，罢了。例句：已而，已而，今之从政者殆而。（18·5）

⑥固定搭配“而已”，罢了。例句：言中伦，行中虑，其斯而已矣。（18·8）

"其"

①人称代词，代指自己。例句：不降其志，不辱其身，伯夷、叔齐与！（18·8）

②人称代词，作主谓短语中的小主语，译为"他""它"（包括复数）。例句：年四十而见恶焉，其终也已。（17·26）

③指示代词，那。例句：言中伦，行中虑，其斯而已矣。（18·8）

④语气副词，表反问语气。例句：君臣之义如之何其废之？（18·7）

⑤固定搭配"与其……岂若……"，相当于"与其……不如……"。例句：且而与其从辟人之士也，岂若从辟世之士哉。（18·6）

"之"

①助词，的。例句：已而，已而，今之从政者殆而。（18·5）

②代词，这。例句：鸟兽不可与同群，吾非斯人之徒与而谁与？（18·6）

③代词，他、它。例句：微子去之，箕子为之奴，比干谏而死。（18·1）；孔子下，欲与之言。趋而辟之，不得与之言。（18·5）

"于"

①介词，对。例句：无求备于一人。（18·10）

②介词，和、跟。例句：我则异于是，无可无不可。（18·8）

③介词，在。例句：鼓方叔入于河，播鼗武入于汉；少师阳、击磬襄，入于海。（18·9）

"焉"

①疑问代词，哪里。例句：直道而事人，焉往而不三黜？（18·2）

②语气助词。例句：殷有三仁焉！（18·1）；孔子过之，

使子路问津焉。（18·6）

“与”

①动词，结交、交往。例句：鸟兽不可与同群，吾非斯人之徒与而谁与？（18·6）

②介词，同、跟、和。例句：孔子下，欲与之言。（18·5）

③语气助词，同“欤”。例句：是鲁孔丘与？……是鲁孔丘之徒与？（18·6）；不降其志，不辱其身，伯夷、叔齐与！（18·8）

“乎”

①语气助词，表疑问。例句：子未可以去乎？（18·2）；子见夫子乎？（18·7）

②句中助词，不译。例句：君子不施其亲，不使大臣怨乎不以。（18·10）

“以”

①介词，用。例句：若季氏，则吾不能；以季孟之间待之。（18·3）；子路从而后，遇丈人，以杖荷莜。（18·7）

②介词，把。例句：子路行以告。（18·6；18·7）

③同“与”，和、同。例句：滔滔者天下皆是也，而谁以易之？（18·6）

“然”

①表肯定、应答。例句：对曰：“然。”（18·6）

②形容词词缀，相当于“……的样子”。例句：夫子怃然曰：“鸟兽不可与同群，……”（18·6）

（五）梳理古今异义词

“丈人”：今通常义，妻子的父亲，也称岳父；本文义，老年男子。例句：子路从而后，遇丈人，以杖荷莜。（18·7）

“明日”：今通常义，从今天算起的第二天；本文义，第二天。例句：明日，子路行以告。（18·7）

（六）梳理多词一义

“吾”“我”：都含有第一人称代词的意思。例句：吾老矣，不能用也。（18·3）；我则异于是，无可无不可。（18·8）

“无”“不”：都含有否定词“不”的意思。例句：四体不勤，五谷不分，孰为夫子？（18·7）；无求备于一人。（18·10）

（七）梳理特殊句式

倒装句

状语后置：介宾短语放在被修饰或限制的谓语之后，一般用来指其处所、时间、物件、方式、程度等。

“我则异于是，无可无不可。”（18·8）：“我则于是异”的意思；“无求备于一人。”（18·10）：“无于一人求备”的意思。

宾语前置：

“直道而事人，焉往而不三黜？”（18·2）：“往焉”的意思；“吾非斯人之徒与而谁与？”（18·6）：“吾非与斯人之徒而与谁”的意思。

省略句

鸟兽不可与（之）同群。（18·6）；明日，子路行以（之）告。（18·7）；子路从而后，遇丈人，（丈人）以杖荷蓧。（18·7）。

（八）梳理文化常识

1. 称谓

微子：名启，采邑在微（今山西省潞城县东北），殷纣王的同母兄长，见纣王无道，劝他不听，遂离开纣王。（18·1）

箕子：箕，音 jī。名胥馀，殷纣王的叔父。他曾多次劝说纣王，纣王不听，箕子披发装疯，被降为奴隶。（18·1）

比干：殷纣王的叔父。他屡次强谏，激怒纣王而被杀。（18·1）

三仁：该章背景是商纣王时期的一段历史故事。商纣王残暴无道，微子是商纣王的庶兄，在屡次劝谏不被接受的情形下，选择了离开；箕子是商纣王的叔父，在屡次劝谏不被接受的情形下，装疯为奴；比干是商朝的王族，担任太师辅助商纣王，最后因强谏商纣王，被剖心而死。孔子认为他们三人虽然选择的道路不同，结局也不相同，但都是为国为民，所以这三个人是商朝末年的三位仁人。（18·1）

柳下惠：中国古代思想家、政治家、教育家，鲁国大夫展无骇之子。曾任鲁国士师，掌管刑罚狱讼之事。作为遵守中国传统道德的典范，其“坐怀不乱”的故事广为传颂。孔子称其为“被遗落的贤人”，孟子尊其为“和圣”。（18·2）

季桓子：鲁国宰相季孙斯。姓季孙，名斯，史称季桓子，鲁国三桓之季孙氏宗主。公元前505年，季孙意如病逝，其家臣阳虎代季孙斯执政达三年之久。阳虎之乱平定后，季孙斯任用孔子帮助三桓打击当权的家臣。公元前498年，孔子堕三都，摧毁三桓的根基，于是季孙斯将孔子逼走，孔子开始周游列国。（18·4）

楚狂接舆：一说楚国的狂人接孔子之车；一说楚国叫接舆的狂人；一说楚国狂人姓接名舆。本书采用第二种说法。陆通，字接舆，春秋时代楚国著名的隐士。平时“躬耕以食”，因对当时社会不满，剪去头发，佯狂不仕，所以也被人们称为楚狂接舆。（18·5）

长沮、桀溺：两位隐士，真实姓名和身世不详。（18·6）

伯夷、叔齐：商末孤竹君的两位王子。相传孤竹君遗命立三子叔齐为君。孤竹君死后，叔齐让位给伯夷，伯夷不受；叔齐尊天伦，不愿打乱社会规则，也未继位。哥俩先后出国前往周国考察。周武王伐纣，二人扣马谏阻。武王灭商后，他们耻

食周粟，采薇而食，饿死于首阳山。（18·8）

虞仲：虞仲有二，其一为周太王的次子、吴太伯之弟，名仲雍，是商末所建吴国的第二任君主；其二为仲雍的曾孙，虞国的首位受封君主，排行第二，封在虞国，故称虞仲。

夷逸：春秋时人，周大夫夷诡诸之后。隐居不仕。或劝其仕，夷逸以牛为譬，曰：宁服轭以耕于野，不忍被绣入庙而为牺。

朱张：或指范蠡。范蠡为中国早期商业理论家，楚学开拓者之一。被后人尊称为“商圣”，“南阳五圣”之一。虽出身贫贱，但博学多才。与文种相识、相交甚深，因不满当时楚国政治黑暗、非贵族不得入仕而一起投奔越国。之后被拜为上大夫，辅佐越王勾践。他帮助勾践兴越国，灭吴国，一雪会稽之耻，成就霸业，又被封为上将军。功成名就之后急流勇退，化名姓为鸱夷子皮，遨游于七十二峰之间。期间三次经商成巨富，三散家财。后定居于宋国陶丘（今山东省菏泽市定陶区南），自号“陶朱公”。

少连：一说为女真族之先人蜚廉，因其祖有“大廉（连）”，后世称其为“少廉（连）”。（18·8）

周公：生卒年不详，姓姬，名旦。西周开国元勋，杰出的政治家、军事家、思想家、教育家，“元圣”、儒学先驱，周文王姬昌第四子，周武王姬发的弟弟。采邑在周，故称周公。封于曲阜，留朝执政，长子伯禽就封。武王卒，成王年幼，周公摄政。管叔、蔡叔、霍叔等不服，联合殷贵族武庚和东夷反叛。他率师东征，平定叛乱，灭奄（今山东曲阜东）后大举分封诸侯，营建成周洛邑（今河南洛阳）。又制礼作乐，为西周典章制度的主要创制者，主张“明德慎罚”，以“礼”治国，奠定了“成康之治”的基础。周公一生的功绩被《尚书大传》概括为：“一年救乱，二年克殷，三年践奄，四年建侯卫，五年营成周，六年制礼乐，七年致政成王。”言论见于《尚书》之《大

诰》《康诰》《多士》《无逸》《立政》诸篇。（18・10）

鲁公：即周公子伯禽。生卒年不详，姓姬，名禽，伯是其排行，尊称禽父，周文王姬昌之孙，周公旦长子，周武王姬发之侄，周朝诸侯国鲁国第一任国君。当时周公旦受封鲁国，但因周公旦在镐京辅佐周成王，故派伯禽代其受封鲁国。伯禽在位四十六年去世，死后其子鲁考公继位。伯禽在位时期，平定徐戎叛乱，坚持以周礼治国，使鲁国政治经济出现新局面。其辖区北至泰山，南达徐淮，东至黄海，西抵阳谷一带，成为周王朝控制东方的一个重要邦国。（18・10）

八士：身世生平不详。或说，周初盛时，有这八名才德之士：伯达通达义理，伯适（kuò）大度能容，仲突有御难之才，仲忽有综理之才，叔夜柔顺不迫，叔夏刚明不屈，季随有应顺之才能，季騧（guā）德同良马。八人都很有教养，有贤名。或传说八士为一母所生的四对孪生子（见《逸周书》）。（18・11）

2. 礼俗

执舆：即执辔。（18・6）

四体不勤，五谷不分：一说这是丈人指自己。“不”，是语气词。意为：我忙于播种五谷，没有闲暇，怎知你夫子是谁？另一说是丈人责备子路，说子路手脚不勤，五谷不分。多数人持第二种说法。我们以为，子路与丈人刚说了一句话，丈人并不知道子路是否真的四体不勤，五谷不分，没有可能说出这样的话。所以，我们同意第一种说法。（18・7）

亚饭、三饭、四饭：都是乐官名。（18・9）

鼓方叔：击鼓的乐师名方叔。（18・9）

鼗（táo）：小鼓。（18・9）

少师：乐官名，副乐师。（18・9）

击磬襄：击磬的乐师，名襄。（18・9）

（九）提炼相关成语

【不敢问津】“问津”，询问渡口，问路。指高贵的、深奥的事物不敢过问或尝试。（18・6）：长沮、桀溺耦而耕，孔子过之，使子路问津焉。

【父母之邦】指祖国。（18・2）：枉道而事人，何必去父母之邦？

【故旧不弃】不轻易抛弃老朋友、老部下。（18・10）：故旧无大故，则不弃也。

【降志辱身】降低自己的意志，屈辱自己的身份。指与世俗同流合污。（18・8）：谓：“柳下惠、少连，降志辱身矣，言中伦，行中虑，其斯而已矣。”

【来者可追】“可追”，可以补救。过去的事已无法挽回，但是未来的事还来得及赶上。（18・5）：往者不可谏，来者犹可追。

【求全责备】“求”“责”，要求；“全”“备”，完备、完美。对人对事物要求十全十美，毫无缺点。（18・10）：君子不施其亲，不使大臣怨乎不以。故旧无大故，则不弃也。无求备于一人。

【四体不勤，五谷不分】“四体”，指人的两手两足；“五谷”，稻、黍、稷、麦、菽。指不参加劳动，不能辨别五谷。形容脱离生产劳动，缺乏生产知识。（18・7）：丈人曰：“四体不勤，五谷不分，孰为夫子？”

【季孟之间】“季孟”指春秋时鲁国三大贵族中势力最大的季氏和势力最弱的孟氏。指在季氏、孟氏两者之间，比上不足，比下有余。（18・3）：齐景公待孔子曰：“若季氏，则吾不能；以季孟之间待之。”

【枉道事人】“枉”，违背；“道”，正道；“事”，侍奉。原指不按正道侍奉国君。后泛指不择手段取悦于人。（18・2）：柳下惠为士师，三黜。人曰：“子未可以去乎？”曰：“直道而事人，焉往而不三黜？枉道而事人，何必去父母之邦？”

【无可无不可】表示怎样办都行，没有一定的死规矩。**（18·8）**：我则异于是，无可无不可。

【接舆歌凤】接舆佯狂避世，曾迎孔子之车而歌。在《庄子·人间世》亦有类似记载。唐李白有“我本楚狂人，凤歌笑孔丘”之句。后人常用“接舆歌凤”来比喻政治腐败无望，表示隐退、避世之意；用“楚狂”泛称狂放不羁的人；用“凤德”称誉美好的品德。此外，还有“楚路高歌”“楚人凤”“接舆狂”“凤衰”等说法，其意义虽有不同，但都源于“接舆歌凤”。**（18·5）**：楚狂接舆歌而过孔子曰：“凤兮！凤兮！何德之衰？往者不可谏，来者犹可追。已而，已而，今之从政者殆而。”

三、文意探究

（一）梳理内容：完成该“篇”内容分类。要求概括该篇中重点话题（该篇中占有章句较多的一至二个话题），给该篇拟一个“章回式题目”，写一个说明性“序言”。

本篇回目示例：

评仁人直道事人难降其志，叹隐士洁身避世为保己名

序言示例：

（1）

本篇共计十一章。其中著名的文句有：“四体不勤，五谷不分”“往者不可谏，来者犹可追”。这一篇中有如下内容：孔子的政治思想主张、孔子弟子与老农谈孔子、孔子关于塑造独立人格的思想等。本篇内容分类为：

评价人：

18·1（殷有三仁焉），18·8（不降其志，不辱其身）

为政态度：

18·2（直道而事人，焉往而不三黜），18·5（楚狂接舆歌），18·6（天下有道，丘不与易也），18·7（子曰隐者也），18·4（三日不朝，孔子行）（国君），18·10（无求备于一人）（国君）

其他故事类：

18·3（“吾老矣，不能用也”，孔子行），18·9（大师挚适齐），18·11（周有八士）

（2）

本篇主要围绕“入仕”展开，通过孔子众人周游列国时的言行，以及周游途中世人对于乱世的看法，或正面地表现或侧面地流露了孔子的思想、政治主张。在第三、四章中，孔子用行动从侧面表现了他的为官原则，君主不按道义行事，那就不要再执迷不悟，要当机立断，离开了事。既然君主制约了才能的施展和理想的实现，那就离开，去选择一个对的君主、一个赏识自己的上级，个人才能的施展、个人价值的实现才指日可待。在第五、六、七章中，孔子与几位隐士进行了互动，有的对其冷嘲热讽，有的对其怜悯同情。对此，孔子表示理解，但对隐士们的做法绝不苟同。他认为，乱世之中，百姓苦不堪言，他要站出来，怀着济世之心，勇敢担当，明知不可为而为之。欲知具体看法，请大家细读本篇。

（3）

本篇内容分为十一章，以反映孔子的处世态度为主，而且大多是通过与隐士思想行为的对比来表现的。18·1称赞微子、箕子、比干在纣王暴政下的抗争行为。18·2称赞了柳下惠正道直行，不肯趋同流俗。18·3、18·4中记载了孔子游历诸侯国不能用世的实情。18·5通过楚狂接舆避乱世而隐的做法反衬出孔子四处游说以求进用的用世观。18·6以长沮、桀溺二人躲避乱世的消极态度，来衬托孔子以天下为己任的担当。18·7借子路之口批评荷蓧丈人避开乱世的行为扰乱了伦理关系，谴责他放弃了推行大义的责任。18·8写出了孔子遇事唯义是从、态度灵活的特点。18·9反映了礼乐制度遭到破坏，乐师各自离去的情况；与此相反，孔子本人一直在寻找机会用世，为恢复礼制而努力。18·10、18·11记述了周代的有德之人。

（二）每“篇”一辩：本项任务为选择该篇中可供思辨的章句，设计一组辩题（含正方、反方观点），并分别撰写辩词。

示例1：

论题一：天下太平后是否需要改革？

依据：夫子怃然曰：“鸟兽不可与同群，吾非斯人之徒与而谁与？天下有道，丘不与易也。”（18·6）

辩题一：天下太平后不需要改革（正方观点）；天下太平后需要改革（反方观点）

正方观点申述选例：

我们的观点是天下太平后不需要改革。改革的含义是制度的革新改变，其最终的目的就是使百姓安居乐业，生活和谐美满。如果在开始前就已经完成了目标，自然也就不需要再次的改革来达到目的。如南宋是中国历史上经济、文化高度发达的时期，百姓安居乐业，此时政治上并不需要大的改革变动。同时，改革的出现会激化保守派与革新派之间的矛盾，使国家高层行使权力的官员间出现争斗，这种争斗不论胜负，对于国家的发展显然都是不利的，而且改革甚至会演变成革命，即发生武装冲突，这是不符合我们希望天下和平的初心的。如汉初汉高祖时期，内忧外患已经平定，百姓需要休养生息，任何政治上的改革变动都可能引起国家动乱，因此无为而治、不改革更适合此时的民意国情。其次，天下太平的结果说明目前的制度是符合当前的实际情况的，对其中的内容做出任意的调整都有可能破坏当前的平衡，因此不进行改革，直至国家的主要矛盾发生变化或是百姓的生活遭遇难点后再进行改变才是最好的做法。新中国成立以来在主要矛盾尚未解决时，推行当前的政策极大促进了社会经济发展，使中国在平稳发展中跃居世界强国之列。最后，改革的来源是社会上的冲突与矛盾，它为改革提供了足够的动力，改革者们想通过改革来消除或缓解这种矛盾，但一个和平的世界是难以发生巨大的矛盾的，自然也就无法给改革提供能量，使改革进行下去。

反方观点申述选例：

在国家治理中的改革，重点是对于法律法规、治理办法的改革，在这里我们用一个较为宽泛的词来概括，即制度。天下太平并不代表着该时段的治理方法完全符合了社会各阶层的所有需求。社会是在发展的，随着生产力的发展，各阶层的需求会发生变化并产生矛盾，因此矛盾是会不断产生的，而作为一个国家机器，则要不断进行改革以应对不断出现的矛盾，以维持稳定。因此改革即使是在天下太平时也是需要的。

从中华民族的发展历史来看，封建王朝不断更迭，唐、宋、元、明、清各个朝代均经历了从朝代建立、逐渐鼎盛再到没落衰亡的周期。虽然各个朝代有其自身的特点，但总体而言，其中最重要的因素就是，朝代建立之初，一般都是锐意改革，兴利除弊，国家逐渐走向昌盛，而繁荣之后的历代皇帝，在祖先成就的庇荫之下，或遵从祖命，不敢改革；或耽于享乐，不愿改革，最终造成社会矛盾激化，朝代走向灭亡。

以明朝为例，朱元璋在位时曾经多次颁布谕旨以及祖训。《皇明祖训》载："凡我子孙，钦承朕命，无作聪明，乱我已成之法，一字不可改易。""帝王得国之初，天必授于有德者。若守成之君常存敬畏，以祖宗忧天下为心，则能永受天之眷顾；若生怠慢，祸必加焉。可不畏哉！"此举乃朱元璋欲为子孙后代铺平道路解决一切后顾之忧，告诫子孙后代治国理政承袭祖上，只需守成不必开创。然而正是在这样的承袭禁锢之下，皇

帝失察，奸臣当道，统治阶级和百姓的矛盾不断激化，社会积贫积弱，最终导致了明朝的灭亡。（反例）

我国从1978年实行改革开放政策，四十多年来坚持改革创新精神，取得了伟大的成就，社会经济取得全面进步，经济增长更加稳健，经济发展水平不断提高，人民生活水平显著改善，国际地位持续不断提高，教育发展取得长足进步，国民预期寿命明显提高等。如果不实施改革，不可能取得如此辉煌的成就。这就是改革对于国家治理重要性的最成功典范。（正例）

改革改的是什么，正如习近平总书记所说："我国的改革是把以人民为中心的发展思想体现在经济社会发展各个环节，做到老百姓关心什么、期盼什么，改革就要抓住什么、推进什么，通过改革给人民群众带来更多获得感。"通过改革不断推进国家治理体系和治理能力现代化，服务经济社会发展大局，以制度优势应对风险挑战冲击，实现中华民族伟大复兴，实现人民群众对于美好生活的向往。这就是改革的精髓，是促进盛世太平持久保持的根本举措，是民心所向的强大基础。

因此，如习近平总书记所说："在新时代，中国人民将继续自强不息、自我革新，坚定不移全面深化改革，逢山开路，遇水架桥，敢于向顽瘴痼疾开刀，勇于突破利益固化藩篱，将改革进行到底。"

示例2：

论题二：金钱的追求与道德的追求是否可以并行？

依据：柳下惠为士师，三黜。人曰："子未可以去乎？"曰："直道而事人，焉往而不三黜？枉道而事人，何必去父母之邦？"（18·2）

辩题二：金钱的追求与道德的追求可以并行（正方观点）；金钱的追求与道德的追求不能并行（反方观点）

正方观点申述选例：

追求金钱是为社会创造社会价值，此时追求金钱与追求道德二者是并行关系。

道德是追求金钱的底线。勤劳致富、智慧致富而非巧取豪夺、贪赃枉法。

金钱追求和道德追求不存在矛盾，只是需要审时度势。

正面事例：邵逸夫先生是我国著名慈善家，截至2012年，邵逸夫先生捐赠内地科教文卫事业款项近40亿元，捐建项目超过6 000个。他并非中国最富有的人，但却关心民生，慷慨捐赠，热爱国家，体现了金钱的追求与道德的追求可以并行。

反面事例：很多“富二代”“官二代”为富不仁，贪污腐败，影响社会风气。

反方观点申述选例：

对金钱的追求是把对财富的占有放在首位，与对道德的追求在本质上是不同的，追求金钱是以“自我”为属性，追求道德是以“社会”为基石。

追求金钱是“利己”，为自己、家人、朋友着想。追求道德是“利他”，将他人利益放在第一位，讲求奉献。

金钱追求与道德追求间应找到平衡点。

事例：商业大亨在自身敛聚财富的同时，必会造成本行业和其他行业的损失。

金钱追求可以和道德追求同时进行，但很难做到并行。

（三）孔说面面观：选择“篇”中一章，用其中的观点与现实生活不同领域相联系，指出其是否适用的情况，并说明理由。结合该章句写一则“从业训诫”，体现儒家思想与当代社会现实的融合与碰撞，激发学生的思辨意识，培养批判思维能力。

示例：

楚狂接舆歌而过孔子曰：“凤兮！凤兮！何德之衰？往者不可谏，来者犹可追。已而，已而，今之从政者殆而。”（18·5）

此章意为楚国的狂人接舆唱着歌从孔子的车旁经过，他唱道：“凤凰啊！凤凰啊！为什么你的德行竟如此衰微？已往的事情不可挽回，未来的事情还来得及。算了吧！算了吧！眼下从政的人物都很危险！”

此章主要是建议人们放下过往，向前看，专注于未来的事情。这对于当今时代追求梦想、锐意进取的人来说无疑是极大的鞭策。放下包袱，努力追赶潮流，才是民族希望所在，大众创业，万众创新，正是追求“来者”的体现。

在生活中，不纠结于过往，对未来抱有希望，保持这样积极的生活态度固然好，可是在工作与学习中，从过去的失败中总结经验也是有必要的，我们可以不过于执着于过往，但也应对过去给予一定的重视。铭记历史，吸取教训，才能激发民族强国斗志；不忘初心，牢记使命，才能让国民有清醒的担当意识。当今的学习党史活动，正是党中央让我们追记“往者”的重要举措。

（四）合并分析：在该篇中找出可以放到一起比较的章句（可以联系以前的篇章），分析这些章句共同体现了孔子怎样的思想，以此写一段述评。

示例：

子路宿于石门。晨门曰：“奚自？”子路曰：“自孔氏。”曰：“是知其不可而为之者与？”（14·38）

子路从而后，遇丈人，以杖荷蓧。子路问曰：“子见夫子乎？”丈人曰：“四体不勤，五谷不分，孰为夫子？”植其杖而芸。子路拱而立。止子路宿，杀鸡为黍而食之，见其二子焉。明日，子路行以告。子曰：“隐者也。”使子路反见之，至则行矣。子路曰：“不仕无义。长幼之节不可废也，君臣之义如之何其废之？欲洁其身而乱大伦。君子之仕也，行其义也。道之不行，已知之矣。”（18·7）

将这两章内容对比可以得出，儒学或许承认其理想主义的倾向，即是说孔子和能部分代表孔子理论的子路并不指望“仁”的大厦完全落成。正是因为如此，孔子对于“仁”的“溯洄从之”才显得尤为可贵。就算理想无法在现世实现又何妨，仍然背负使命、不遗余力地去追求它。当我们透过文字看见这位儒家学派开创者为了一个知其不可的理想四处奔走、讲演时，或许能理解为何这门永远看起来如此高远的思想从未真正离社会远去。

（五）雅意今思：选择该篇中能体现客观、进步思想的章句，以社会生活事例作为依据，给该“篇”拟写“后记”，为首次阅读者推荐该篇。这一设计，意在引导学生发现、提炼经典著作中的价值和精髓，培养类比思维能力。

示例 1：

君子之仕行其义

微子篇第七章写到了一位隐居的老人，这位老人也代表了当时乱世中选择了隐居自保的大多数人，孔子对这些隐者持着尊重的态度，理解他们想要洁身自好，不愿掺入乱世纷争中的心理，却也坚持着自己的信念，坚持入世有为。

本章中明确地提到“不仕无义。长幼之节不可废也，君臣之义如之何其废之？欲洁其身而乱大伦”。这表明了孔子的理念，作为臣子应当入仕行道义，发扬自己的学说，尽力为君、为民做出贡献。

这一理念放在现代仍然适用，在新中国成立初期就有许多前辈用实践证明了这一理念的正确性。当时许多外出求学的科学家在回国时遇到了各方阻拦，他们本可为保全自身选择隐退，但他们毅然决然地选择了回国，在我国的科技发展还不被看好时就一腔热血地投入我国科研事业中，最终取得了足以彪炳千古的伟大成就。如今，虽然国泰民安，但在某些发展的关键节点上，仍需更多人站出来，提出自己的思想，不畏惧于新思想的提出，这样才能推动国家更迅速、稳健地发展。

示例 2：

本篇运用了大量的人物事例，抑或是孔子自己的亲身经历，反映了当时社会的问题，阐明了孔子的思想与追求。这些思想，虽经过了两千多年历史长河的冲刷，但放在今日仍有着不可忽略的教育意义。

第四章中提道：“齐人归女乐，季桓子受之，三日不朝，孔子行。”面对贪图女色而懈怠国事的上卿季桓子，孔子毅然选择了离开，丝毫不愿在这样的领导身边工作，因为这不符合孔子的为人之道。放到现实社会也是如此。对每个人来说，成就什么样的事业，和跟什么样的领导，有着莫大的关系。拥有一个知己般的领导，你每天都能够有所收获，他所勾画的宏伟蓝图能够让你充满动力，快乐地工作，在这种情况下，个人价值更加容易实现。跟错了领导，不仅不能为你拓展思路，引导你成长，还会拖你的后腿，让你举步维艰。

前有比干、伍子胥等前车之鉴，后有管仲、魏征等成功之例。近代著名物理学家、数学家牛顿先生，因为剑桥大学首任数学教授巴罗的让贤，才拥有独立工作与思考的空间，从而成就了在物理界的伟大事业。由此可见，这一思想到现代仍然适用。

四、每篇一练

本篇中孔子对隐士有怎样的看法？结合具体章句说明。

子张篇第十九

一、重温原文

19·1　子张曰："士见危致命，见得思义，祭思敬，丧思哀，其可已矣。"

19·2　子张曰："执德不弘，信道不笃，焉能为有？焉能为亡？"

19·3　子夏之门人问交于子张。子张曰："子夏云何？"对曰："子夏曰：'可者与之，其不可者拒之。'"子张曰："异乎吾所闻：君子尊贤而容众，嘉善而矜不能。我之大贤与，于人何所不容？我之不贤与，人将拒我，如之何其拒人也？"

19·4　子夏曰："虽小道，必有可观者焉，致远恐泥，是以君子不为也。"

19·5　子夏曰："日知其所亡，月无忘其所能，可谓好学也已矣。"

19·6　子夏曰："博学而笃志，切问而近思，仁在其中矣。"

19·7　子夏曰："百工居肆以成其事，君子学以致其道。"

19·8　子夏曰："小人之过也必文。"

19·9　子夏曰："君子有三变：望之俨然，即之也温，听其言也厉。"

19·10　子夏曰："君子信而后劳其民；未信，则以为厉己也。信而后谏；未信，则以为谤己也。"

19·11　子夏曰："大德不逾闲，小德出入可也。"

19·12 子游曰："子夏之门人小子，当洒扫应对进退，则可矣，抑末也。本之则无，如之何？"子夏闻之，曰："噫！言游过矣！君子之道，孰先传焉？孰后倦焉？譬诸草木，区以别矣。君子之道，焉可诬也？有始有卒者，其惟圣人乎！"

19·13 子夏曰："仕而优则学，学而优则仕。"

19·14 子游曰："丧致乎哀而止。"

19·15 子游曰："吾友张也为难能也，然而未仁。"

19·16 曾子曰："堂堂乎张也，难与并为仁矣。"

19·17 曾子曰："吾闻诸夫子，人未有自致者也，必也亲丧乎！"

19·18 曾子曰："吾闻诸夫子：孟庄子之孝也，其他可能也，其不改父之臣与父之政，是难能也。"

19·19 孟氏使阳肤为士师。问于曾子。曾子曰："上失其道，民散久矣。如得其情，则哀矜而勿喜！"

19·20 子贡曰："纣之不善，不如是之甚也。是以君子恶居下流，天下之恶皆归焉。"

19·21 子贡曰："君子之过也，如日月之食焉：过也，人皆见之；更也，人皆仰之。"

19·22 卫公孙朝问于子贡曰："仲尼焉学？"子贡曰："文武之道，未坠于地，在人。贤者识其大者，不贤者识其小者，莫不有文武之道焉。夫子焉不学？而亦何常师之有？"

19·23 叔孙武叔语大夫于朝曰："子贡贤于仲尼。"子服景伯以告子贡。子贡曰："譬之宫墙，赐之墙也及肩，窥见室家之好。夫子之墙数仞，不得其门而入，不见宗庙之美，百官之富。得其门者或寡矣。夫子之云，不亦宜乎！"

19·24 叔孙武叔毁仲尼。子贡曰："无以为也！仲尼不可毁也。他人之贤者，丘陵也，犹可逾也；仲尼，日月也，无得而逾焉。人虽欲自绝，其何伤于日月乎？多见其不知量也。"

19·25 陈子禽谓子贡曰："子为恭也，仲尼岂贤于子乎？”子贡曰：“君子一言以为知，一言以为不知，言不可不慎也。夫子之不可及也，犹天之不可阶而升也。夫子之得邦家者，所谓立之斯立，道之斯行，绥之斯来，动之斯和。其生也荣，其死也哀。如之何其可及也？”

二、基础知识梳理

（一）梳理特殊用字现象

“亡”同“无”，没有。例句：焉能为有？焉能为亡？（19·2）；日知其所亡，月无忘其所能，可谓好学也已矣。（19·5）

“志”同“识”，强记。例句：博学而笃志，切问而近思，仁在其中矣。（19·6）

“弘”同“强”，坚强。例句：执德不弘，信道不笃。（19·2）

“与”同“欤”，句末语气助词。例句：我之大贤与，于人何所不容？我之不贤与，人将拒我，如之何其拒人也？（19·3）

（二）梳理活用词

动词用作名词：

“进退”，进退的工作。例句：子夏之门人小子，当洒扫应对进退，则可矣，抑末也。（19·12）

名词用作状语：

“阶”，用阶梯。例句：夫子之不可及也，犹天之不可阶而升也。（19·25）

名词用作动词：

“泥”，阻滞、妨碍。例句：致远恐泥，是以君子不为也。（19·4）

“仁”，做到仁。例句：吾友张也为难能也，然而未仁。（19·15）

形容词用作名词：

“贤”“善”，贤人、好人。例句：君子尊贤而容众，嘉善而矜不能。（19·3）

形容词用作动词：

“近”，接近，此处为“进行”之意。例句：博学而笃志，切问而近思，仁在其中矣。（19·6）

（三）梳理多义实词

“过”

①名词，错误。例句：小人之过也必文。（19·8）；君子之过也，如日月之食焉。（19·21）

②形容词，错了。例句：言游过矣！（19·12）

“道”

①名词，技艺。例句：虽小道，必有可观者焉。（19·4）

②名词，正义，道义。例句：执德不弘，信道不笃。（19·2）

③名词，规矩。例句：上失其道，民散久矣。（19·19）

④动词，引导。例句：夫子之得邦家者，所谓立之斯立，道之斯行，绥之斯来，动之斯和。（19·25）

“厉”

①动词，折磨。例句：君子信而后劳其民；未信，则以为厉己也。（19·10）

②形容词，严厉。例句：望之俨然，即之也温，听其言也厉。（19·9）

“致”

①动词，献出。例句：士见危致命，见得思义，祭思敬，丧思哀，其可已矣。（19·1）

②动词，到达。例句：致远恐泥，是以君子不为也。（19·4）

③动词，获得。例句：君子学以致其道。（19·7）

④动词，表达。例句：丧致乎哀而止。（19·14）

“恶”

①动词，憎恨。例句：是以君子恶居下流，天下之恶皆归焉。（19·20）

②名词，坏事。例句：是以君子恶居下流，天下之恶皆归焉。（19·20）

（四）梳理多义虚词

“为”

①动词，做，从事。例句：致远恐泥，是以君子不为也。（19·4）；孟氏使阳肤为士师。（19·19）

②动词，是。例句：焉能为有？焉能为亡？（19·2）

③动词，实践。例句：堂堂乎张也，难与并为仁矣。（19·16）

④动词，表现。例句：君子一言以为知，一言以为不知，言不可不慎也。（19·25）

⑤固定搭配“以为”，认为。例句：未信，则以为厉己也。（19·10）

“而”

①连词，表修饰关系，译作“地”。例句：仲尼，日月也，无得而逾焉。（19·24）；夫子之不可及也，犹天之不可阶而升也。（19·25）

②连词，表承接。例句：君子信而后劳其民；……信而后谏。（19·10）；仕而优则学，学而优则仕。（19·13）；丧致乎哀而止。（19·14）；夫子之墙数仞，不得其门而入，不见宗庙之美，百官之富。（19·23）

③连词，表并列。例句：君子尊贤而容众，嘉善而矜不能。（19·3）；博学而笃志，切问而近思，仁在其中矣。（19·6）

④连词，表转折。例句：吾友张也为难能也，然而未仁。（19·15）；如得其情，则哀矜而勿喜！（19·19）

“其”

①人称代词，他的、他们的。例句：望之俨然，即之也温，听其言也厉。（19·9）；百工居肆以成其事。（19·7）

②人称代词，他、他们。例句：其生也荣，其死也哀。（19·25）

③人称代词，作主谓短语中的小主语，译为“他”“它”（包括复数）。例句：多见其不知量也。（19·24）

④指示代词，那、那个。例句：士见危致命，见得思义，祭思敬，丧思哀，其可已矣。（19·1）；君子学以致其道。（19·7）

⑤语气副词，表反问语气。例句：人虽欲自绝，其何伤于日月乎？（19·24）；如之何其可及也？（19·25）；我之不贤与，人将拒我，如之何其拒人也？（19·3）；有始有卒者，其惟圣人乎！（19·12）

“之”

①助词，的。例句：子夏之门人问交于子张。（19·3）；小人之过也必文。（19·8）

②助词，倒装句标志。例句：而亦何常师之有？（19·22）

③代词，他、它。例句：可者与之，其不可者拒之。（19·3）

④助词，取消句子独立性。例句：纣之不善，不如是之甚也。（19·20）；譬之宫墙，赐之墙也及肩，窥见室家之好。夫子之墙数仞，不得其门而入，不见宗庙之美，百官之富。（19·23）

“于”

①介词，介绍行为对象，译作“对”。例句：我之大贤与，于人何所不容？（19·3）；人虽欲自绝，其何伤于日月乎？

（19·24）

②介词，介绍行为对象，译作“向”。例句：子夏之门人问交于子张。（19·3）；问于曾子。（19·19）；卫公孙朝问于子贡曰：“仲尼焉学？”（19·22）

③介词，介绍行为处所，译作“在”。例句：叔孙武叔语大夫于朝曰：“子贡贤于仲尼。”（19·23）

④介词，表比较，译作“比”。例句：子贡贤于仲尼。（19·23）；子为恭也，仲尼岂贤于子乎？（19·25）

“焉”

①疑问代词，怎么。例句：执德不弘，信道不笃，焉能为有？焉能为亡？（19·2）；君子之道，焉可诬也？（19·12）；仲尼焉学？……夫子焉不学？（19·22）

②代词，他。例句：仲尼，日月也，无得而逾焉。（19·24）

③语气助词。例句：虽小道，必有可观者焉。（19·4）；君子之道，孰先传焉？（19·12）；是以君子恶居下流，天下之恶皆归焉。（19·20）；莫不有文武之道焉。（19·22）

“与”

①动词，结交、交往。例句：可者与之，其不可者拒之。（19·3）

②连词，和，同、跟。例句：其不改父之臣与父之政，是难能也。（19·18）；堂堂乎张也，难与并为仁矣。（19·16）

③语气助词，同“欤”。例句：我之大贤与，于人何所不容？我之不贤与，人将拒我，如之何其拒人也？（19·3）

“乎”

①介词，同“于”，和、跟。例句：异乎吾所闻。（19·3）

②语气助词，表推测。例句：有始有卒者，其惟圣人乎！（19·12）；吾闻诸夫子，人未有自致者也，必也亲丧乎！（19·17）

③语气助词，表反问。例句：夫子之云，不亦宜乎！（19·23）；人虽欲自绝，其何伤于日月乎？（19·24）；子为恭也，仲尼岂贤于子乎？（19·25）

④句中助词，不译。例句：丧致乎哀而止。（19·14）

⑤叠音词词缀，同“然”，“……的样子”。例句：堂堂乎张也，难与并为仁矣。（19·16）

“以”

①介词，把。例句：子服景伯以告子贡。（19·23）

②连词，来、用来，表目的。例句：百工居肆以成其事，君子学以致其道。（19·7）；君子一言以为知，一言以为不知，言不可不慎也。（19·25）

③固定搭配，“是以”，“因此”的意思。例句：致远恐泥，是以君子不为也。（19·4）；是以君子恶居下流，天下之恶皆归焉。（19·20）

④固定搭配，“以为”，“认为”的意思。例句：君子信而后劳其民；未信，则以为厉己也。信而后谏；未信，则以为谤己也。（19·10）

“然”

①连词，与“而”搭配表转折。例句：吾友张也为难能也，然而未仁。（19·15）

②形容词词缀，相当于“……样子”。例句：望之俨然，即之也温，听其言也厉。（19·9）

（五）梳理古今异义词

“门人”：今通常义，守门人；本文义，学生。例句：子夏之门人问交于子张。（19·3）

“小子”：今通常义，对年轻男子的称呼；本文义，学生。例句：子夏之门人小子，当洒扫应对进退，则可矣，抑末也。（19·12）

“下流”：今通常义，卑鄙龌龊；本文义，地位卑下。例句：是以君子恶居下流，天下之恶皆归焉。（19·20）

（六）梳理多词一义

“我”“吾”：都含有第一人称代词的意思。例句：我之大贤与，于人何所不容？我之不贤与，人将拒我，如之何其拒人也？（19·3）；异乎吾所闻：君子尊贤而容众，嘉善而矜不能。（19·3）；吾友张也为难能也，然而未仁。（19·15）

“亡”“无”“未”：都含有“没有”的意思。例句：执德不弘，信道不笃，焉能为有？焉能为亡？（19·2）；本之则无，如之何？（19·12）；文武之道，未坠于地，在人。（19·22）

“不”“无”“未”：都含有否定词“不”的意思。例句：致远恐泥，是以君子不为也。（19·4）；月无忘其所能。（19·5）；吾友张也为难能也，然而未仁。（19·15）

（七）梳理特殊句式

倒装句

状语后置：介宾短语放在被修饰或限制的谓语之后，一般用来指其处所、时间、物件、方式、程度等。

“子夏之门人问交于子张。”（19·3）：“于子张问交”的意思；“孟氏使阳肤为士师。问于曾子。”（19·19）：“于曾子问”的意思；“卫公孙朝问于子贡曰”（19·22）：“于子贡问”的意思；“叔孙武叔语大夫于朝曰”（19·23）：“于朝语大夫”的意思；“子贡贤于仲尼”（19·23）：“子贡于仲尼贤”的意思；“人虽欲自绝，其何伤于日月乎？”（19·24）：“于日月何伤”的意思；“仲尼岂贤于子乎”（19·25）：“于子贤”的意思。

宾语前置：

“是以君子不为也”（19·4）：“以是”的意思；“而亦何常

师之有”（19·22）：“有常师”的意思。

主谓倒装：

“堂堂乎张也”（19·16）：“张堂堂乎也”的意思。

省略句

难与（之）并为仁矣。（19·16）；子服景伯以（之）告子贡。（19·23）

（八）梳理文化常识

1. 称谓

士：指士人，古时指读书人，亦是中国古代文人知识分子的统称。他们学习知识，传播文化，政治上尊王，学术上循道，周旋于道与王之间。他们是国家政治的参与者，又是中国传统文化的创造者、传承者。士人是古代中国才有的一种特殊身份，是中华文明所独有的一个精英社会群体。（19·1）

孟庄子：鲁国大夫孟孙速。其父是孟孙蔑（孟献子），品德好，有贤名。（19·18）

阳肤：相传是曾参七名弟子中的一名。武城人。（19·19）

士师：掌禁令、狱讼、刑罚之事。古代对执法官员之通称。（19·19）

纣：商代最后一个君主，名辛，“纣”是他的谥号，历来被认为是一个暴君。（19·20）

卫公孙朝：卫国的大夫公孙朝。（19·22）

叔孙武叔：鲁国大夫，“三桓”之一，名州仇。（19·23）

子服景伯：鲁国大夫，名何。（19·23）

2. 礼俗

小道：礼乐政教以外的学说，指各种农工商医卜之类的技能。（19·4）

百工：各行各业的工匠。（19·7）

肆：古代社会制作物品的作坊。（19·7）

宫墙："宫"也是墙。围墙，不是房屋的墙。（19·23）

仞（rèn）：古时七尺为仞，一说八尺为仞，一说五尺六寸为仞。（19·23）

官：这里指房舍。（19·23）

（九）提炼相关成语

【见危致命】"致命"，献出生命。指在危难关头，不惜付出生命。（19·1）：子张曰："士见危致命，见得思义，祭思敬，丧思哀，其可已矣。"（14·12"见危授命"与此近义）

【致远恐泥】"致远"，到达远方，比喻委以重任；"泥"，阻滞拘泥，难行。恐怕妨碍实现远大目标。比喻小技无补于大业。（19·4）：子夏曰："虽小道，必有可观者焉，致远恐泥，是以君子不为也。"

【博学笃志】"博"，广；"笃志"，志向专一。广泛学习，意志坚定。（19·6）：子夏曰："博学而笃志，切问而近思，仁在其中矣。"

【切问近思】恳切地提问，多思虑当前的事情。（19·6）：子夏曰："博学而笃志，切问而近思，仁在其中矣。"

【文过饰非】"文""饰"，掩饰；"过""非"，过失、错误。用各种借口来掩饰自己的过失和错误。（19·8）：子夏曰："小人之过也必文。"

【小德出入】指不必严格要求的一些小节。（19·11）：子夏曰："大德不逾闲，小德出入可也。"

【逾闲荡检】"逾""荡"，超越；"闲""检"，规矩、法度。指行为不规矩，不受礼法。（19·11）：子夏曰："大德不逾闲，小德出入可也。"

【有始有卒】"卒"，终。做事坚持到底，有头有尾，善始善终。（19·12）：子夏闻之，曰："噫！言游过矣！君子之道，孰先传焉？孰后倦焉？譬诸草木，区以别矣。君子之道，焉可诬也？有始有卒者，其惟圣人乎！”

【学而优则仕】“优”，有余力。指学习了还有余力去做官。后指学习成绩优秀然后提拔为官。（19·13）：子夏曰：“仕而优则学，学而优则仕。”

【哀矜勿喜】对落难者要同情而不要幸灾乐祸。（19·19）：孟氏使阳肤为士师。问于曾子。曾子曰：“上失其道，民散久矣。如得其情，则哀矜而勿喜！”

【恶居下流】“恶”，厌恶，憎恨；“下流”，即下游，引申为卑下的地位。憎恨处于下游。原指君子不甘居于卑下的地位。现也指不甘居于下游。（19·20）：子贡曰：“纣之不善，不如是之甚也。是以君子恶居下流，天下之恶皆归焉。”

【文武之道】指周文王、周武王治理国家的方法。（19·22）：卫公孙朝问于子贡曰：“仲尼焉学？”子贡曰：“文武之道，未坠于地，在人。贤者识其大者，不贤者识其小者，莫不有文武之道焉。夫子焉不学？而亦何常师之有？”

【学无常师】求学没有固定的老师。指善于学习的人可以向各种有专长的人学习。（19·22）：卫公孙朝问于子贡曰：“仲尼焉学？”子贡曰：“文武之道，未坠于地，在人。贤者识其大者，不贤者识其小者，莫不有文武之道焉。夫子焉不学？而亦何常师之有？”

【门墙桃李】“门墙”，指师长之门；“桃李”，比喻学生。比喻他人所栽培的或所教的学生。（19·23）：叔孙武叔语大夫于朝曰：“子贡贤于仲尼。”子服景伯以告子贡。子贡曰：“譬之宫墙，赐之墙也及肩，窥见室家之好。夫子之墙数仞，不得其门而入，不见宗庙之美，百官之富。得其门者或寡矣。夫子之云，不亦宜乎！”

【赐墙及肩】比喻才学浅陋。（19·23）：叔孙武叔语大夫于朝曰：“子贡贤于仲尼。”子服景伯以告子贡。子贡曰：“譬之宫墙，赐之墙也及肩，窥见室家之好。夫子之墙数仞，不得其门而入，不见宗庙之美，百官之富。”

【**生荣死哀**】指生时荣显，死后使人哀痛。后用以吊唁、称誉受人敬重的死者。（19·25）：子贡曰：“君子一言以为知，一言以为不知，言不可不慎也。夫子之不可及也，犹天之不可阶而升也。夫子之得邦家者，所谓立之斯立，道之斯行，绥之斯来，动之斯和。其生也荣，其死也哀。如之何其可及也？”

三、文意探究

（一）梳理内容：完成该“篇”内容分类。要求概括该篇中重点话题（该篇中占有章句较多的一至二个话题），给该篇拟一个“章回式题目”，写一个说明性“序言”。

本篇回目示例：

士人应见危致命得思义，君子能容众尊贤信劳民

序言示例：

本篇共计二十五章，其中著名的文句有：“见危致命，见得思义”“仕而优则学，学而优则仕”“君子之过也，如日月之食焉”“其生也荣，其死也哀”。本篇的主要内容有：孔子学而不厌、不耻下问的精神，对殷纣王的批评，关于学与仕的关系，君子与小人在有过失时的不同表现，以及孔子的学生和他人之间的对话。本篇内容分类为：

①处世

子张篇从交往、仕途两方面介绍了处世之道。对于交往方面的评述有四章。第三章中，子张认为应广泛交友，不应拒绝他人；第九章中，子夏认为君子应该远望庄严可畏，近看温和可亲，听他的话则严厉不苟；第十二章中，子夏和子游秉持了两种不同的教育方式，各有千秋；第十四章中，子游认为丧事做到尽哀也就可以了。

对于仕途方面的评述有四章。第四章中，子夏认为君子不应从事小的技艺，从而耽误大的事业；第十章中，子夏认为治国要先取信于百姓，否则政权不可能会稳定；第十三章中，子夏阐述了学习与仕途的关系；第十九章中，曾子认为上位者应怜悯百姓。

以上八章内容给出了君子在处世过程中，于交往、仕途两方面的行为准则，主要是孔子的弟子们说的话，对儒家思想有了较浅显的解释和进一步的发展。也有孔子的弟子间发生的争论，让我们看到了古代士人之间的思想碰撞。

②为人

在子张篇中，有几章对为人进行了阐述。其中第一、二、八、十一、十七章是对一个人品德上的行为的界定；第五、六、七、二十二章则是对学习上的规范作了说明。

为人的品德上，讲究礼仪与克己，第一、二、八章强调的是君子自身的修养，即应做到笃信、思义、弘德以及不文过，批判了掩盖自己的过失、意志不坚定等一些行为。而第十一、十七章则是对礼仪上的行为提出了看法，儒家学派重视礼乐，在第十七章中提到了发自内心的情感与礼仪等仪式的关系；同时也强调规矩，但不是死板地绝对遵守，而是在不违反原则的情况下可以有放松、自由发挥的空间，在第十一章中体现了该思想。

而在学习上，强调了学习的方法，第五章谈复习；第六章强调的是广泛探求以及诚恳发问，和广度与深度两个维度的重要性；第七章阐述了学习的目的；第二十二章谈到向多人请教学问，以及抓住主体的思想。

（二）每“篇”一辩：本项任务为选择该篇中可供思辨的章句，设计一组辩题（含正方、反方观点），并分别撰写辩词。

示例：

论题：从事小技艺是否会妨碍远大事业？

依据：子夏曰："虽小道，必有可观者焉，致远恐泥，是以君子不为也。"（19·4）

辩题：从事小技艺不会妨碍远大事业（正方观点）；从事小技艺会妨碍远大事业（反方观点）

正方观点申述选例：

我们的观点是从事小技艺不会妨碍远大事业。单从技能方面讲，技艺没有大小之分，任何一项技艺，都是拥有者长期积累、勤奋刻苦练就的。这些技艺，或是继承而来，或是新创所就，都是精心研究的结晶。这些技艺虽然不大，但是有的就是实践者一生的职业，这对于他所追求的目标而言，就是远大的事业，因为他倾注了心血，创造了社会效益。如一些传统文化产业，都是从家庭作坊做起的，规模不大，但是用心经营，做大做强，成了著名的民族品牌，"内联升""同仁堂"等众多传统品牌无不如是，这怎么会妨碍远大的事业呢？换一个角度讲，小技艺往往是一个人的爱好或特长，它或许是主要工作的同向选择，这无疑会助力主要工作的完成；或许是主要工作的异向选择，一般是工作之余操作，是一种疲惫身心的积极调整，为主要工作储备更大的精力和动力。科学家的艺术爱好并没有阻碍他在科学探索的道路上走得更远；艺术家的厨艺特长也没有使他的艺术生涯终止，所以说，从事小技艺不会妨碍远大事业。

反方观点申述选例：

我方观点是从事小技艺会妨碍远大事业。因为从事任何一项主业之外的活动都会造成对主业的妨碍，特别是终生追求的远大事业，更是容不得一点儿外来的干扰和影响。既然是远大的事业，就应该是无论对个人还是社会都非常重要的工作，而且很多时候是关乎民族、国家前景的重大事务，从事这些工作，必须一心一意，专心投入，任何工作之外的小事都会造成分心，都有可能造成难以挽回的严重后果。既然是从事的小技艺，就是个人的喜好，一旦从事，就会被吸引，很难不沉溺其中；而伟大的事业是需要全身心地投入其中，才可能把工作做好。况且，这些伟大的事业一般是具有时间的紧迫性和完成的完满性，来不得较长时间的注意力转移。我国的航天工程中，无论是月球探测，还是火星探测，任何一个项目，都需要科学家们夜以继日、加班加点拼搏，他们根本就没时间去考虑“小技艺”的爱好。“专一”是成就远大事业的前提和基础，任何对“专一”的冲击，都是从事远大事业的大敌。所以说，从事小技艺，一定会妨碍远大事业。

（三）孔说面面观：选择“篇”中一章，用其中的观点与现实生活不同领域相联系，指出其是否适用的情况，并说明理由。结合该章句写一则“从业训诫”，体现儒家思想与当代社会现实的融合与碰撞，激发学生的思辨意识，培养批判思维能力。

示例 1：

子夏曰：“君子信而后劳其民；未信，则以为厉己也。信而后谏；未信，则以为谤己也。”（19·10）

“信而后谏”这一理念，我认为其适用范围是可探究的。将“谏”放到现代的语境下，其意思可以对应到规劝他人，使其改变错误。

在幼教、养老、心理咨询等领域，我认为得到信任以后再去规劝对方是有道理的。这是因为这些领域“谏”的对象心理或许较为脆弱，在情绪的支配下或许无法有效消化谏言，反而会将其错误地当成“谤己”。在这种情况下，规劝者确实只有首先获得对方的信任，才能达成谏言的目的。

然而，“信而后谏”并不完全适用于科研、行政等领域。这些领域的特征在于对事实性和正确性分辨的更加注重，以及这一分辨过程的紧迫性。错误需要被立即改正，不当的决策需要被立即撤回。因而即使不遵循“信而后谏”将冒着在人际关系方面没做好的风险，考虑到“信而后谏”可能导致的纠正拖延，也应该及时进行谏言而非等待信任的建成。

示例2：

子夏在本篇中数次提到了对君子与仁德的思考。

博学而笃志，切问而近思，仁在其中矣。（19·6）

首先，必不可少的便是好学，“日知其所亡，月无忘其所能，可谓好学也已矣”这句话解释了他所认为的好学。这句话说明了学习是一个日积月累、需要坚持的过程。

其次，是对志趣的坚守和恳切的发问，前者指长时间坚持自己的本心，后者需要我们怀着一颗谦卑且求知的心。正如前篇中孔子所说的“敏而好学，不耻下问”也告诉了我们提问的重要性。

除此之外，子夏还提到了要思考，这一点也是孔子的思想，正如“学而不思则罔，思而不学则殆”的道理，在好学的基础上勤加思考，我们才能向仁的标准一步一步靠近。

示例3：

子张篇第十八章是讲述曾子对孟庄子“孝”的认同与推崇，其中提到孟庄子留用父亲的僚属，保持父亲的政治制度，这里儒学对“孝”的坚持已经脱离“孝”的本质，而追求形式的结果了。“孝”是遵循父母的意志，顺从父母的思虑，但绝不能放在是非优劣的判断之前，像“政治设施”这种牵一发而动全身的重要统治工具是关乎百姓利益的，绝不能以“孝”为托词而一味地坚持。不仅是孝，礼乐制度到了儒学的发展后期已经失去了其原始教化作用，这是思想家不顾及社会因素而忽略了主次，丢失了孝与礼乐等“教民辅政”的根本立场。

（四）合并分析：在该篇中找出可以放到一起比较的章句（可以联系以前的篇章），分析这些章句共同体现了孔子怎样的思想，以此写一段述评。

示例1：

子夏曰：“仕而优则学，学而优则仕。”（19·13）

子曰："先进于礼乐，野人也；后进于礼乐，君子也。如用之，则吾从先进。"（11·1）

这两章都提到了学习与做官之间的关系。在11·1中，孔子提到"先进于礼乐，野人也；后进于礼乐，君子也"。这与本章中的"仕而优则学，学而优则仕"两者是相辅相成的。这两章共同指出学习与做官是互为前提和目的的。一个人要么是由学入仕，要么是由仕入学，二者相互联系，不可割裂而谈。可以说学习和做官，这是一种充要关系。

首先由学入仕的人大多分成两类，一类是出自贫苦之家。他们想要摆脱贫困的生活，那么做官就是最便捷的一条道路，自然这也成为他们的人生目的。想要达到这个目的，没有过硬显赫的家庭背景的他们只能专心苦读，用知识来填充自己，从而达到做官的要求，走向人生巅峰。而另一类则是追求真理的人们，他们不关注自己在物质上的所得，一心追求真理。在不断学习的途中，他们学到无数的方法与道理，但是只是一味学习永远不够，实践是检验真理的唯一标准，只有经历了实践，才能知道这些方法与道理究竟是否是真理。而对于这些人来说，做官便是实践，便是检验真理，便是实现自己的人生目标。

相反，选择由仕入学的人大多都是出自士大夫之家，世袭祖上职位，可以说当官之路简洁而轻松。而真正成为一名官员后，想要认真做好自己的本职工作，从而升官或保官的话，只靠世袭是远远不够的。一个没有真本事的官，终将会因为没有能力治理地方而被百姓所唾骂，从而被淘汰。因此，学习则成为一个官员填充自己的基础，缺少学习，也就无法继续为官。

示例2：

子贡曰："纣之不善，不如是之甚也。是以君子恶居下流，天下之恶皆归焉。"（19·20）

子贡曰："君子之过也，如日月之食焉：过也，人皆见之；更也，人皆仰之。"（19·21）

叔孙武叔毁仲尼。子贡曰："无以为也！仲尼不可毁也。他人之贤者，丘陵也，犹可逾也；仲尼，日月也，无得而逾焉。人虽欲自绝，其何伤于日月乎？多见其不知量也。"（19·24）

这三章共同体现了一种看法：为恶或为善自由旁人见之、监之、记之，如何为人做事，别人是看在眼里的，也会对你形成一定的印象。

纣这样很暴戾的昏君，给后人留下了不好的印象。于是人们在听旁人说了纣各种不好的行迹之后，也下意识认为这确是他能做出的事情，就算不是，也不愿为之解释，恐反害了自己，于是纣的罪名也就越累越多了。

而孔子这样贤名在外、克己复礼、极有仁德的人，给身边的人、给后人留下了很好的印象，当别人诋毁他时，也就自然有人愿意出面反驳。

同样的道理在如今更是适用，在一个舆论可以"造神"也可以污蔑一个人的时代，你自身长久的行为与留给身边的人的印象是很重要的，这点在一般民众身上或许体现得不太明显，但在公众人物身上确实极为明显。许多公众人物突然深陷舆论风波，有些人就因为平时待人友善、不妄言而得到了许多人的支持，从而很快摆脱了这样的舆论；但那些平常就有些不好的行为的、给人留下过不好印象的人即使澄清也显得有些无力，总难让人信服，也得不到太多的支持。

这些现象固然与引导舆论的人有关，但更与本人有关。既然不能改变那些喜欢引导舆论的人，那就只能从改变自己做起，若平常的行为就真诚、友好，在遇到这种事的时候也就更会得到他人的信任，也不会承受妄加之罪。

示例 3：

子张曰："士见危致命，见得思义，祭思敬，丧思哀，其可已矣。"（19·1）

子曰："居上不宽，为礼不敬，临丧不哀，吾何以观之

哉！”（3·26）

通过对处世、为礼、治丧的讨论，强调了君子应尊重礼。

子张曰：“异乎吾所闻：君子尊贤而容众，嘉善而矜不能。我之大贤与，于人何所不容？我之不贤与，人将拒我，如之何其拒人也？”（19·3）

孔子曰：“益者三友，损者三友。友直，友谅，友多闻，益矣。友便辟，友善柔，友便佞，损矣。”（16·4）

通过对交友的对象进行讨论，强调了交友的过程也应有道德观念的约束。

子夏曰：“君子有三变：望之俨然，即之也温，听其言也厉。”（19·9）

子曰：“君子和而不同，小人同而不和。”（13·23）

通过对君子言行的讨论，强调了君子应在亲和的同时有原则。

曾子曰：“吾闻诸夫子，人未有自致者也，必也亲丧乎！”（19·17）

子曰：“色难。有事，弟子服其劳；有酒食，先生馔，曾是以为孝乎？”（2·8）

通过对人对父母的感情的讨论，揭示了人在面对父母时体现出的共同情感。

曾子曰：“吾闻诸夫子：孟庄子之孝也，其他可能也，其不改父之臣与父之政，是难能也。”（19·18）

子曰：“父在，观其志；父没，观其行，三年无改于父之道，可谓孝矣。”（1·11）

通过对守孝的表现的讨论，共同强调了“孝”中应有尊敬和守护。

子贡曰：“君子之过也，如日月之食焉：过也，人皆见之；更也，人皆仰之。”（19·21）

子曰：“为政以德，譬如北辰，居其所而众星共之。”

（2·1）

通过对君子功过的讨论，强调了居上位者应发挥榜样作用。

（五）雅意今思：选择该篇中能体现客观、进步思想的章句，以社会生活事例作为依据，给该“篇”拟写“后记”，为首次阅读者推荐该篇。这一设计，意在引导学生发现、提炼经典著作中的价值和精髓，培养类比思维能力。

示例 1：

子贡曰：“君子之过也，如日月之食焉：过也，人皆见之；更也，人皆仰之。”犯错了，大家都能看得到，此时要做的，不是逃避，不是放弃，更不是成为“必文其过”的小人，而是去勇敢地面对并积极地改正它，让周围的人刮目相看。罗永浩欠了六个亿，引起了巨大的舆论风波。他没有跑路，也没有一蹶不振，而是用两年还了欠款的三分之二，让人敬仰。他这种面对错误的做法，是对上述君子行为的很好的诠释。同时这也让我们思考：春秋时期古人们得出的结论，如今还在社会中适用，是不是说明这篇的文字中，还有其他可贵的经验呢？其实如果仔细研读的话，每一段文字均可带给我们一些启示。比如“是以君子恶居下流，天下之恶皆归焉”警示我们为人不良善的后果；“君子信而后劳其民；未信，则以为厉己也。信而后谏；未信，则以为谤己也”点拨我们如果希冀得到他人的认可或支持，第一要务是获得他人的信任……这些启示，有些可以巩固认知，有些可以拓宽视野，还有些可以顿开茅塞，它们全部散落在文字中，等待着我们去发现。

示例 2：

在 19·13 中，子夏曰：“仕而优则学，学而优则仕。”意思是“做官了，有余力便去学习；学习了，有余力便去做官”。这句话讲述了做官（工作）和学习的关系，子夏认为二者不可分离，要在学习间工作，工作间学习。以前有一位生物老师很好地诠释了子夏这句话。他作为一个老师已经教书二三十年，经验极其丰富，对课本简直倒背如流。然而，他没有止步于此，仍旧天天拿着大部头的专业生物书研读，不精通英文的他将外国最新文献一点点翻译来看，思考如何将高深的生物知识融汇到日常教学中，他不仅是在对学生高要求，也是在突破自己。只有看得够远，不停钻研探索，才能无愧自己。对比当下许多老师抱着一本教材，仅仅是把教材上的文字朗读一遍便算是教课，且十年如一日地停滞不前，如此刻板，令人唏嘘。

本篇中还有许多这样发人深思、具有现代意义的言论，相信首次阅读的你也能发现不少，收获不少思考。

示例3：

在19·6中，子夏曰："博学而笃志，切问而近思，仁在其中矣。"意思是，子夏倡导要博览群书、广泛学习，坚定自己的志向，恳切地提出疑问，深切地思考，仁就在这其中。无论是子张篇，还是纵观整部《论语》，儒家始终倡导着博学广思。而这点，时至今日也被人们时常提起并重视。无论是九年的义务教育，还是后期的考研、读博，本质上都是在广泛地接受教育。其意义有两点：首先，可以让我们储备一定的学科基本知识，培养出一定的学科基本素养。其次，不局限于基础的学科内容，我们的认知与能力也会得到进一步的提升。总而言之，学科的基础能让我们熟练掌握知识与技能，奠定了我们的学习基础，提高了我们的认知思维与能力，提升了我们的境界与格局，使我们立得更高，望得更远。所以，重视学习，深入学习，从春秋时期到21世纪的今天，都是人们应该奉行的。

示例4：

原文：子夏曰："君子信而后劳其民；未信，则以为厉己也。信而后谏；未信，则以为谤己也。"（19·10）

译文：子夏说："君子要等在民众中建立信用了再来动员他

们；如果没有建立信用，他们将会怨他故意加害为难。君子要等他的君主信任他了，才能再对君主有所规谏；否则君主将可能怪他故意谤毁了。”

本章意在说明要当好一个“君子”，真正担负起一个“士”的责任，完成其使命，“君子”应严格要求自己，对上对下都要建立信用。取信于民，才能够获得老百姓的支持与拥戴；取信于君主，正确的主张与建议才能被君主认同与采纳。本人以为，除了上下级以外，与自己的同僚之间，与朋友之间，建立信任与信用同样非常重要。

“信而后劳其民”的思想与主张，无论是在古代还是在现代都是相当先进与积极的。古代的“君子”与“民”之间是一种统治与被统治的关系，在人格与社会地位上都是不平等的，但子夏却提出要在“君子”与“民”之间建立“信”的关系。作为统治者的“君子”，只有做出表率、主动取信于民，才能获得“民信”，才能获得老百姓的支持与拥戴。延伸的问题是如何建立“民信”？这当然离不开“君子”对“民”的教育与引导，这与泰伯篇中孔子提出的“民可使由之，不可使知之”的精神是一致的。

在本章中子夏认为，要维系好“民”“君子”以及“君主”三者间的关系，有个核心的东西就是“信”。所谓“民无信不立”，如果一个社会没有“信”的话，是无法正常运转的。而这个“信”的建立要靠“君子”的努力，要靠“君子”的修身进德。

子张篇主要的话题都是围绕着“士”的责任、使命与德行而展开，从本章子夏论“信”可以看得出来，“士”（此处的“君子”即“士君子”，亦即“有位之士”）在古代社会政治生活中的地位与作用。

四、每篇一练

为下列辩题撰写辩词：

论题一：重大节操不逾越界限的情况下小节上是否可以放松？

依据：子夏曰："大德不逾闲，小德出入可也。"（19·11）

辩题一：重大节操不逾越界限的情况下小节上也不可放松（正方观点）；重大节操不逾越界限的情况下小节上可以放松（反方观点）

论题二：君子处于卑下的地位是否会招致坏名声？

依据：子贡曰："纣之不善，不如是之甚也。是以君子恶居下流，天下之恶皆归焉。"（19·20）

辩题二：君子处于卑下的地位不会招致坏名声（正方观点）；君子处于卑下的地位会招致坏名声（反方观点）

尧曰篇第二十

一、重温原文

20·1　尧曰："咨！尔舜，天之历数在尔躬，允执其中。四海困穷，天禄永终。"

舜亦以命禹。

曰："予小子履敢用玄牡，敢昭告于皇皇后帝：有罪不敢赦。帝臣不蔽，简在帝心。朕躬有罪，无以万方；万方有罪，罪在朕躬。"

周有大赉，善人是富。"虽有周亲，不如仁人。百姓有过，在予一人。"

谨权量，审法度，修废官，四方之政行焉。兴灭国，继绝世，举逸民，天下之民归心焉。

所重：民，食，丧，祭。

宽则得众，信则民任焉，敏则有功，公则说。

20·2　子张问于孔子曰："何如斯可以从政矣？"子曰："尊五美，屏四恶，斯可以从政矣。"子张曰："何谓五美？"子曰："君子惠而不费，劳而不怨，欲而不贪，泰而不骄，威而不猛。"子张曰："何谓惠而不费？"子曰："因民之所利而利之，斯不亦惠而不费乎？择可劳而劳之，又谁怨？欲仁而得仁，又焉贪？君子无众寡，无小大，无敢慢，斯不亦泰而不骄乎？君子正其衣冠，尊其瞻视，俨然人望而畏之，斯不亦威而不猛乎？"子张曰："何谓四恶？"子曰："不教而杀谓之虐；不戒视成谓之暴；慢令致期谓之贼；犹之与人也，出纳之吝谓之有司。"

20·3　孔子曰："不知命，无以为君子也；不知礼，无以立也；不知言，无以知人也。"

二、基础知识梳理

（一）梳理特殊用字现象

"说"同"悦"，高兴。例句：宽则得众，信则民任焉，敏则有功，公则说。（20·1）

（二）梳理活用词

动词用作名词：

"有罪"，有罪的人。例句：予小子履敢用玄牡，敢昭告于皇皇后帝：有罪不敢赦。（20·1）

动词的使动用法：

"兴"，使……兴复。例句：兴灭国，继绝世，举逸民，天下之民归心焉。（20·1）

名词用作动词：

"万方"，牵连万方。例句：朕躬有罪，无以万方；万方有罪，罪在朕躬。（20·1）

"利"，有利。例句：因民之所利而利之，斯不亦惠而不费乎？（20·2）

形容词用作名词：

"美""恶"，美德、恶政。例句：尊五美，屏四恶，斯可以从政矣。（20·2）

形容词用作动词：

"重"，重视。例句：所重：民，食，丧，祭。（20·1）

形容词的使动用法：

"正"，使……整齐。例句：君子正其衣冠，尊其瞻视，俨

然人望而畏之，斯不亦威而不猛乎？（20・2）

（三）梳理多义实词

“视”

①名词，视线。例句：君子正其衣冠，尊其瞻视，俨然人望而畏之，斯不亦威而不猛乎？（20・2）

②动词，察看，此为“要求”之意。例句：不戒视成谓之暴。（20・2）

“无”

①连词，无论。例句：君子无众寡，无小大，无敢慢，斯不亦泰而不骄乎？（20・2）

②副词，不。例句：君子无众寡，无小大，无敢慢，斯不亦泰而不骄乎？（20・2）

（四）梳理多义虚词

“而”

①连词，表修饰关系。例句：不教而杀谓之虐；不戒视成谓之暴；慢令致期谓之贼；犹之与人也，出纳之吝谓之有司。（20・2）

②连词，表承接。例句：君子正其衣冠，尊其瞻视，俨然人望而畏之，斯不亦威而不猛乎？（20・2）

③连词，表转折。例句：君子惠而不费，劳而不怨，欲而不贪，泰而不骄，威而不猛。（20・2）

“其”

①人称代词，自己的。例句：君子正其衣冠，尊其瞻视，俨然人望而畏之，斯不亦威而不猛乎？（20・2）

②指示代词，那、那个。例句：天之历数在尔躬，允执其中。（20・1）

“之”

①助词，的。例句：天之历数在尔躬，允执其中。（20·1）；兴灭国，继绝世，举逸民，天下之民归心焉。（20·1）

②助词，取消句子独立性。例句：犹之与人也，出纳之吝谓之有司。（20·2）

③代词，他、它。例句：君子正其衣冠，尊其瞻视，俨然人望而畏之，斯不亦威而不猛乎？（20·2）

④固定搭配“谓之”，叫作。例句：不教而杀谓之虐；不戒视成谓之暴；慢令致期谓之贼；犹之与人也，出纳之吝谓之有司。（20·2）

“焉”

①疑问代词，什么。例句：欲仁而得仁，又焉贪？（20·2）

②语气助词。例句：兴灭国，继绝世，举逸民，天下之民归心焉。（20·1）

“以”

①介词，用。例句：舜亦以命禹。（20·1）

②固定搭配“可以”，同今义。例句：尊五美，屏四恶，斯可以从政矣。（20·2）

③固定搭配“无以”，“没有用来”的意思。例句：不知命，无以为君子也；不知礼，无以立也；不知言，无以知人也。（20·3）

“斯”

①副词，就。例句：何如斯可以从政矣？（20·2）

②代词，这。例句：君子无众寡，无小大，无敢慢，斯不亦泰而不骄乎？（20·2）

（五）梳理古今异义词

“小子”：今通常义，对年轻男子的称呼；本文义，自己的谦称。例句：予小子履敢用玄牡，敢昭告于皇皇后帝。（20·1）

“权量”“法度”：今通常义，权力、法令制度；本文义，都指度量衡单位。例句：谨权量，审法度，修废官，四方之政行焉。（20・1）

（六）梳理多词一义

“罪”“过”：都含有罪过的意思。例句：万方有罪，罪在朕躬。（20・1）；百姓有过，在予一人。（20・1）

“朕”“予”：都含有第一人称“我”的意思。例句：万方有罪，罪在朕躬。（20・1）；百姓有过，在予一人。（20・1）

（七）梳理特殊句式

倒装句

状语后置：

介宾短语放在被修饰或限制的谓语之后，一般用来指其处所、时间、物件、方式、程度等。

“敢昭告于皇皇后帝”（20・1）：“于皇皇后帝昭告”的意思；“子张问于孔子曰”（20・2）：“子张于孔子问曰”的意思。

宾语前置：

“欲仁而得仁，又焉贪？”（20・2）：“又贪焉”的意思。

省略句

舜亦以（之）命禹。（20・1）；有罪（我）不敢赦。（20・1）；帝臣（的善恶我）不蔽，简在帝心。（20・1）；君子惠（民）而不费（自己），劳（百姓）而（百姓）不怨，欲而不贪，泰而不骄，威而不猛。（20・2）

（八）梳理文化常识

1. 称谓

朕：我。从秦始皇起，专用作帝王自称。（20・1）

予小子：上古帝王自称。与“予一人”“朕”“寡人”等意

思相同，均为古代帝王君主的自称。（20・1）

有司：指主管某部门的官吏，泛指官吏。出自《礼记・儒行》。是《论语》中对古代官吏的泛称，指职务卑微之人。古代设官分职，各有专司，故称有司。在本篇中代指“小家子气”。（20・2）

2. 礼俗

禅让制：中国上古五帝时代是所谓“公天下”时代，实行一种“拟父死子继、兄终弟及”以产生国家领导人的制度，即“禅让制”，这是一种非血统的王位继承制。禅让是指统治者生前把首领之位让给别人，“禅”意为“在祖宗面前大力推荐”，“让”指“让出帝位”。自黄帝将自己的部落联盟首领之位禅让于嬴姓少昊开始，到舜禅位于禹结束，这段时间的禅让制体现了中国上古时期的民主制度。后世仍有禅让制出现，如战国时燕王姬哙禅让给国相子之，三国汉献帝刘协禅让给魏文帝曹丕，不少人效仿尧舜贤明的典故，但多为遭受胁迫或具有争议。（20・1）

周有大赉，善人是富：“大赉”是赏赐的含义，在此指大封诸侯。古代中国的“天子”将土地分给王室子弟、功臣或古代帝王的后裔，所封之地称为“诸侯国”“封国”或“藩国”等，统治封地的君主被称为“诸侯”“藩王”等。为了维护统治，分封制规定，诸侯必须：①服从周天子的命令；②为周天子镇守疆土；③随从作战；④交纳贡赋；⑤朝觐述职。同时，诸侯在自己的封疆内，又对卿大夫实行再分封。卿大夫再将土地和人民分赐给士。卿大夫和士也要向上一级承担作战等义务。这样层层分封下去，形成了贵族统治阶层内部的森严等级“天子－诸侯－卿大夫－士”。（20・1）

权量：“权”，秤锤，指计重量的标准。“量”，量器，指计容积的标准。（20・1）

法度：指计量长度的标准。（20・1）

丧，祭：“丧”与“祭”均属于礼的范畴（周朝的礼乐制度）。西周春秋时代所讲究的“礼”，是贵族根据原始社会末期父系氏族制阶段的风俗习惯加以发展和改造，用作统治人民和巩固贵族内部关系的一种手段。目的在于维护其宗法制度和君权、族权、夫权、神权，具有维护贵族的世袭制、等级制和加强统治的作用。当时许多经济和政治上的典章制度，常常贯穿在各种礼的举行中，依靠各种礼的举行来加以确立和维护。（20·1）

（九）提炼相关成语

【兴灭继绝】【存亡继绝】“继”，接续。恢复灭亡的国家，延续断绝了的贵族世家。（20·1）：兴灭国，继绝世，举逸民，天下之民归心焉。

【天下归心】天下百姓心悦诚服。（20·1）：兴灭国，继绝世，举逸民，天下之民归心焉。

【惠而不费】“惠”，给人好处；“费”，耗费。给人好处，自己却无所损失。（20·2）：君子惠而不费，劳而不怨，欲而不贪，泰而不骄，威而不猛。

【劳而不怨】劳累辛苦但没有怨言。原指孝顺的子女侍奉父母的态度，后也指由于合理使用人力，人民虽然劳苦，但无怨言。（20·2）：君子惠而不费，劳而不怨，欲而不贪，泰而不骄，威而不猛。

【威而不猛】有威仪而不凶猛。（20·2）：君子惠而不费，劳而不怨，欲而不贪，泰而不骄，威而不猛。

【不教而杀】【不教而诛】事先不教育人，一犯错误就惩罚。（20·2）：不教而杀谓之虐；不戒视成谓之暴。

【望而生畏】看见了就令人害怕，形容人态度威严或事务艰难令人畏惧。（20·2）：君子正其衣冠，尊其瞻视，俨然人望而畏之，斯不亦威而不猛乎？

【**允执其中**】“允”，诚信；“执”，持；“其”，代词，那个；“中”，不偏不倚。真诚地坚持中庸之道。比喻真正做到恰到好处。（20·1）：天之历数在尔躬，允执其中。

【**简在帝心**】指能被皇帝所知。（20·1）：帝臣不蔽，简在帝心。

三、文意探究

（一）梳理内容：完成该“篇”内容分类。要求概括该篇中重点话题（该篇中占有章句较多的一至二个话题），给该篇拟一个“章回式题目”，写一个说明性“序言”。

本篇回目示例：

从政消罪不赦不蔽永施惠，富民行善无贪无慢常建功

序言示例：

本篇共三章，但段落都比较长。本篇中著名的文句有：“君子惠而不费，劳而不怨，欲而不贪，泰而不骄，威而不猛”“宽则得众，信则民任”“兴灭国，继绝世，举逸民”等。这一篇中，主要谈到尧禅让帝位给舜，舜禅让帝位给禹，即所谓三代的善政和孔子关于治理国家事务的基本要求。

尧曰篇主要从执政者角度出发，讲述了什么是应该采取的合理政策，以及执政者愿承担天下百姓之罪的态度与宽厚勤敏的品性。本篇最后一章还讲述了在社会交往中如何成为一名君子。本篇较为简短，但充分地展现了儒家所崇尚的帝王之道。

（二）每“篇”一辩：本项任务为选择该篇中可供思辨的章句，设计一组辩题（含正方、反方观点），并分别撰写辩词。

示例：

论题：“惠而不费”是否可以实现？

依据：子曰：“君子惠而不费，劳而不怨，欲而不贪，泰而不骄，威而不猛。”（20·2）

辩题：“惠而不费”可以实现（正方观点）；“惠而不费”不能实现（反方观点）

正方观点申述选例：

我方认为“惠而不费”可以实现。“因民之所利而利之，斯不亦惠而不费乎？”这是一种利益重叠的方法，不另外添加“利”，却让人们得到更多的利，这是惠及百姓而又不损害自身的绝佳做法。身为君王，最需要的不是财富，而是人心。所以“惠”不仅能达到“不费”，更能达到事半功倍的效果。作为普通人，乐善好施，助人为乐，推恩于他人，这是一个人的崇高品德，把“惠”施予了别人，自己得到了内心的愉悦，收获了口碑。邓拓之女邓小岚退休后主动到河北省阜平县马兰村义务支教十七年，把“惠”献给了山区的孩子们，把余热献给了山村的教育事业，自己收获了支教后的满足和快乐，这并没有妨碍她的退休生活，反而增加了价值感。事实上，当代社会中各类志愿者们，正是把“惠”献给了需要帮助的人们，实现了他们在社会中的价值，非但没有“费”他们自己，反而锻炼了自己，磨炼了意志，增长了生活和工作经验，这样的志愿者队伍还在不断壮大，怎么能说“惠”而有“费”呢？

反方观点申述选例：

我方认为“惠而不费”不能实现。“惠而不费”在实质上是一种得，得到了百姓的肯定，得到了国家的安定。俗话说“有得必有失”，有所得也必然会有所失去，不论是投入金钱、粮储，还是投入人员、精力，皆为“费”。也许结果是“收获大消耗少”的，但这不能以“无费”一言蔽之。就个人而言，帮助了他人，把“惠”施予了他人，首先会占用自己的时间，其次会耗费自己的精力，甚至是体力，这哪有不“费”的道理？就一个团体来说，无论是援助，还是救助，都需要投入物资，有时参与者还会献出生命，这都是要付出很大的代价的。我国很多企业或个人，在遇到一方有难时，都会伸出援手，积极参与救援和救助，他们不是因为“不费”，而是在发挥善心，把爱送到需求者手中；我国派出维和部队和国际救援队，更不是因为“惠而不费”，而是在履行国际义务，彰显负责任大国的胸怀与境界。因此说，“惠”及他人了，便会有“费”，只是我们不在意这点小“费”，因为我们要的是人民的安全、世界的和平。

（三）孔说面面观：选择“篇”中一章，用其中的观点与现实生活不同领域相联系，指出其是否适用的情况，并说明理由。结合该章句写一则“从业训诫”，体现儒家思想与当代社会现实的融合与碰撞，激发学生的思辨意识，培养批判思维能力。

示例 1：

在本篇第三章中，孔子再次对君子提出了要求。一个人只有懂命运，懂礼，懂分辨言语，才能立足于社会，成为一名君子。而对于现实生活来说，知天命的说法或许已不合时宜了，但“懂礼”“知言”仍然有着十分重要的价值导向意义。

当今社会，虽然早已有诸如宪法、民法典等各种法律来规范公民的行为，但是作为中国这样的礼仪之邦，礼貌便像人的身份证一样，是一个人身上的符号，有礼貌则人人爱与之交流，自然朋友也会更多，在社会中的归属感越强，人生的幸福感也就油然而生，从而成功之路上便会轻松许多。

对于一个销售人员来说，自己是否礼貌则代表着个人的修养以及公司对于客户的态度，也就间接反映了公司的货品实力，因此，有礼貌就有可能立足于销售行业当中。

“知言”对于如今的信息化社会有着重要意义。网络虽然方便，但其不确定性也给很多犯罪分子提供了便捷的诈骗方式。学会知言，便能清楚什么是对的，什么是错的。哪个是我应该能做的，是对我有帮助的，而哪个是对我有害，故意诈骗的。没有这种辨识能力，即使自己再有智商，能赚取更多的金钱，我想大多数也会被那些社会上的蛀虫所侵蚀。

示例 2：

孔子曰："不知命，无以为君子也；不知礼，无以立也；不知言，无以知人也。"（20·3）

"知礼后立世，知言后识人"，这在如今也是为人处世的大道理。知道礼法、道德，然后事事遵从，才能办事妥当，不出差错。只有遵从礼法、道德的事情才是能去做的，违背礼法、道德的事情不能去做，知道这一点后立世便容易了许多，不用处处在意也能做事合理了。现在有些人想要做违反规矩、违背道德的事来赚取利益，最终却是害了自己，让自己难立于世人面前，在就业、谋事时总遭到异样、嫌弃的目光，其根本就是对"礼"的不知，对"礼"的重要性的忽视。

"知言"在如今看来，既是要知道别人言语里的意思，也是要明白自己该说什么。这样在与人相处的时候才能顺心顺意，双方都能融洽交谈。

"知礼"与"知言"是大道理，亦是做事的根基，是许多事情的立足点，需要我们始终遵从。

示例 3：

在 20·3 中，孔子说"不知命，无以为君子也"，我认为他的观点在现今不完全适用。孔子的观点是：君子——也就是指有德行的人，应该顺从于命运，即"懂得命运"。事实上，孔子在前文也不止一次地表现出"听天命"的思想。比如在第七篇第三十五章中提到孔子生病后向天地神祇祈祷。但我认为君子应该在能力所及的范围内尽力拼搏，而不是顺其自然。在疫情初期，有悲观者认为中国人因为吃野生动物而"遭到天谴"，疫情不是人类所能控制的，其观点之荒谬无须多言。

其实，正如费孝通先生所说："敬畏天命，使我们安分，使我们自知人的极限，而注目于人力所可及之处。"我们应该敬畏天命，更应该懂得在力所能及的范围内尽力拼搏。太空探测、深海探测、人工智能等，很多原来不敢想象的事情都已经成为现实，这完全可以表明，在一定领域和特定条件下，“人定胜天”是可以实现的，这也是人类追求进步的结果。

（四）合并分析：在该篇中找出可以放到一起比较的章句（可以联系以前的篇章），分析这些章句共同体现了孔子怎样的思想，以此写一段述评。

示例1：

孔子曰：“不知命，无以为君子也；不知礼，无以立也；不知言，无以知人也。”（20·3）这里体现了孔子很看重的一对矛盾——人生的有限和超越。人生的有限，无须多言。寿命有限，生活空间有限，出生在什么样的环境、什么样的时代都是不由自主、无法选择的。而我们终其一生，要做的是超越。这不是指超越寿命期限或者其他的什么本已设定好的东西，而是指超越平庸，在有限的生命里丰满自己的人生轨迹，丰满生命的维度，就比如此章的“知命”“知礼”和“知言”，能使我们更好地为人处世，再比如雍也篇中颜回的“不改其乐”，教导我们要拥有并不断追寻自己的精神理想，实现超越。

示例2：

尧曰篇的第一章和第二章都在谈论如何执政治国。第一章强调了统治者应该重视人民、粮食、丧葬、祭祀，从而使人民满意，赢得人民的信任及认可。第二章突出了“尊五美，屏四恶”的主张，反对暴政，提倡教化人民，以身作则。尽管突出的重点方面不同，但都离不开通过获得人民的信任，使人民发自内心地跟从、信赖统治者，进而更好地治国执政的主线思想。这体现了孔子乃至儒家对于治国的中心思想——统治者给人民以足够的自由、充分的关怀、适度的教化；人民回馈给统治者勤恳的劳作、忠心的奉献、不渝的信任。

示例3：

本篇第一章谈到了五个方面的问题：1. 天命观。孔子继承了西周以来的君权帝授理论：天、天禄、后帝高高在上。因而，万方有罪，罪在帝臣。2. 历史观。今不如昔，越古的社会越美好。由周武上至禹、舜、尧，越古的帝王越能够“为民做主”，“百姓有过，在予一人”。3. 责任观。“兴灭国，继绝世，举逸民”。将春秋以来被灭亡的一大批家族氏族集团，以及部族邦国恢复起来，将社会恢复到已经绝灭的前朝。寻找那些看不惯现今社会而逃逸的隐士们，举荐他们，让他们掌握政权。4. 立身之本。搞好儒家的立身之本，也就是说，把民众的丧葬、祭祀、婚嫁、民食之事办妥办好。5. 社会自有公论。“宽则得众，信则民任焉，敏则有功，公则说”，当君主有过失或犯下错误时，百姓自然会对其产生不满，进而进行反抗或起义。

（五）雅意今思：选择该篇中能体现客观、进步思想的章句，以社会生活事例作为依据，给该“篇”拟写“后记”，为首次阅读者推荐该篇。这一设计，意在引导学生发现、提炼经典著作中的价值和精髓，培养类比思维能力。

示例：

本篇主要记录古代圣贤的言论和孔子对于为政的论述。本篇的第二章体现了孔子“为政以仁”的思想，谈论了五种为政的美德与四种恶政，其核心在于顺应人民的需求与实际情况，不欺骗人民，不过度劳累人民，体现了孔子儒家思想中执政以民为本的思想，在当今行政之中仍然保持着这一准则，即一切从实际出发，为人民谋福利。

本篇的第一章则阐述了孔子为政思想中的一些细节，有为政好坏的标准：百姓富裕与否；为政的需要：承担权力的责任；为政的胸怀：犯错不连及百姓；为政的细节之一：广纳贤良，知人善任；为政的细节之二：注重民众、粮食、丧礼、祭祀；为政的品德：宽容，诚恳，勤敏，公正。这些也同样是当代执政者所必须注重的。

本篇的第三章也是《论语》的最后一章，落到了个人身上，毕竟统治者也好，百姓也好，均是以个人为单位的。孔子提出了个人为人处世的三大关键：懂得天命，懂得礼仪，懂得分析他人言语。在最后孔子又谈回个人修养，在编排上应该是有意为之，强调一切的根本在于个人修养，同样也提醒我们在现代生活之中，文化课的知识也好，兴趣爱好也好，一切的根本都是个人品性的修养，而这也应该被每个人予以重视。同时孔子也给出了具体的手段，虽然“天命”在现今社会中显得封建而迷信，不过我们也可以这么来理解，“知天命”应该是我们认清自己目前所处的环境与地位，从而对未来有更冷静的分析，而非简单地抱怨自己不应如此或是跌倒之后再起不来。

此篇篇幅较短，一共只有三章，但既然单独列出来作为一篇，说明其内容是极为丰富的，阅读此篇，你可以了解到孔子学说中对于执政的核心思想，而相较于之前的篇章，本篇主要谈为政，因而更为深刻完善，阅读此篇必定能使你受益匪浅。

四、每篇一练

在孔子的弟子中你最喜欢谁？请结合具体篇章内容作简要说明。

每篇一练　参考答案

学而篇第一

①学习者要端正学习态度；
②学习的重点在于提高人的品德；
③要在生活实践中学习（或：要为了实际应用而学习）；
④学习的内容（高深的道理）就存在于学习者的身边；
⑤学习不必有固定的老师，学习者要有谦虚向学之心；
⑥学习者要善于在生活中发现自己学习的内容。

为政篇第二

译文：子夏问孝道。孔子道："子女在父母面前经常有愉悦的容色是件难事。有事情，年轻人效劳；有酒有肴，年长的人吃喝，难道这竟可认为是孝吗？"我同意东汉郑玄的解释，"和颜悦色，是为难也"。子女侍奉父母，和颜悦色最难能可贵。人的脸色，是由心决定的。子女对于父母，必然有深切笃定的孝心，由此才会有愉悦和婉的面容。凡事都可以勉强，唯有面色不大容易伪装，因此说最难，能做到这一点的就可以说是真孝顺了。孝顺不是表面文章，而是由心而生的实际行动，脸色是内心的体现之一，心生孝顺，外貌自然有好的表现。

八佾篇第三

乐要以仁为基础；乐要兼具道德性和艺术性。

里仁篇第四

1.“其道”指仁或仁道。全段表达了君子在任何情况下都不应该离开仁的思想。

2. 根据第一种解读，句意为：不是通过仁道脱离贫贱，那么就不离开贫贱。根据第二种解读，句意为：因行仁道而陷入贫贱，那么就不离开贫贱。

公冶长篇第五

当形势好转，对自己有利时，就充分发挥自己的聪明才智，为政治竭力尽忠。当形势恶化，对自己不利时，就退居幕后或处处装傻，免受危害，以便等待时机。孔子基本赞许这样的做法。

雍也篇第六

参考要点：中庸思想，对“中庸”的解释，联系材料进行说明。

述而篇第七

“暴虎冯河，死而无悔”是冒险蛮干，有勇无谋，不可取。孔子认为勇与仁、知共为君子的品德，勇以义为前导，要有谋而为。

泰伯篇第八

参考要点：①立足于本职，独善其身。
②具有胸襟和格局，兼济天下。

子罕篇第九

参考要点：①不达目的决不罢休。
②考虑极限。

颜渊篇第十二

同意。孔子认为勇是君子应具有的一种品德。“内省不疚”指君子反省平日所为无愧于心，着眼于内在生命的思考，是内修勇德的一种表现，可以做“勇者何以不惧”的答案。

子路篇第十三

1. 能够将知识运用到为政、外交方面。学习《诗经》是为了实践、运用。

2. 学以致用。

宪问篇第十四

子路是“善问者”，善问者就像攻坚木，从薄弱容易的地方切入，然后专攻其要害之处，久而久之，疑难就解开了。材料中子路向孔子询问什么是君子。他首先得知“修己以敬”的自身层面上的含义，后又在追问中明白在家庭社会这一层面的君子即“修己以安人”，在国家天下层面的君子即“修己以安百姓”。在不断的追问中，子路从最基础的层面入手，层层深入了解何为君子，是善问。

卫灵公篇第十五

1. 翻译一：君子未必能在小事上获得赏识，却可以承担大事。小人不能承担大事，却有可能在小事上获得赏识。

翻译二：君子不可以让他做小事，却可以承担大事。小人不能承担大事，却可以让他做小事。

2. 第一种解读符合。孔子认为君子最重要的特质是人格品质，看待君子要观其主流、大节，不能要求君子是完人、全人。小事的表现有不足是可以的，但君子可以委以重任，肯定了君子的道德品质，符合孔子对君子的看法。

季氏篇第十六

“陈力就列，不能者止”，意即“能够贡献自己的力量，这样再任职；如果不行，就该辞职”。这是季氏将伐颛臾，弟子冉有不能阻止时孔子对冉有所说。由此可见孔子对于责任的看重，对于在危难关头挺身而出的赞美，对于在危难关头退缩的不齿。在社会生活中，每个人都在不同的职位，有着或多或少的责任。而在真正的危急时刻，需要有人挺身而出时，人们又有着这样或那样的理由。诚然，每件事情发生的时候都有着诸多不利因素，比如此文中的季氏是鲁国权臣，势力强大。但是，这些不利条件并不能成为退缩的借口，我们应尽全力承担自己的责任，不推脱。这就是两千多年前的孔子给当今时代的我们的鞭策与警醒。

后 记

欣得《论语》，披阅捧读，顿觉书页泛香，芝兰沁心。品悟言语之间，恍如圣哲在前，与徒娓娓教诲；点数人物之时，如见仲尼木车扶轼，辗转于诸侯之中：或饥饿于路途，或困厄于异国，竟一往无前。一介夫子，为邦泰民安而如此执着，令人感佩。其学说高瞻远瞩，虽有时代之囿，然眚不掩德；其行为光明磊落，虽有执拗之嫌，然道义不移。此实乃后世人言行之圭臬也。

切身受益者，乃教育之道。师者仲尼，乃吾业之祖。有教无类，因材施教，愤启悱发，诲人不倦，诸多理念已先于当代，教育境界，令吾辈钦服。思当世之教学，重教轻学，重讲轻导，袭旧例，懒新法，常被习惯所驱，其距祖师授业之道远甚矣。

重温圣言，备受策励，誓在从教之路上，秉启思增智之要领，与同仁相师，与众徒相学，共绘时代教育之美图。不觉间，眼前呈现五年前与弟子游学于兰亭之景，师生唱和，其境融融，宛如仲尼与弟子杏坛言志，遂重记当年即兴所写《新兰亭集序》，以抒所感：

公元 2016 年，岁在丙申。仲夏之初，携弟子不远千里至于兰亭，追怀古人，体验修禊事也。值此之时，师生兴至，身心愉悦。原为遥想，今为亲临，实觉山清水秀，天朗气清。连天阴雨，今日云开雨霁，阳光普照，竟有灼晒之感，而处树下承阴，惠风和畅，顿觉心胸开阔，俗事远离，实有雅士之情怀也。

欣看众徒身着古装，列坐曲水之旁。三人上香行礼，维肖之至；流觞小饮，维妙之至；即席赋诗，儒雅之至。真乃东晋贤士再世也。

然吾之弟子，乃当代少年，都市才俊，食为佳味，衣为品牌，无秉烛夜读之苦，无奔波求学之忧；居有敞室，行有舟车，常年有绿植红花可赏，四季有空调怡风相吹，故躯体皮肉未经寒热之痛，亦不觉修短随化之虞也。

虽如此，每览“书圣”之文，尚有时光如梭、白驹过隙之感。欢娱有时，而光阴不待，欲生之有为，还须争朝夕，搏今日，遂吾辈弃平庸、求卓越之愿也。

仰观俯察之间，集弟子及本人兰亭赋诗四十五首供人品玩，虽言语稍欠雕饰，而情感真挚朴厚，可凭此抛吾兴致之“砖”，以引诸君评鉴之“玉”也。

时过五载，掩卷而思，曾自感悟得师道真谛，今知距先师之道尚远。虽念东晋逸少集群贤，饮流觞，雅兴欢欣之至，但怎比仲尼聚弟子，论家邦，襟怀博大之极？列数先贤，唯仲尼为我辈楷模，愿继承业祖之训，忠仁义，尽师德，行真道，传新风，为教育之春尽力！